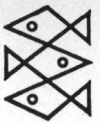

W0172303

Über dieses Buch Wo liegt Mitteleuropa? – Der von Christoph Ransmayr herausgegebene Sammelband mit 14 literarischen Reportagen, Berichten und Essays von zehn jüngeren, zumeist in Wien lebenden Schriftstellern – der älteste unter ihnen der Literaturwissenschaftler Claudio Magris aus Triest, Jahrgang 1939 – versucht den schwer einsehbaren Grenzbereich zwischen Ost und West auszumessen.

›Nachrichten aus Mitteleuropa‹ berichten von Grenzgängern, die in den blinden Winkel westlichen Bewußtseins unterwegs sind, an der tschechischen Grenze etwa, im Banat, in Karlsbad und Czernowitz, unter Punkern in Ljubljana oder auf dem Weg zur Schwarzen Madonna in Czenstochau. Ihre Wanderungen finden heute statt, wenn sie auch die Vergangenheit stets hinter sich herschleifen: Die Vorstellung Mitteleuropa ist nicht vergangen, aber ohne Vergangenheit ist sie nicht denkbar.

Der Herausgeber Christoph Ransmayr, geb. 1954 in Wels / Oberösterreich. Studium der Philosophie; mehrere Jahre Kulturredakteur. Seit 1982 freier Autor. Mitarbeiter bei verschiedenen Zeitschriften (u. a. *Transatlantik*). Buchveröffentlichungen: ›Strahlender Untergang – Ein Entwässerungsprojekt oder die Entdeckung des Wesentlichen‹ (1982) und die Romane ›Die Schrecken des Eises und der Finsternis‹ (1984; Fischer Taschenbuch Bd. 5419) und ›Die letzte Welt‹ (1988).

Zu den Autoren findet sich eine biobibliographische Notiz auf den Seiten 284 bis 286.

Christoph Ransmayr (Hg.)

Im blinden Winkel

Nachrichten aus Mitteleuropa

Von Ruth Beckermann,
Marie-Luise Kaltenegger,
Claudio Magris, Martin Pollack,
Christoph Ransmayr,
Richard Swartz, Jan Tabor,
Richard Wagner, Erika Wantoch,
Hans Weiss

Fischer Taschenbuch Verlag

Ungekürzte Ausgabe
Veröffentlicht im Fischer Taschenbuch Verlag GmbH,
Frankfurt am Main, Dezember 1989

Lizenzausgabe mit freundlicher Genehmigung
von Christian Brandstätter Verlag & Edition, Wien
Copyright © 1985 by Christian Brandstätter
Verlag & Edition, Wien
Umschlaggestaltung: Buchholz / Hinsch / Hensinger
unter Verwendung der Abbildung
›Alte Häuser in Kruman‹, 1914 (Ausschnitt)
von Egon Schiele
Gesamtherstellung: Clausen & Bosse, Leck
Printed in Germany
ISBN 3-596-29563-7

Inhalt

Christoph Ransmayr
Przemyśl
Ein mitteleuropäisches Lehrstück

Am Allerheiligentag des Jahres 1918, zwei Wochen bevor
Ludwik Uiberall an einer Schußwunde verblutete, begann
auf dem Ringplatz von Przemyśl das Goldene Zeitalter. So
jedenfalls verhieß es ein Advokat, der unter den Zedern des
Ringplatzes am Abend dieses milden Novembertages vor
Fackelträgern und großem Volk eine Rede hielt. In Prze-
myśl kannte man Herman Lieberman, den Redner, als den
Führer der Sozialdemokratischen Partei Galiziens und als
einen höflichen Mann, der jeden Vormittag im Grand Café
Stieber die Zeitung las, in der Bahnhofsrestauration Kohn
zu Mittag speiste und vor Jahren vergeblich versucht hatte,
Helene Rosenbaum aus dem Gizowski-Haus zu heiraten.
Aber die Leidenschaft, mit der der Herr Advokat an diesem
Abend sprach, war den meisten seiner Zuhörer fremd. Ein
Goldenes Zeitalter! Schön, sehr schön hatte der Beginn dieser Ansprache geklungen. Der Herr Advokat hatte die
Worte eines römischen Dichters, Verse, lange Verse, von
einem immer wieder glattgestrichenen Zettel abgelesen
und gesagt, so oder zumindest so ähnlich müßte es nun
auch in Galizien werden: »Im Goldenen Zeitalter gab es
keine Helme und kein Schwert. Ohne Soldaten zu brauchen, lebten die Völker sorglos und in sanfter Ruhe dahin...«
Die Freie Republik Przemyśl, rief Lieberman dann und hob
die Arme wie ein Kapellmeister, der nicht mit dem Takt-
stock, sondern mit der leeren Faust das Zeichen zum Einsatz gibt, – die Freie Republik Przemyśl, deren Gründung
hier und heute mit solchem Jubel begangen werde, habe
die österreichisch-ungarische Herrschaft abgeschüttelt, um
endlich in die Welt zu setzen, was in Wien und Budapest
immer wieder versprochen, hoffnungslos zerredet und in
den Ländern Mitteleuropas, den Ländern der sogenannten

Krone, niemals verwirklicht worden sei: ein friedliches Miteinander freier, gleichberechtigter Völker in einem vielstimmigen und demokratischen Staat. Die Polen, Ukrainer und Juden der Stadt, selbst die kroatischen, ungarischen oder böhmischen Soldaten der aufgelösten kaiserlichen und königlichen Garnison, würden in dieser Republik eine gute, vor allem aber eine gemeinsame Zukunft finden, und... Der Advokat machte eine kurze, atemlose Pause, ließ die Arme sinken und sagte dann langsam, mehr zu sich selbst als zur plötzlich unruhig gewordenen Menge: Und später vielleicht eine Heimat.

Die vielstimmige Heimat, die Völkerfamilie, blühende Donauländer und das Erbe des habsburgischen Untergangs, alles in allem: das freie Mitteleuropa. Lieberman rührte an die Bilder einer alten Sehnsucht, mit denen auch viele Redner der österreichisch-ungarischen Vergangenheit ihre Reden verziert hatten und mit denen noch viele Redner und Schreiber der mitteleuropäischen Zukunft ihre Reden und Schriften verzieren würden. Aber nicht diese Bilder hatten die Menge plötzlich unruhig werden lassen, sondern bloß einige ukrainische Fuhrknechte, die zwei Fackelträger gegen die Toreinfahrt des Branntweiners Fedkowicz gedrängt hatten und ihnen dort das Feuer zu entreißen versuchten. Ob die Fuhrknechte betrunken waren oder vom utopischen Glanz der Rede Liebermans geblendet, war aus der Höhe des Rednerpultes nicht zu erkennen. Lieberman tat, was viele Redner tun, wenn sich das Volk endlich bewegt. Er wartete ab. Die Fuhrknechte zogen sich schließlich vor der aufmerksam und böse werdenden Übermacht der Fackelträger in den tiefen Schatten eines Arkadenganges zurück. In einer Lache vor dem Tor des Branntweiners verlöschte ein Pechstumpen. Stoßweise, wie den Beginn einer Litanei von Verwünschungen, schrie eine helle Männerstimme die ersten Takte eines ukrainischen Liedes aus dem Dunkel der Arkaden: *Schtsche ne wmerla Ukraina*... Noch ist die Ukraine nicht gestorben! Die Hochrufe der Republikaner von Przemyśl machten aber auch diesen Störversuch rasch unhörbar.

»Genossen, Mitbürger, Freunde!« wiederholte Lieberman,

nun wieder laut und sicher, die gewohnte Ordnung der Anreden, die er auch im Grand Café Stieber jedesmal gebrauchte, wenn er aus der gedämpften Privatheit der demokratischen Herrenrunde des *Roten Tisches* unvermutet ausbrach und sich mit erhobener Stimme an das große Kaffeehauspublikum wandte. Allmählich erstarb das Geschrei auf dem Ringplatz. Der Lärm der Begeisterung wich einer trägen Ruhe, die sich um das Rednerpult ausbreitete wie die Flüssigkeit um ein im jähen Wechsel von Hitze und Kälte zersprungenes Gefäß.

»Genossen, Mitbürger, Freunde! Die Monarchie hätte zum Herzen Europas werden können, aber sie hat ihre Chance verloren und vertan. Die Monarchie hat ihre slawische Majorität verleugnet und an die Stelle einer friedlichen Gemeinsamkeit der Völker nur die schäbige Pyramide der Nationen gesetzt, an deren Spitze das sogenannte Staatsvolk thronte – die Deutschen. Die Monarchie, Genossen, hat nicht erkannt, daß keines der mitteleuropäischen Völker stark genug ist, um ein anderes zu beherrschen; hat nicht erkannt, daß aus diesem Grund allein schon die politische Vernunft die Versöhnung und die Gleichberechtigung dieser Völker gebot. Und so mußte die Monarchie zugrundegehen wie jedes Reich, das sich der Einsicht in die Notwendigkeit der Zeit verschließt. Nun ist es an uns, Genossen, aus den Trümmern dieses Reiches ein neues Mitteleuropa zusammenzufügen, das den Krieg als die Folge dieser unseligen Hierarchie der Nationen erlebt hat und das nun auch ohne den Zwang einer Dynastie zu seiner Einheit finden wird. Und Przemyśl, Genossen, Mitbürger und Freunde, wird das Vorbild und erste Beispiel einer solchen Völkergemeinschaft sein…«

Mit halblauten Zwischenrufen wie *Der Lieberman plauscht wieder* oder *Ach, Lieberman,* hatte Jaroslav Souček, der tschechische Arzt des Garnisonsspitals, solche und ähnliche Reden des Sozialdemokraten im Grand Café Stieber gelegentlich vom Billardtisch aus unterbrochen und dann quer durch die von drei Kristallustern geschmückte Weite des Raumes kurze Gegenreden gehalten, ohne allerdings der Einladung Liebermans Folge zu leisten, seine Einwände doch im Kreis der Demokraten vorzutragen. Souček sprach grundsätzlich aus der von silberblauen Schwaden verhangenen Ferne des Billardtisches und schien dadurch seltsam entrückt.

»Die mitteleuropäischen Völker wollen doch weder einen dynastischen noch einen demokratischen Vielvölkerstaat«, hatte der tschechische Arzt erst letzte Woche, an einem verregneten Montagvormittag, gesagt – »sondern sie wollen schlicht und einfach ihre eigenen, autonomen, blöden kleinen Nationalstaaten, ihre eigenen scheppernden Industrien, korrupten Parlamente und lächerlich kostümierten Armeen. Schauen Sie sich doch um, Herr Lieberman, was sehen Sie? Sie sehen Mitteleuropa – ein Bestiarium: Die Tschechen fluchen auf die Slowaken, auf die Polen, auf die Deutschen; die Polen auf die Litauer und Ukrainer; die Slowaken auf die Ungarn; die Ungarn auf die Rumänen; die Kroaten auf die Slowenen, Serben und Italiener; die Serben auf die Albaner und Montenegriner; die Slowenen auf die Italiener und Bosniaken, und immer so fort, und die Deutschen fluchen auf die Slawen insgesamt, alle Feindschaften gelten natürlich auch umgekehrt und werden von allen Beteiligten mit immer neuen und immer hirnloseren Vorurteilen gepflegt. Gemeinsam ist den Angehörigen dieser famosen Völkerfamilie doch nur, daß sie bei jeder günstigen Gelegenheit über die Juden herfallen. Der Pogrom ist aber auch schon die einzige Unternehmung, zu der sich die Familie gemeinsam bereitfindet. Ein friedliches Miteinander? Einige von diesen fahnenschwenkenden und ihre Hymnen grölenden Haufen haben ihren Nationalcharakter doch eben erst entdeckt und nun nichts Eiligeres zu tun, als diesen Muff unter der Käseglocke eines eigenen Staates bis zum nächsten Krieg, bis zur nächsten Judenhetze, bis zum nächsten Raubzug zu bewahren. Blind bleiben sie dabei füreinander; blind und blöd. Die Nation! Ach, Lieberman, was für eine Blödheit. Aber vorläufig bleibt es eben modern, diese Blödheit hochzuhalten und mit ihr den Glauben an eine eigene, besonders ruhmreiche Geschichte, den Glauben an einen ganz besonders genial gewundenen eigenen Weg von der Affenhorde zum bissigen Nationalstaat. In jenem Europa, von dem Sie reden, Verehrtester, liegt Böhmen am Meer und Triest im Gebirge. Ihre Reden sind nicht auf der Höhe der Zeit. Und die Zeit, Herr Demokrat, ist gewiß nicht auf der Höhe Ihrer Reden.«

Spitalsarzt Souček hatte an diesem Montagvormittag seinen Ausfall mit einem plötzlichen Stoß seines Queues beendet, war ganz in sein Spiel zurückgesunken und keiner Antwort des protestierenden *Roten Tisches* mehr zugänglich gewesen.

Wie das Opfer einer großen Verbrennung überragte Herman Lieberman an seinem Rednerpult das flackernde, rauchende Feld der Pechfackeln. Von Souček würde an diesem Abend kein Zwischenruf kommen. Der Arzt war vor einigen Tagen mit seiner Einheit abgerückt und hatte seine Kameraden vergeblich daran zu hindern versucht, alle tragbaren Einrichtungen des Garnisonsspitals mit sich zu schleppen. Schwerbeladen, singend und im Marschtritt waren die Tschechen aus dem Chaos der Zeit ihrem eigenen Staat entgegengezogen.

»Wir haben uns hier versammelt«, schrie Lieberman in die Wildnis aus Flammen, Gestalten, Gesichtern und springenden Schatten, »um zu bezeugen, daß Mitteleuropa nur durch die Einheit seiner Völker davor bewahrt werden kann, zum Manövergelände fremder Armeen und Interessen zu verkommen. Die Freie Republik Przemyśl, das Lehrstück der Völkergemeinschaft, lebe hoch!«

Vivat und *Hurra* tobte es von unten zurück. Fackelträger schwenkten ihre Lichter über den Köpfen oder schrieben Feuerkreise und Spiralen in die Luft. Triumphal und im falschen Takt, so, als ob ein längst erwartetes Zeichen nun doch übersehen worden wäre und das Versäumte nun mit gesteigertem Tempo nachgeholt werden müßte, setzte eine Blechkapelle ein. Schmal ragten die Zedern des Ringplatzes aus dem Jubel in den dunklen Himmel Galiziens.

Gewiß – die abendliche Feierlichkeit dieses Allerheiligentages kann auch anders verlaufen sein: Vielleicht wurde die Republik ohne Blechmusik ausgerufen, vielleicht standen auch die Zedern des Ringplatzes damals schon nicht mehr, hieß der tschechische Arzt nicht Souček, sondern Palacký

oder anders, und vielleicht waren es auch keine Fuhrknechte, sondern uniformierte Mitglieder der *Sitsch*, der
paramilitärischen ukrainischen Feuerwehr gewesen, die
mit den Fackelträgern handgemein geworden waren.
Gleichwie, Tatsache bleibt, daß die vom Sozialdemokraten
Herman Lieberman mit allem Pathos ausgerufene Freie
Republik Przemyśl die Nacht vom Allerheiligen- auf den
Allerseelentag des Jahres 1918 nicht überstand. Denn noch
vor Anbruch des ersten Tages dieser Republik drängten
aus allen Dörfern ukrainische Bauern, Landarbeiter und
Handwerker in die Stadt – Nationalisten aus Wirotschko
und Jaksmanytschi, aus Posdjatsch, Stanyslawtschyk und
Kormanytschi, die, von einem zweiten Advokaten namens
Doktor Zahajkiewicz angeführt, bewaffnet und unbewaff-
net über Przemyśl herfielen und gegen den Vielvölkerstaat
des Advokaten Lieberman Einspruch erhoben: Przemyśl
sei immer ukrainisch gewesen. Przemyśl werde immer
ukrainisch bleiben.
Die Ukrainer besetzten also das Rathaus, die Bezirkshaupt-
mannschaft, das ausgeräumte Garnisonsspital, den Bahnhof samt Restauration und stellten die erst am Vorabend
gebildete Regierungskommission der Freien Republik –
vier versöhnlerische Ukrainer, vier Polen und Lajb Landau,
den Führer der jüdischen Partei, unter Hausarrest. Auch der
Name der Freien Republik wurde getilgt und durch *Peremyschl* ersetzt.
»Ausgerechnet Doktor Zahajkiewicz!« hieß es auf einem
Flugblatt, das später im Grand Café Stieber beschlagnahmt
werden sollte, »… Zahajkiewicz, der sich schon auf Ko-
stümfesten und folkloristischen Umzügen stets als ukrainischer Hetman zu verkleiden beliebte – ausgerechnet dieser Karnevalsnarr führt nun die ukrainische Horde gegen
die Stadt…«
Das Ende des Kampfes um Przemyśl war absehbar wie das
Ende aller Kämpfe um die Utopie: Selbstverständlich dul-
deten die Polen nicht, daß Przemyśl unter ukrainische
Herrschaft kam. *Peremyschl!* Allein der Klang war barba-
risch. Diese verfluchten Ukrainer. Das waren doch nur ru-
thenische Bauerntölpel, Lemken und Bojken, die sich einen

nationalen Namen und eine Fahne zugelegt hatten und jedem, der ihnen das Wort nur deutlich und lange genug vorsagte, *Ukraina* nachgrunzten. Aber Przemyśl war immer polnisch gewesen. Und Przemyśl würde immer polnisch bleiben.

Nach zwei Wochen ukrainischer Herrschaft, wachsender Verwirrung und täglichen Schlägereien zwischen den nationalen Lagern drangen polnische Truppen unter dem Kommando eines Generals namens Rój in die Stadt ein, prügelten die Tölpel in ihre Dörfer zurück und stellten den Advokaten Zahajkiewicz unter Hausarrest. Auf der Szajbówka-Heide und am Franz-Josephs-Kai am Ufer des San fielen auch Schüsse. Aber zu Tode kam nur ein Mann. Das Protokoll der Eroberer überlieferte seinen Namen: Es war der *Pole mosaischen Bekenntnisses Ludwik Uiberall*, den ein Bauer aus Balytschi, der sein mit Flußsand beladenes Ochsengespann über eine Schotterbank an den Franz-Josephs-Kai heranführte, nach zwei kurz aufeinanderfolgenden Schüssen auf das Gesicht fallen sah.

Jan Tabor
Über die Grenze

Grenze ist wohl das einzige bedeutende Wort, das aus dem Slawischen ins Deutsche übernommen wurde. Die Geschichte kennt keine Zufälle, auch die Geschichte der Wörter nicht. Grenze. Hranice. Das im 13. Jahrhundert aus dem Westslawischen entlehnte »grenize« hat sich von den östlichen Kolonisationsgebieten aus allmählich über das deutsche Sprachgebiet ausgebreitet und das heimische Wort »Mark« verdrängt. »Hranice« stammt von »hrana« ab, was »Ecke, Kante, Rand« bedeutet.

*

Die Linie, die sich von der Ostsee über Ebenen, Flüsse, Gebirge, Täler, Wälder und Felder bis hin zum Schwarzen Meer zieht und die Aufteilung eines ganzen Kontinents markiert, ist eine besondere Grenze. Es ist ein technisch-psychologischer Apparat. Es ist eine Fluchtverhinderungsmaschine. Ihre Funktion ist ihre Unantastbarkeit. Wer sie unbefugt berührt, heißt »Anstörer«. Es ist ein Neuwort, ein Terminus technicus, der, gleichzeitig mit der Erfindung dieses Apparats entstanden, im Tschechischen genauso verkrüppelt ist wie im Deutschen. Dieses Wort deutet nicht nur an, daß die Absicht, die Grenze anzutasten, etwas Unangebrachtes und Verhängnisvolles ist. Es drückt auch die Vergeblichkeit eines solchen Wollens aus. Es ist ein Euphemismus, der verschweigt, daß die »Grenzanstörer, Grenzverletzer, Grenzstörer« nichts so sehr zu schätzen wissen wie die ungestörte Grenze. Es sind ja Menschen, die nur lautlos die Seite wechseln wollen.

*

Einen Tag, nachdem ich wieder einmal bei Theben gewesen war und in Gedanken versucht hatte, von der ANDEREN

Seite des Flusses meinen Standort zu erreichen, gelang es an derselben Stelle einem jungen ostdeutschen Techniker, über die Grenze zu kommen.

Seine Flucht freute mich ungemein. Sie war für mich eine Art wissenschaftliche Beweisführung, daß es möglich sei, die Grenze gerade dort zu überwinden, wo es unmöglich erscheint. Gleichzeitig empfand ich seinen Erfolg als Kränkung. Als eine Art Ungerechtigkeit, wie sie auch Studenten erfahren, die bei einer Prüfung durchgefallen sind, für die sie sich gewissenhaft vorbereitet und die andere Studenten ohne allzu große Anstrengung bestanden haben.

Ich hätte gern mit ihm gesprochen. Ich hätte ihn gern ausgefragt, wie lange er dort das Terrain observiert und die Technologie der Grenzsicherung analysiert hatte, welche Möglichkeiten er entworfen und wie er erwogen hatte, wann, wo und wie sein gewagtes Experiment stattfinden sollte. Denn so einfach, wie es die Zeitungen berichtet hatten, war es wohl nicht gewesen. Ein Fremder taucht in Děvín auf, geht zu dem hohen Stacheldrahtzaun, klettert darüber, springt in die March und schwimmt davon. Die Soldaten, überrascht, daß doch einmal eingetreten ist, was nicht eintreten darf und wofür sie abgerichtet sind, beginnen endlich reflexiv zu handeln, reißen die Maschinenpistolen von den Schultern, legen an und drücken ab. Die Kugeln schlagen aus dem Wasser kleine Geysire heraus, die Salven donnern, der Flüchtling ist nicht zu sehen. Sein Kopf taucht auf, schnappt nach Luft und taucht wieder unter, noch ein paar Sekunden, er erreicht die Staatsgrenze, die in der Mitte des Flusses auf den Wellen schaukelt, die Soldaten feuern ihre letzten Salven ab, fast ein Salut für einen erfolgreichen Gegner.

Während der unverletzte Flüchtling im Ufergebüsch verschwindet, trifft auf der anderen Seite der Grenze die Verstärkung ein. Neue Grenzmaschinisten lösen die glücklosen ab, die in dem Militärfahrzeug Platz nehmen, um zu ihrer Garnison gefahren zu werden. Dort werden sie getrennt vernommen, dort wird der Zwischenfall, das Versagen der Soldaten, das Versagen des perfekten Systems protokolliert, analysiert.

Ich hätte gern mit dem jungen ostdeutschen Techniker gesprochen. Der Herr, teilte mir die Botschaft der Bundesrepublik Deutschland freundlich mit, sei bereits abgereist. Wohin, dürften sie mir nicht sagen. So weiß ich nicht, ob seine Flucht nicht doch ein bloßer Zufall gewesen ist.

*

Seit ich in Wien lebe, fahre ich häufig nach Hainburg. Die Stadt kenne ich schon lange, viel länger als seit 1968, da ich sie im Herbst zum erstenmal betreten konnte. Ich kenne sie seit meinem ersten Besuch in Bratislava, das war 1960 oder 1961. Nach meiner Ankunft damals ging ich sofort in das rund zehn Kilometer entfernte Städtchen Děvín. Langsam schritt ich den Stacheldrahtzaun ab, der die Uferstraße von der Donau trennte, und stieg dann auf die gleichnamige Burgruine. Von hier aus war der weiteste und schönste Blick nach Westen in der ganzen Tschechoslowakei. Hier war die Anderswelt besonders nah. Es gäbe Tage, schwärmte ein Einheimischer mir vor, da sehe man bis nach Wien. Erst oben wagte ich aus dem Rucksack das Fernglas hervorzuholen, erst hier, unter anderen Touristen, konnte ich es benützen, ohne zu befürchten, die Aufmerksamkeit der Grenzsoldaten unnötig zu erregen. Hätten sie mich unten auf der Uferstraße mit einem Fernglas gesehen, so hätten sie mich sofort aufgefordert, mit ihnen zur Grenzstation zu gehen. In ein Militärfahrzeug hätten sie mich gesetzt und nach Bratislava gebracht. Dort wäre ich durchsucht, stundenlang verhört, zwei oder drei Tage festgehalten worden. Später, nachdem die Offiziere mit dem Direktor der Mittelschule, an der ich studiert hatte, mit dem Kommandanten der Grenzeinheit in Hřensko, wo ich wohnhaft war, und mit der allwissenden Bevölkerungszentralevidenz in Praha telefoniert und erfahren hätten, daß gegen mich nichts vorliege, daß ich doch nur ein harmloser Reisender sei, hätten sie mich wieder freigelassen. Nicht, daß ich damals gegen solche Blindverhaftungen etwas gehabt hätte, es wäre auch nicht zum ersten- und letztenmal gewesen. Ich war damals 16 oder 17 Jahre alt, eine solch unbegründete Kurzverhaftung war spannend, war ein fester Bestandteil meiner Grenzerkundungen und ein Teil meines Image. Nach meiner Rückkehr in die Schule war ich wenigstens einen Tag lang das Gesprächsthema Nummer Eins. Die Lehrer klopften mir voll Anerkennung auf die Schulter, »Na, du Frontier, wie sieht es draußen aus?«, ich hatte etwas zu erzählen und konnte mich auch an Mädchen heranwagen, die sonst für mich unerreichbar geblieben wären. Gewisse Schwierigkeiten hatte ich höchstens vom Schuldirektor zu befürchten, der ein geschmiedeter Komousch war, wie wir damals die bigotten Kommunisten nannten. Er hielt das Schulschwänzen nicht für ein gewöhnliches Vergehen, sondern für die sabotagehafte Vergeudung sozialistischen Volksvermögens. Daß ich aber abhauen hätte wollen, das glaubte nicht einmal er, weil ich ihn einmal überzeugen hatte können, daß ich die Grenztechnologie fast so gut kannte wie die Grenzsoldaten selbst, und daß ich mich nie so tölpelhaft auffällig benehmen würde. »Der Genosse Direktor mag dich sehr«, hatten die Offiziere mehrfach zu mir gesagt, bevor sie mich wieder freiließen. Möglicherweise mochte er mich, wahrscheinlich aber hatte er mir gegenüber ein schlechtes Gewissen. Bei der Aufnahmeprüfung für die Fachmittelschule, zu der ich nur zugelassen worden war, weil mich ein anderer einflußreicher Kommunist aus unbegreiflichen Gründen protegiert hatte, wollte der Direktor von mir hören, wie sehr ich meinen wegen Sabotage verurteilten Vater verabscheue. Ich konnte nichts sagen, gar nichts, weil ich krampfhaft weinen und daran denken mußte, daß ich nur Kommunisten verabscheute. Schließlich stieß ein anderer mächtiger Lehrer-Kommunist dazu und bat mich, draußen zu warten. Nach einer Weile kam der Direktor und sagte mir verlegen, es sei alles in Ordnung. Ich wurde aufgenommen. Seitdem brauchte ich mich vor dem Direktor nicht zu fürchten, ganz im Gegenteil. Da er stets bereit war, für mich zu garantieren, waren die Verhaftungen kleine Episoden. Nur um das Fernglas war mir bange. Eines war mir abgenommen worden, ein paarmal hatte ich sogar weinen müssen, um die Offiziere davon abzubringen, mein Fernglas zu beschlagnahmen.

*

Auf der Burgruine Děvín die Weite durch ein Fernglas zu suchen, war nichts Ungewöhnliches. Hier konnte ich mich ungestört sattsehen. Die Landschaft jenseits der Donau war für mich mehr als ein Nachbarland, mehr als irgendeine Republik Österreich. Die Welt, die da gleich hinter der Strich-Punkt-Linie in der Mitte der March und der Donau begann, bedeutete die absolute Terra incognita, das »Hic sunt leones« der alten Römer, die Terra prohibita. Hier begann die Welt schlechthin. Die bessere, weil grenzenlose Welt, aus der ich durch die Grenze unter der Burg ausgeschlossen war. Wäre ich nur ein paar Meter weiter geboren worden, so hätte ich einer von den Schaulustigen sein können, die ich auf der Mündungsspitze, die die Donau und die March bilden, sah. Die auch zu mir, wie es mir schien, neugierig herüberblickten. Nicht die Existenz der Grenze, die mir seit meiner frühesten Kindheit vertraut war und die ich daher als naturgegeben betrachtete, empfand ich als ungerecht. Meine Herkunft, die Tatsache, nur durch meine Geburt von der endlosen Welt draußen ausgeschlossen zu sein, empfand ich als ungerecht und unbegreiflich. Tscheche zu sein, dachte ich damals, ist keine Sünde. Es ist eine Erbsünde. Man begeht sie nicht, man wird mit ihr geboren. Zur Strafe sitze ich *vor* der Grenze, und nicht *hinter* ihr. Befände ich mich auf der anderen Seite, so wäre ich kein Tscheche mehr und hätte keine Erbsünde. Als Belohnung für meine Sündlosigkeit dürfte ich beispielsweise nach Venedig reisen. So dachte ich damals auf der Burgruine Děvín. So dachten und denken viele junge Tschechen, Slowaken, Polen, Bulgaren oder Ostdeutsche.

*

Gleich hinter Hainburg, das mir wie eine bedeutende Hafenstadt vorkam, sah ich die Silhouetten von Rom, Paris, New York, Honolulu und Rio de Janeiro in den Himmel ragen. Wien sah ich nicht, es war in meinen Traumreisen nicht vorgesehen. Wien kannte ich aus dem dicken Album meiner Großmutter. Die Ansichtskarten stammten von meinem Großvater, er hatte sie ihr vor der Hochzeit geschickt und meine Großmutter hatte sie aufbewahrt. Auch sie hatte sich einige Zeit dort aufgehalten, und so konnte ich schon als Kind mit ihr hinreisen. Später allerdings stellte ich fest, daß das Ansichtskarten-Wien kaum mehr als ein Konglomerat aus Brno, Praha oder Plzeň war.

Nach meinem ersten Besuch in Děvín kam ich noch öfters wieder. Man war damals bestrebt, aus Bratislava, der ehemaligen Provinzstadt, die Hauptstadt der Slowakei zu machen. Die Altstadt unter der Burg von Bratislava wurde abgerissen und durch neue Fertigteilbauten ersetzt. Von Besuch zu Besuch sah die Stadt anders aus, sie wurde immer größer, großstädtischer, aufgeblasener. An den Hängen zwischen Bratislava und Děvín entstanden unzählige Sommerhäuschen, dem eigenen Weekendhaus galt die süchtige Liebe der reise- und besitzverhinderten Tschechoslowaken. Nur drüben, in Österreich, schien alles unverändert. Keine Feriensiedlungen wuchsen aus den Hängen, das alte Städtchen Hainburg blieb klein und romantisch, und die riesigen Auwälder erinnerten weiterhin an den Amazonasdschungel.

*

Die Flußlandschaft der Donau ist an der Mündung der March breit und langsam. Der Strom hat hier die Kleinen Karpaten durchstoßen und trennt nun den Braunsberg und den Hundsheimer Berg von dem kleinen slowakischen Gebirge. Mit der Burgruine Theben bildet der Braunsberg die Hainburger Pforte. Die Mündung ist eine mit Gebüsch und riesigen Pappeln bewachsene Landspitze. Über Feldwege gelangt man aus dem Dorf Markthof hierher. Auf der anderen Seite der March liegt hinter der Burgruine versteckt das Städtchen Děvín. Warum die Burg auf deutsch Theben und auf slowakisch Děvín, also Mädchenburg, heißt, weiß ich nicht. In matter Erinnerung habe ich die Sage von einer slowakischen Lorelei. Die Burg steht auf einem zerklüfteten Felsen. Unterhalb verläuft eine kleine, für den allgemeinen Verkehr offensichtlich gesperrte Uferstraße. Entlang der Straße wurde der Stacheldrahtzaun angebracht, der an der Ostsee beginnt und am Schwarzen Meer endet.

Einer der verglasten Wachtürme, die in mehr oder weniger regelmäßigen Abständen daran erinnern, daß dies kein gewöhnlicher Zaun ist, steht unmittelbar unter der Burg. Dort befindet sich auch der Anlegeplatz für ein schnelles Motorboot. Die Soldaten, die hier postiert sind, tragen blaue Matrosenuniformen.

Wiewohl die Gegend ausgesprochen reizvoll ist, gilt das Interesse der zahlreichen Touristen nur der Grenze. Wochentags bin ich hier oft stundenlag allein, an Wochenenden aber kommen oft mehrere hundert Menschen her, um das Gefühl auszukosten, diesseits der Grenze zu sein. Als ich noch drüben war und von der Burg das Geschehen an der Mündungsspitze beobachtete, fielen mir diese Schaulustigen unangenehm auf. Sie zeigten hinüber zu uns, mir schien es, sie zeigten auf mich. Ich dachte, sie machen sich über mich lustig. Wie ein Affe im Käfig kam ich mir vor, der von artverwandten Wesen betrachtet wird. Die Welt, dachte ich, ist durch diese Grenze zu einem riesigen Tiergarten geworden, wobei ich bloß durch eine Laune der Geschichte auf die unvorteilhafte Seite des Käfigs geraten war. Erst später, als ich selbst von einem Exponat zum Zoo-Besucher geworden war und auf der Spitze unter der Burg Děvín unter anderen Besuchern weilte, stellte ich erstaunt fest, daß viele von ihnen heimwehkranke Slowaken, Tschechen, Polen oder Ungarn waren. Für sie ist die Aussicht eine ganz andere als für Holländer, Briten oder Amerikaner, die hier ebenfalls auftauchen, um einen Blick auf den berühmten Eisernen Vorhang zu werfen. Für die osteuropäischen Flüchtlinge ist die greifbar nahe Grenze eine Art Strichlinie unter der Bilanz des bisherigen Lebens, eine Erinnerung an die zurückgelassene Identität. Sie ist der Beweis, daß es ihnen gelungen ist, die Absichten der Geschichte zu durchkreuzen, sich aus der Erbsünde herauszuschwindeln. Wie der sprichwörtliche Verbrecher kehrt der Flüchtling an seinen Tatort zurück, auch wenn er anderswo und auf andere Weise über die Grenze gekommen ist. Eines warmen Sommertags schlief ich hier ein und träumte, ich sei ein Rekrut und müsse nach den Befehlen eines slowakischen Unteroffiziers schießen lernen, könne aber den Pappkameraden nicht treffen. »Du Hurensohn, du Henkersknecht, du unnötiger Trottel. Wirf die Flinte weg und hau ab, du verwelkter

Schwanz. Ich fick deine Mutter. Geh und scheiß dich am Grab deines Vaters aus, Scheißeschlecker.« Ich wachte auf. Da waren zwei junge, leicht angetrunkene Slowaken, die die tschechoslowakischen Soldaten beschimpften. Diese Stelle hier, inmitten einer herrlichen mitteleuropäischen Landschaft, ist ein Kurort für heimwehkranke osteuropäische Seelen.

*

Ich hasse weder die Grenze noch die Grenzsoldaten. Auch leide ich nicht an Heimweh. Ich kehre zu der Donau-March-Mündung zurück, um die Straftat einer Grenzverletzung vorzubereiten. Ich will hier in aller Ruhe überlegen, wie ich von dort, wo ich einst war, hierher, wo ich bin, gelangen kann, ohne dabei verhaftet oder erschossen zu werden. Hier bin ich ein verhinderter Verbrecher, der die verschiedenen Möglichkeiten einer geplanten Handlung so lange konzipiert und vorbereitet hat, bis der Zweck nichts und die Durchführung alles zählt.

Ich leide an einer Zwangsvorstellung, die der Psychiatrie möglicherweise noch nicht bekannt ist, obwohl sie auf der anderen Seite der Grenze verhältnismäßig oft vorkommt. Ich leide an einer Grenzangst und Grenzmanie zugleich. In Anlehnung an »Limes« (Grenze, Grenzweg) oder »limetaneus« (an der Grenze befindlich) könnte man diesen Tick »Limesphobie« oder »Limetaneophobie« beziehungsweise »Limesmanie« oder »Limetaneomanie« nennen. Wenn ich über eine Staatsgrenze fahre, leide ich an verschiedenen psychosomatischen Störungen von kaltem Schweiß bis zu Durchfall. Mich überfallen Ängste, mein Paß sei nicht in Ordnung, ich würde brisante Schmuggelware mitführen oder auf der Fahndungsliste stehen. Im Schlafwagen wache ich kurz vor der Grenze auf – ich kann die Grenznähe riechen, und der Gestank weckt mich auf. Fahre ich mit dem Auto und die Zöllner winken mich nur gelangweilt weiter, empfinde ich dies als Mißachtung meiner Persönlichkeit. Ich bin ja im Besitz eines österreichischen, also weltweit angesehenen, Reisepasses, und wer sonst, wenn nicht die Grenzer, sollte es zur Kenntnis nehmen. »Der Paß ist der edelste Teil von einem Menschen«, läßt Bertolt Brecht in seinen »Flüchtlingsgesprächen« den deutschen Kommunisten Kalle im Bahnhofsrestaurant von Helsingfors sagen. »Er kommt auch nicht auf so einfache Weise zustande wie ein Mensch. Ein Mensch kann überall zustandekommen, auf die leichtsinnigste Art und ohne gescheiten Grund, aber ein Paß niemals. Dafür wird er auch anerkannt, wenn er gut ist, während ein Mensch noch so gut sein kann und doch nicht anerkannt wird.«

In den ersten Jahren meines Aufenthalts in Wien bin ich fast jede Nacht nach Prag gereist. Es war herrlich, ich hatte einen guten Paß und überall behandelte man mich mit Respekt. Ich besuchte die rührseligen Winkel meiner Kindheit, traf meine Freunde und genoß die ungewöhnliche Hochachtung verschiedener Vertreter der Staatsmacht. Als ich dann wieder im Zug saß, um zurück nach Wien zu fahren, war mein Paß unauffindbar. Ich mußte aussteigen und ging von Amt zu Amt. Niemand wollte mir glauben, daß ich im Besitz eines guten Passes gewesen war.

Als ich dann aufgewacht war, mußte ich das Licht einschalten, um festzustellen, wo ich war. In meinem Bett in Wien, doch! Da wurde mir klar, daß dort, wo ein Bett steht, in dem ich gern aufwache, auch meine Heimat ist.

*

Die lässige Handhabung der Grenzkontrollen empfinde ich als menschenunwürdig. An einer Grenze, an der mein Paß nicht kontrolliert wird, kann ich meine Limesphobie nicht ausleben. Hier kann ich nicht auskosten, daß ich einen guten Paß habe, also ein guter Mensch bin. Die ungarischen Grenzübergänge sind da ganz nach meinem Gemüt. Dort wird noch der sakrosankte Charakter des Grenzpassierens gepflegt. Die Grenzabfertigung besitzt so noch die Würde einer kultischen Handlung, die mit Angst beginnt und mit Läuterung endet: Mein Körper trägt kein Stigma der Erbsünde mehr, ich bin erlöst. Ein Wachturm begrüßt den aus dem Niemandsland Kommenden, die Ehrenwache in Gestalt eines mit Maschinenpistole bewaffneten Soldaten steht vor dem mächtigen Schranken, der sich langsam hebt und eine persönliche Porta nobilis bildet. Man stellt sich an und wartet, bis ein Grenzoffizier würdevoll wie ein Priester den Paß entgegennimmt, und man wartet weiter, bis er zurückkommt und die Reliquie würdevoll zurückgibt. Noch prüft er aufmerksam, aber nicht eindringlich mein Antlitz, fragt, wohin ich fahre, wünscht gute Reise und freut sich über mein »Köszönöm. Viszontlátásra«. Dann kommt ein anderer Priester, läßt sich einen Koffer öffnen, wünscht gute Reise und freut sich über mein »Köszönöm. Viszontlátásra«. Er winkt dem Soldaten beim Ausfahrtsschranken, der läßt ihn wie eine Ehrenwaffe aufsteigen und ich fahre weiter. Ich atme aus. Mein Puls wird normal. Beim ersten Gebüsch bleibe ich stehen. Geist und Körper sind jetzt erleichtert.

*

Wer unter meinen Gleichaltrigen in Österreich kann sich noch seines ersten Grenzübertritts so genau entsinnen wie ich? Wer kann den Tag und die Stunde nennen, das Grenzgebäude und die Gesichter der Grenzer beschreiben?

*

Am 5. August 1964 um 21.15 Uhr kam ich zu Fuß bei einem wenig frequentierten Grenzübergang bei Ostrau an. Es war schon dunkel, ich war der einzige Grenzgänger. Die tschechoslowakischen und polnischen Zöllner in dem gemeinsamen Zollgebäude waren gerade dabei, die ersten Szenen eines amerikanischen Western im polnischen Fernsehen zu verfolgen. Offensichtlich störte ich sie. Ein tschechoslowakischer Zöllner erhob sich unwillig, ich zeigte ihm meinen mühsam erkämpften Passierschein, er drückte einen Stempel darauf und fragte, wieder dem Fernsehen zugewandt, amtsautomatisch, ob ich ausländische Währung mitführte. Ich bejahte. Der Zöllner schaute mich verblüfft an und fragte, ob ich wisse, daß dies verboten sei. In dem Augenblick war mir schwarz vor den Augen. Wieviel ich denn hätte und wo das Geld sei, fragte er weiter, nun eher amüsiert, wie mir schien. 400 Zloty. Im Schuh, antwortete ich wahrheitsgetreu, weil mir nichts anders übrigblieb. »Im Schuh!« schrie er, »im Schuh!« Offensichtlich war mein Fall spannender als ein Western. Die anderen Zöllner, zwei davon polnische, kamen dazu. »Im Schuh!« rief der sadistische Zöllner voller Freude über den einmaligen Fang. »Und Sie sagen, Sie seien Hochschüler. Was machen wir jetzt mit Ihnen?« fragte er, seinen Kollegen zugewandt. »Wissen Sie was, wenn Sie schon so aufrichtig sind, wir machen Ihnen einen Vorschlag. Sie gehen jetzt zurück und deponieren das Geld bei einem Freund. Wir wollen es vergessen«, sagte er zu mir. Ich war so verwirrt, daß ich behauptete, keinen Freund hier in der Gegend zu haben. »Mein Gott, ist es möglich! Dann verstecken Sie das Geld unter einem Stein!« Er begleitete mich für alle Fälle vor die Tür und sagte leise, daß ich nach fünf Minuten zurückkommen solle und das Geld natürlich mitnehmen dürfe. Falls mich jemand fragen würde, ob ich Geld hätte, müsse ich es verneinen. Nach zehn Minuten kam ich zurück, die Zöllner lächelten mir entgegen, fragten nichts und ich ging nach Polen. Am nächsten Tag sah ich zum erstenmal in meinem Leben das Meer. Ich war zwanzig Jahre alt.

Wie hatte mir dieser Lapsus passieren können? Ausgerechnet mir, dem Virtuosen imaginärer Grenzübergänge!

*

Ich kann die Staatsgrenze riechen. Sie riecht nach dem Schweiß und Haß junger Männer. Ich wuchs in Hřensko auf, einem kleinen Grenzort an der ostdeutschen Grenze. Bis zum Ende des Zweiten Weltkriegs war das rund vierzig Kilometer von Dresden entfernte, am Ufer der Elbe in einem tiefen Tal des Flusses Kamenice gelegene Dorf ein beliebter Ausflugsort für die Dresdner gewesen. Die waldreiche hügelige Landschaft mit bizarren Sandsteinfelsen nannte man die Sächsisch-Böhmische Schweiz. Die rund dreihundert ständigen Bewohner hatten nur von den Touristen gelebt, die mit Dampfschiffen und Zügen angereist waren und die vierzig Hotels und Pensionen, allesamt im Schweizer Stil errichtet, bevölkert hatten. Nach 1945 wurden die Deutschen ausgesiedelt, die leerstehenden Fremdenherbergen in Erholungsheime der Gewerkschaften umgewandelt oder dem Verfall preisgegeben. Außer im Sommer war nun die Ortschaft fast menschenleer.

Eines Tages im Frühjahr 1950 fand ich eines der leerstehenden Hotels plötzlich bewohnt. Der Fußboden im Speisesaal war mit Matratzen bedeckt. Rund hundert junge Männer, die wie Soldaten aussahen, wurden hier untergebracht, eine höchst merkwürdige Menschenansammlung, die mich an die Bilder von deutschen Kriegsgefangenen erinnerte, wie ich sie aus Büchern und Zeitschriften meines Vaters kannte. Die Männer wurden von einigen echten Soldaten in tadellosen Uniformen und mit Schußwaffen begleitet, sie gingen mit den jungen Männern recht unwirsch um. Es waren doch Soldaten. In der Früh zogen sie an unserem Haus vorbei in die Wälder hinauf, wo sie etwas Geheimnisvolles errichteten, einen »Schutzwall gegen den Imperialismus«, wie es hieß, und von dem niemand genau wußte, was er sein sollte. Spätabends sahen wir sie wieder, wie sie sich in ihren zerfetzten Uniformen (von denen man sagte, es seien deutsche Uniformen aus der Kriegsbeute) müde auf ihr Matratzenlager schleppten, getrieben von den offensichtlich gut erholten und bewaffneten Begleitern. Wir freuten uns, endlich Soldaten erleben zu können. Es seien keine echten Soldaten, warnte man uns, und untersagte uns, Kontakte anzuknüpfen. Es seien Kriminelle, auf jeden Fall Feinde des Volkes. Von meiner Mutter erfuhr ich indessen, daß es überwiegend ehemalige Studenten waren, die man, um die Universitäten von nichtkommunistischen Elementen zu säubern, einfach zum Militär einberufen hatte. Man nannte sie nach den in Bergwerken arbeitenden Rekruten »schwarze Barone«. Ihnen wurde die Ehre verwehrt, Waffen und Uniformen der Volksarmee zu tragen, sie mußten auch um ein Jahr länger dienen. In Hřensko bauten sie die Grenze auf. Sie rodeten einen etwa fünfzig Meter breiten Streifen durch die Wälder, zimmerten die Wachtürme, stellten die Pfosten für die Stacheldrahtbarrieren auf und legten vor den Verhauen einen mehrere Meter breiten Streifen aus Sand und feiner Erde an, der mit Rechen zu einer Schreibtafel gemacht wurde, auf der man ablesen konnte, ob jemand über die Grenze gegangen war.

Sie stinken so merkwürdig, sagte ich zu Hause. »Nach Schweiß«, antwortete mein Vater. »Nach Haß«, meinte meine Mutter, »nach Haß der Entrechteten.« Das mußte sie mir erklären. Ich rieche und sehe sie noch immer, diese Männer. Damals, als ich diese Sklaven erlebte, diese jungen Tschechen und Slowaken in deutschen Uniformen, dieses erniedrigte und abgeschuftete Menschenvieh neben seinen selbstherrlichen Hirten, begriff ich den Kommunismus als eine persönliche Bedrohung.

Eines Tages waren sie nicht mehr da. Hier war die Grenze betriebsfertig, sie waren weitergezogen. Es tauchten echte Soldaten auf, die verläßlichen, mit tschechoslowakischen Uniformen und Maschinenpistolen, mit deutschen Schäferhunden und sowjetischen Geländeautos, manche sogar mit Pferden. Sie siedelten sich in einem anderen leerstehenden Hotel ein, hängten einen großen roten Stern über das Tor, besetzten die Wachtürme und machten sich zu zweien oder dreien auf den Weg entlang der Grenze. Ab und zu führten sie einen Zivilisten mit, den sie dann in ein Auto setzten und nach Děčín, wo die Hauptgarnision war, abtransportierten. Wer es war, erfuhren wir nie. Ein Agent, hieß es. Im Gefängnis nannte man sie poetisch »Hügelgeher«: Menschen, die über die verbotenen Hügel gingen und erwischt wurden.

*

Ich wuchs in einer nach innen gekehrten Grenzfestung auf. Uniformen prägten das Erscheinungsbild, die Offiziere, unbeschreibliche Idioten, bestimmten das öffentliche Leben. Ich wuchs unter Feinden auf, stets darauf bedacht, nichts zu denken, was ich nicht sagen durfte. Die Drahtverhau-Grenze wurde nach und nach allgegenwärtig in unserem Leben. Auch im schrillen Geklingel unserer Hausglocke war sie vorhanden, besonders nachts. Erklang sie unerwartet, erstarrte meine Mutter zu fragendem Abwarten. Erst wenn die Glocke mehrmals geklingelt hatte, ging die Mutter hinunter zum Haustor. Meist kam sie mit einem Bekannten zurück oder erledigte eine belanglose Angelegenheit. Blieb sie länger unten, schlichen mein älterer Bru-

der und ich ihr heimlich nach. Mutter hatte das Licht abge-
schaltet und wir hörten in der Dunkelheit, wie sie jemandem flüsternd zu erklären versuchte, daß sie nicht helfen
könne, weil sie keine Ahnung habe, und auch nicht helfen
wolle, weil sie drei Kinder habe. Sie schickte die unheim-
lichen Besucher stets weg. Es sei, sagte sie zu uns, als sie
unseren Schrecken bemerkte, irgendein alter Bekannter
oder ein Bekannter eines Bekannten gewesen, der ins Ausland wolle. Sie bat uns, niemandem davon zu erzählen.
Dann packte sie ihre Toilettetasche, um gerüstet zu sein,
sollte sie abgeholt werden. Wir hätten nichts zu befürchten,
beruhigte sie uns, eine Tante würde kommen, falls sie weg
müsse. Der Fremde hätte auch ein Provokateur sein können. War er aber nie.

*

Hřensko lag an der Elbe. Auf dem anderen Ufer begann
Deutschland, das unheimliche Land, das Königreich des
Bösen. Für uns Kinder, die gerade zu buchstabieren gelernt
hatten, hieß es schlicht Schönau. Der Name stand an der
Tafel, die an dem alten Bahnhofsgebäude befestigt war.
Durch Schönau fuhren täglich mehrere Züge, vor allem
Lastzüge und auch einige internationale Personenzüge.
Keiner blieb hier stehen. Der eindrucksvollste hieß geheim-
nisvoll wie er war: Vindobona – ein elegantes, gelb ange-
strichenes und aerodynamisch geformtes Vehikel, das
rauch- und beinahe lautlos und stets pünktlich auftauchte
und rasch wieder verschwand. Vindobona war eine Er-
scheinung auf der anderen Seite der Elbe, die weder mit
Hřensko noch mit Schönau zu tun hatte. Der Vindobona
war eine Dieselgarnitur mit großen Fenstern, hinter denen
wir nur selten Menschen erblickten. Der Vindobona hob
sich von allen anderen Zügen, die schmuddelig und veraltet
waren, überdeutlich ab. Er war nicht von unserer Welt. Für
ihn galt kein Grenzverbot. Er war das Sinnbild jenes Kapi-
talismus, der irgendwo in der Ferne hinter neun Bergen,
neun Flüssen und neun Grenzen lag und so rätselhaft vollkommen war wie dieser Zug. Um 12 Uhr 15 fuhr er in
Richtung Wien, um 18 Uhr 25 in Richtung Berlin. Hatte

man früher zu Kindern gesagt, wenn die Kirchenglocke läutete, sei die Zeit, nach Hause zu gehen, so wußten wir, nachdem wir den Vindobona gesehen hatten, daß uns Mutter zum Essen erwartete. Im Vindobona zu sitzen und nach Wien – das ich aus Großmutters Album bereits kannte – zu fahren, war einer meiner sehnlichsten Kinderwünsche.

*

Das Deutschland-Schönau, nur drei Steinwürfe entfernt und doch so unerreichbar weit, unterschied sich kaum vom Böhmen-Hřensko. Die Häuser sahen beinahe gleich aus, die Bäume und die Felsen ohnehin. Auch die Menschen, die wir dort sahen, machten einen normalen Eindruck, und so hielten wir sie nicht für echte Deutsche. Wir riefen ihnen deutsch zu, sie riefen zurück und winkten. Das böse Deutschland, dachten wir, müsse also irgendwo weiter hinten beginnen, erst hinter dem Horizont. Unser Deutschland auf der anderen Seite der Elbe roch außerdem bekömmlich nach frisch geröstetem Kaffee. Das größte unter dem Dutzend Gebäuden war eine Malzkaffeefabrik.
In der Mitte des Flusses sah ich ständig die Grenze schwimmen, eine endlose Kette von kurzen Strichen und Punkten. Diese Linie war heilig. Als wir noch auf der Elbe rudern durften, wußten wir – es war eine Selbstverständlichkeit –, daß wir nur in die Mitte des Flusses und keinen Meter weiter kommen durften. Daß die Staatsgrenze aus Punkten und Strichen bestand, erfuhren wir aus einer militärischen Spezialkarte, die einer meiner Freunde besaß, obwohl er sie nicht besitzen durfte. Nicht etwa, weil sie mit dem ekelhaften Vogel, der in seinen Krallen das Hakenkreuz hielt, gestempelt war. Niemand durfte sie besitzen, weil sie ein Militärgeheimnis war, weil dort alle Häuser, Waldpfade, Schluchten und größeren Bäume so genau eingetragen waren, daß es keine Kunst gewesen wäre, mit einer solchen Karte über die Grenze zu kommen. Es war eine tschechoslowakische Karte aus der Zeit, als die tschechoslowakischen Pioniere kurz vor dem Münchner Diktat nach dem Vorbild der französischen Maginotlinie eine Kette von kleinen Betonbunkern um Hřensko errichtet hatten.

Meine Freunde und ich trafen uns häufig auf einem hohen Felsen, den wir nach Kiplings »Dschungelbuch« Beratungsstein nannten. Die Karte vor uns, unter uns das Elbtal, sahen wir von hier weit über die dicke schwarze Strich-Punkt-Linie hinaus. Ich sehe sie noch immer vor mir, wie sie in der Mitte der Elbe schwimmt und nach einigen Kilometern im rechten Winkel jeweils auf der gegenüberliegenden Seite aus dem Fluß steigt, über die Felsen klettert und immer weiter läuft. Diese Linie, das war uns klar, mußte einmal überschritten werden.

Nicht etwa, um zu flüchten. Die Grenze lag vor unseren Augen wie ein riesiger Berg vor den Augen von Tiroler Jungen steht: eine Herausforderung. Eine ständige Aufforderung, sich einmal auf den Weg zu machen, um die reifenden Kräfte zu messen. Man muß hinauf oder hinüber, bloß weil es schwierig erscheint. Der heilige Berg meiner Kindheit, die Grenze, war noch dazu mit einem schrecklichen Tabu belegt: dem des Verrats. Seine Verletzung konnte sogar mit dem Tod bestraft werden.

*

Kürzlich war ich in Hardegg an der Thaya. Die Thaya ist mehr ein seichter Bach als ein Fluß. Aber auch in ihr erschien mir die verdammte Linie, wie sie in der Mitte schwamm und das Wasser zwischen zwei Staaten aufteilte. Daß es keine Einbildung war, bezeugten die österreichischen Fischer, die in ihren hosenartigen Gummistiefeln im Fluß wateten, sich aber keinen Schritt über die Mitte wagten. Als wären sie verhext.

*

Wer sind sie, die Fische in der Elbe und die Vögel auf dem Himmel, sind sie Tschechen oder Deutsche? Wem gehören sie, uns oder denen, fragte ich einmal meinen Vater. Lebewesen, die über die Grenze wechselten, wann immer sie wollten, betrachtete ich als einen nachahmenswerten Vorstoß gegen die Vollkommenheit der Grenze. Ihre Freiheit hielt ich für eine Schwäche des kommunistischen Staates schlechthin. »Niemand kommt durch, hej hola hola hej, ist die Losung der Grenzer«, sangen die Soldaten, wenn sie in geschlossenen Reihen zu Schießübungen auf eine Wiese im Wald marschierten. »Keine Chance für die Grenzstörer«, drohte das Transparent über dem Eingang zur Kaserne. Daß es auch für die Waldtiere galt, wußte ich von Soldaten, mit denen ich befreundet war und die mir verbotenerweise erzählten, daß auch Rehe irrtümlich, meist in der Nacht, erschossen wurden, nur weil sie sich weigerten, dem Befehl »Halt, oder ich schieße!« Folge zu leisten. Sie sind staatenlos, die Vögel in der Luft und die Fische im Wasser, erinnere ich mich an die langsame Antwort meines Vaters. Was es heiße, staatenlos zu sein, wollte ich wissen. Das bedeute, sagte der Vater, daß sie keinem Staat gehörten, daß sie weder Deutsche noch Tschechen seien. Ob es auch solche Menschen gäbe, bohrte ich weiter. Menschen, die keinem Staat gehörten. Die gäbe es ebenfalls. Man nenne sie Kosmopoliten, weil sie überall und nirgends auf der Welt zu Hause seien.

Staatenlos, begriff ich, ist kein schlechter Zustand. Um ihn zu erreichen, müßte man auf die andere Seite der Grenze gelangen. Ich entschied mich für Kanada, nahm den Namen Harry an und lernte heimlich bei einer Gymnasiastin Englisch. In Kanada lebten irgendwelche Verwandte meiner Mutter, Cousinen und Cousins. Wie jede Auslandsverwandtschaft waren auch sie ein Familienmakel, den zu verschweigen ratsam war, obwohl sie nicht erst 1948 vor den Kommunisten, sondern 1938 vor den Deutschen geflüchtet waren. Auslandsverwandte waren und sind noch immer ein bedeutender Minuspunkt in dem sogenannten Kaderfragebogen.

*

Die Flucht nach dem Ausland hielt mein Vater für verwerflich, das staatenlose Dasein für ein Unheil. »Du wirst im Ausland verdorren wie ein aus dem Boden herausgerissener Baum«, schrieb er mir nach Wien. Mein Vater war ein tschechischer Patriot mit tschechischem Hang zum Fatalismus. Er mochte die Kommunisten nicht und wurde selber Kommunist. Er mochte auch die Deutschen nicht, sprach aber von einigen Deutschen voll Bewunderung, ausgerechnet von deutschen Kommunisten. Sie seien die einzigen gewesen, erzählte er mir mehrmals, die 1938 nach der Mobilisierung der tschechoslowakischen Armee als Antwort auf die Territorialansprüche Hitlers bereit waren, die Republik gegen die Deutschen zu verteidigen. Deutsche, die Tschechen gegen Deutsche verteidigen wollten, und Tschechen, die letzten Endes doch froh waren, nicht gegen die Deutschen gekämpft zu haben – wie hätte ich das verstehen sollen? Mir war nur klar, daß es, wie fast alles in meiner Kindheit, mit der Grenze zusammenhing. Es war Vaters Grenztrauma. Er nahm als Unteroffizier der Reserve an der Mobilisierung teil. Nach dem Münchner Diktat, für das mein Vater ausschließlich die Franzosen und Engländer verantwortlich machte, wurde wieder demobilisiert. In seiner Einheit gab es besonders viele böhmisch-deutsche Soldaten, fast ausschließlich Kommunisten und Sozialdemokraten, die nach dem Befehl zur Rückgabe der Waffen geweint und sich geweigert hatten, die Gewehre aus der Hand zu geben. Viel hätte nicht gefehlt und die tschechischen Soldaten hätten die deutschen Kameraden mit Gewalt daran hindern müssen, auf die Hitlerdeutschen zu schießen. Welch ein patriotischer Alptraum!

*

Meine Mutter mochte keine Deutschen, sie sprach aber nie darüber. Das erschien mir deshalb merkwürdig, weil mein Bruder und ich immer wieder ein paar Tage lang neue Schuhe tragen mußten, damit sie wie gebraucht aussahen und in Paketen mit anderen Kindersachen zollfrei in die Ostzone geschickt werden konnten. Wer zuviel frage, wisse zuviel und könne auch zuviel ausplaudern, pflegte Mutter heikle Fragen zu beantworten. Mir schien es, als ob sie auch Tschechen nicht besonders mochte. Daß sie Kommunisten, Soldaten und Polizisten nicht leiden konnte, bemühte sie sich nicht einmal zu verbergen. Zu Slowaken, Zigeunern oder Polen war sie auffallend freundlich, gleichfalls zu Menschen, die im Gefängnis waren oder dort Angehörige hatten, die als regimefeindlich galten oder als ehemalige Ausbeuter abgestempelt waren. Allmählich begriff ich, daß es ihre Art war, den örtlichen Machthabern zu zeigen, was sie von ihnen hielt.

*

Der Kommunismus, meinte Lenin einmal, seien Räte und Elektrizität. Der Kommunismus von Hřensko, ergänzte Mutter, seien Funktionäre und Drahtverhaue. Zugleich mit dem Entstehen der lebensgefährlichen Staatsgrenze wuchs um und in uns ein Bündel von feinen und feinsten Alltagsgrenzen, die nicht zu beachten ebenfalls gefährlich hätte werden können. Eine der wirksamsten und merkwürdigsten Alltagsgrenzen war die Schwelle unseres Hauses. Sie war so wirksam, daß sie schlagartig aus öffentlichen Kommunisten private Antikommunisten machte, Sprachregelungen veränderte, Verhaltensgewohnheiten umdrehte, Reflexe ausschaltete und Denkweisen umpolte. Die Grenzen in unserem Bewußtsein bestimmten auch das Unterbewußtsein, spalteten uns in Mein-Ich und Ihr-Ich, Innen-Ich und Außen-Ich, Ich und die anderen. Ich, also meine Person, war ein Behältnis für die zwei anderen Ichs, die ich mir wie zwei kleine Männchen vorstellte, die in meinem Kopf saßen und untereinander friedlich vereinbarten, welches von beiden jeweils für das zuständig sei, was von außen kam. Im ganzen funktionierte der Dreieinigkeitsmechanismus tadellos, manchmal aber waren meine beiden Männchen doch überfordert, manchmal passierten Pannen.

*

Einmal hielt der Vorsitzende der örtlichen Parteiorganisation meine Freundin Hana Jelínek und mich auf der Straße an und drohte uns ohne ersichtlichen Grund – es wäre an der Zeit, uns die Flügel zu stutzen. Wir verstanden nichts und hatten Angst, er wolle uns die Hände abhacken. Meine Mutter, der ich davon erzählte, war außerordentlich erbost. Sie trug meinem Vater auf, endlich etwas zu unternehmen, denn auch ihrem und Hanas Vater (der ein ehemaliger Fabrikant war und außerdem ein Konzentrationslager überlebt hatte – übrigens eines meiner größten Kindheitsrätsel, denn ich wußte, daß er kein Kommunist war, und in der Schule hatten wir gelernt, daß die Konzentrationslager für die Kommunisten errichtet worden seien –) habe der Vorsitzende gedroht und sie als Kosmopoliten beschimpft. Es war 1952, ich war acht Jahre alt, und Rudolf Slánský, einem Kosmopoliten, machte man den Prozeß. »Kosmopolit« war damals ein Wort, das fast so häufig war wie »Kommunist«, aber das Gegenteil bedeutete. Die Angelegenheit sei erledigt, erwiderte mein Vater, er habe mühsam ausbügeln müssen, woran sie, meine Mutter, selbst schuld sei. Wenn sie selbst schon ihre Zunge nicht hinter den Zähnen halten könne, dann solle sie wenigstens den Kindern endlich beibringen, daß das, was zu Hause gekocht werde, auch zu Hause gegessen werden solle. Im übrigen hätten wir auch die Lehrerin in eine höchst peinliche Lage gebracht.

Was hatten wir getan? Es war kurz nachdem man Slánský zum Tode verurteilt hatte. Die Öffentlichkeit war über den Verrat des Generalsekretärs der Kommunistischen Partei der Tschechoslowakei empört, die Zeitungen und das Radio waren voll von dieser Empörung. Meine Mutter und ihre Bekannten waren entsetzt, auch die Lehrerin. Eines Tages mußten wir in unseren Schulbüchern und in den Büchern der Schulbibliothek die Namen Slánský, London, Šling und andere mit schwarzer Tinte überdecken, um sie unleserlich zu machen. Die Aktion war so komisch, daß das Vorsichtsmännchen in meinem Kopf nicht aufpaßte und mir die Bewilligung gab, irgendeine unpassende Bemerkung, die ich zu Hause gehört hatte, zum besten zu geben. Über ein anderes Schulkind kam es dem Vorsitzenden zu Ohren. Vater bügelte es aus.

*

Nach dem Slánský-Prozeß bescherte uns Stalins Tod im März 1953 ein anderes unübertreffliches Lehrstück über die Doppelbödigkeit des Seins. Wenn ich an seinen Tod denke, so erinnere ich mich an eines der fröhlichsten Weihnachtsfeste in meinem Leben. Ich erinnere mich an einen späten Abend, an dem wir ausnahmsweise nicht ins Bett gehen mußten: Einige Gäste sind gekommen, sie sitzen beim Radio und hören die kaum verständlichen, weil stark gestörten Nachrichten des Senders *Radio Free Europe*. Nicht so laut, mahnt Mutter die Gäste, die darüber streiten, wer was richtig verstanden hat. Frau Lehrerin, zu der wir in der Schule Genossin Lehrerin sagen müssen, ist da. Herr Klajn, ein Altkommunist, der während des Krieges in Moskau gewesen war und mit der Svoboda-Armee gekämpft hatte, später aber in Ungnade fiel und zur Strafe Prag verlassen mußte, hat eine Flasche Wein mitgebracht, von dem wir ausnahmsweise zu Weihnachten einen Schluck kosten dürfen. Später gesellt sich auch Vater dazu, er ist bei einer der häufigen Sondersitzungen der Partei gewesen und hat noch jetzt rote Augen. Alle haben geweint, sagt er, der Vorsitzende hat gesagt, jetzt sind wir, die Kommunisten und das ganze tschechoslowakische Volk und alle fortschrittlichen Menschen auf der Welt, Waisenkinder geworden. Hahaha, Waisenkinder, sagt Herr Klajn, jetzt wird alles besser werden, jetzt ist die Bestie tot und wir können endlich beginnen, den wirklichen Kommunismus zu bauen. Tags darauf stand im Vestibül der Schule ein mit schwarzem Stoff verhülltes Podest mit einer Stalin-Büste, bei der wir zu zweit stundenweise Ehrenwache stehen mußten. Der normale Unterricht fiel aus, die Lehrerin las uns Geschichten aus dem Leben des toten Generalissimus vor. Wir taten, als ob wir traurig wären.

*

Meinen Vater zu verstehen, war nicht schwer. Er war sozusagen einer der Mehrheitstschechen, die versuchten, trotz tief gesenktem Kopf den aufrechten Gang zu bewahren. Daß er dabei stolperte und verhaftet wurde (und nicht meine Mutter), war genausowenig überraschend wie die Tatsache, daß seiner Verhaftung eine hohe Parteiauszeichnung vorangegangen war und daß die Verhaftung einen Tag vor dem Heiligen Abend erfolgte. Wir wuchsen in der Gewißheit eines kommenden Unheils auf.

*

Meine Mutter dagegen habe ich nie durchschauen können. Sie hatte für uns wenig Zeit, nicht zuletzt, weil Vater Kommunist war und stets bei irgendeiner Parteiveranstaltung saß. Sie arbeitete, so schien uns, Tag und Nacht, wochentags und feiertags. Wenn sie mit meinem älteren Bruder und mir etwas politisch Heikles bereden wollte, nahm sie uns zu einem ausgedehnten spätabendlichen Spaziergang entlang der Elbe mit. Ihre Arme legte sie über unsere Schultern und erläuterte langsam und leise, was es zu begreifen galt. Einmal fand ich hinter einem Balken auf unserem Dachboden einen Revolver. Mutter war schockiert. Am Abend gingen wir zur Elbe und Mutter bat mich, den Revolver ins Wasser zu werfen. Er gehöre einem guten Bekannten von ihr, sagte sie, der arge Schwierigkeiten mit der Geheimpolizei habe. Jetzt sei es, als wäre es nicht gewesen, sagte sie. Wir sprachen nie mehr darüber.

Ähnlich erging es einem kleinen, streng verbotenen Vervielfältigungsgerät, das ich unter dem Holz in unserem Schuppen gefunden hatte. Mutter wußte mich zum Mitwisser zu machen, das ehrte mich. Mehr wollte ich nicht. Daß sie nicht mehr zu verraten bereit war, hing mit ihrer Angst vor der Geheimpolizei zusammen, die besonders gut mit den Familienangehörigen umzugehen wußte. Mutter trotzte und hatte Angst. Sie lebte in einem Provisorium und wir Kinder auch. Nächstes Jahr, sagte sie oft, ziehen wir von Hřensko weg. Sie könne dieses Grenzloch voller Uniformen nicht mehr riechen.

*

Ich war bereits ein halbes Jahr in Wien, da kam Mutter nach. Sie hätte schon immer nach Kanada gewollt, verriet sie mir, jetzt seien wir erwachsen, jetzt wolle sie auswandern. Sie nahm eine Arbeit an und sparte für die Reise. Nach etwa einem halben Jahr sagte sie – erleichtert, wie mir schien –, sie müsse ihre Ausreise nach Kanada wieder verschieben. Meinem jüngeren Bruder gehe es schlecht, sie könne ihn jetzt nicht allein lassen. Mit den zwei Sparbüchern samt ihrem angesparten Geld überraschte sie mich aufs neue: Die Losungsworte waren nicht etwa Ottawa oder Vancouver, sondern Dubček und lípa. Dubček war der Generalsekretär der Kommunistischen Partei der Tschechoslowakei während des Prager Frühlings 1968, lípa ist der tschechische Symbolbaum. War meine Mutter, fragte ich mich, doch eine glühende Patriotin? Bedauerlicherweise verabsäumte ich es, sie danach zu fragen. Sie kehrte jedenfalls in die Tschechoslowakei zurück. Als sie starb, durfte ich nicht zu ihrem Begräbnis. Zum Begräbnis meines Vaters durfte ich auch nicht. Die Herkunft bleibt die Erbsünde, die Grenze ihr Stigma. Tabu bleibt Tabu – wer es verletzt, muß büßen.

*

Niemand kommt durch, hej hola hola hej, ist die Losung der Grenzer...

*

Als wir begannen, Soldaten zu spielen, lachte mich Mutter aus. Ich sah bald ein, daß es blöd war. Auch die Grenzsoldaten, deren Offiziere behauptet hatten, sie seien die Auslese der Volksarmee, waren nicht gern Soldaten. Wenigstens jene nicht, mit denen ich mich angefreundet hatte. Hřensko war klein, ich hatte nur wenige gleichaltrige Spielkameraden. Die Präsenzdiener waren Burschen, die aus ihrer Jugend herausgerissen worden waren, um einen langweiligen Dienst abzuleisten. Viele waren eifrig, einige dagegen zuneigungsbedürftig und mitteilungsfreudig. In mir fanden sie einen Außenstehenden, der bereit war, endlos zuzuhören, alles zu glauben und keine Anzeichen des Entsetzens zu zeigen. Ihr Hauptproblem waren Frauen: untreue, sehnsüchtige, ungewollt schwangere oder abtreibende Freundinnen. Ich sei Soldatenbeichtvater, sagte Mutter. Sie machte sich Sorgen, ob ich durch die Soldaten nicht allzu viel erfahre.

Wenn ihre Mädchen kamen und sie noch im Dienst waren, beauftragten mich meine Freunde, den kostbaren Besuch zu betreuen. Manchmal, wenn meine Eltern nicht zu Hause waren und es draußen regnete oder Winter war, ließ ich sie in unserem Gästezimmer schlafen. Vertrauen gegen Vertrauen. Die Soldaten erzählten mir Militärgeheimnisse, sie erzählten, wie es an der Grenze zuging. Manchmal unter-

36

hielten wir uns, rein theoretisch, wie man unbemerkt über die Grenze gelangen könne. Die Unbemerktheit der Flucht war hier an der ostdeutschen Grenze eine wichtige Bedingung für den Erfolg. Eine bemerkte Flucht löste nämlich auf der anderen Seite eine gewaltige Suchaktion aus. Denn der Weg von der Grenze nach Berlin, wo damals keine Mauer stand, die dann 1961 die Grenzsicherung auf der tschechoslowakischen Seite endlich überflüssig machen sollte (auch die tschechoslowakische Regierung drängte damals auf die Errichtung der Mauer), war voller Tükken.

Dank diesen Freundschaften wurde ich ein Fluchtexperte. Ich wußte, daß die Strategie der Bewachung immer wieder verändert wurde, um zu verhindern, daß ehemalige Soldaten nach dem Ableisten des Wehrdienstes flohen, wie es immer wieder vorkam. Ich wußte, daß selbst Soldaten, die die Grenze gut gekannt hatten, als Hügelgeher versagten. Zu meinem schon in der Kindheit entstandenen Gespür *für* die Grenze kam ein profundes Fachwissen *über* die Grenze. Wann ich mich entschieden habe zu flüchten, kann ich jetzt nicht mehr feststellen. Es war eine Selbstverständlichkeit, die sozusagen mit mir großgeworden war: Einmal wird es passieren. Der Zeitpunkt war nicht wichtig, es sollte auf jeden Fall geschehen, bevor ich zum Militärdienst einberufen wurde. Im Hauptschulalter begann ich meine Flucht systematisch zu konzipieren. Ich hatte Zeit. Ich hatte fünf, sechs Jahre Zeit.

*

Die Grenze ist eine technische Anlage, eine Maschine mit Maschinisten. Sie außer Betrieb zu setzen, erfordert den Einsatz technischer Mittel, wenigstens des technischen Denkens, bedarf der gleichen Logik wie die Grenzsicherung, nur mit umgekehrten Zeichen. Der Fluchtversuch müsse, das begriff ich schon als Kind, das Gegenteil der Fluchtverhinderung sein. Heute würde ich sagen: Die Grenze ist die These, die Fluchtabsicht die Antithese, die Flucht die Synthese.

*

Einige meiner Freunde an der Hauptschule in Děvín, wohin ich pendelte, versuchten einmal nach dem Westen auszureißen. Anfänglich nahm ich an den vorbereitenden Gesprächen teil, als ich aber sah, wie dilettantisch sie mit der Grenze umgingen, stieg ich aus. Natürlich wurden sie erwischt, es passierte ihnen aber nichts, weil unter den Ausreißern auch Söhne von hochgestellten Parteifunktionären waren.

Menschen, die wie ich an einem großen Gewässer aufgewachsen sind, haben eine fast vertrauensvolle Beziehung zu Seen, Flüssen und Strömen. Ein Hügelgang über die Grenze schied aus meinen Überlegungen aus. Ich konzentrierte mich auf die Elbe und fing an, ein Unterwasserschwebeschwimmfluchthilfegerät zu erfinden.

Die Flußgrenze in Hřensko ist sieben Kilometer lang. Der Strom verläuft fast die ganze Strecke lang in gerader Linie und ist daher gut überblickbar. Von einem Fluchtversuch über die Elbe hatte ich nie gehört: es schien aussichtslos. Dennoch setzte ich auf diesen herrlichen Fluß. Mein Fluchtszenario, an dem ich seit etwa meinem zwölften Jahr mehrere Jahre lang mit schwankendem Interesse arbeitete, war, ohne daß ich es damals so verstand, nach allen Regeln der Naturwissenschaft überlegt. Auf die Idee, einen Tauchschwimmapparat zu konstruieren, war ich über meine Studie eines Luftwegs gekommen, über die Überlegung, mittels eines Luftballons über die Grenze zu fliegen.

Nach sorgfältigem Studium einschlägiger Fachliteratur mußte ich feststellen, daß es für mich unmöglich wäre, erstens anemologische Erkenntnisse über das in Frage kommende Gebiet zu gewinnen und, zweitens, für einen Heliumballon den Stoff und das Gas aufzutreiben. Ein Warmluftballon kam wegen des Flammenscheins und des lärmenden Brenngerätes nicht in Frage. Die Gewichte, die sprichwörtlichen Sandsäcke, mit denen die Flughöhe eines Ballons reguliert wird, brachten mich schließlich auf die Idee eines im Wasser fixierten schwebenden Körpers. Bei der Konstruktion meines Fluchtapparates mußte ich zwei technische Probleme lösen, das des unbehinderten Atmens und das der Stabilisierung meines Körpers einige Zentimeter unter der Wasseroberfläche. Das Gerät, das ich zusammenstellte und ausprobierte, sah dann so aus: Der Körper hing an einem langgezogenen, oben flach abgeschlossenen Luftreifen, der dafür sorgte, daß er nicht sank. Die Tiefe wurde durch kleine, leicht abwerfbare Gewichte an den Beinen fixiert. An dem Luftreifen war das Atemrohr so befestigt, daß die Öffnung nur wenig über die Wasseroberfläche ragte. Seine Höhe konnte ich mit der Hand regulieren; das Ganze sollte als ein Stück Abfall getarnt werden. Bei Versuchen stellte sich heraus, daß ein Atemrohr anfällig für Störungen war, etwa durch hohe Wellen, die es mit Wasser füllten. Ich konstruierte ein Doppelrohr, das ich an einer Gasmaske so befestigte, daß ich das Reserverohr sofort in Betrieb hätte nehmen können. Einige Schwierigkeiten bereitete mir die Festlegung des spezifischen Gewichtes meines mit Ballast und dem Gepäcksack behängten Körpers, das heißt, meiner stabilen Tiefe. Die Nähe der Wasseroberfläche war für die ständige Orientierung notwendig – ich mußte wissen, wo ich mich befand, um dem Ufer nicht zu nahe zu kommen. Für Kleider, Dokumente, Geld, Karten und das Lösungsmittel zum Abwaschen der schwarzen Farbe, mit der ich meinen Körper tarnen wollte, war ein wasserdichter Sack vorgesehen, aus dem ich mit einem starken Staubsauger die Luft fast vakuumartig absaugen wollte. Natürlich überlegte ich, ob ich den Schwimmer mit dem Gepäcksack nicht kombinieren sollte, was sich aber als unpraktisch erwies. Ich mußte damit rechnen, bei Komplikationen mit dem Schwimmgerät oder bei einer Entdeckung alles Unnötige schnell abwerfen zu können, um frei zu schwimmen. Das Gepäck aber hätte ich auf jeden Fall behalten müssen.

Hand in Hand mit den konstruktiven Überlegungen gingen meine hydromechanischen Beobachtungen des Flusses. Die Fachliteratur, die ich studierte, half mir nicht viel. Mein Problem war zu spezifisch. Vor allem erforschte ich Geschwindigkeit und Gesetzmäßigkeit der Strömung. Von meinem Onkel lieh ich mir eine Stoppuhr, um die benötigte Zeit von einem sicheren Einstieg oberhalb der bewachten Strecke bis zu jenem Punkt zu messen, wo ich wahrscheinlich den Fluß verlassen würde. Ich hatte zwar vor, mich möglichst lange treiben zu lassen, wegen der Gefahr der Körperunterkühlung wollte ich aber die Minimalzeit festlegen. Ich warf Tennisbälle oder Flaschen ins Wasser und ging ihnen nach. In eine Flußkarte trug ich die Zeitabschnitte und die feststellbaren Strömungsanomalien ein. Im Wasser wollte ich mich vor allem nach den festen Lichtquellen, wie Straßenlampen an den Ufern, orientieren; einen genauen Zeitplan hielt ich dennoch für erforderlich. Ich stellte die maximale und die minimale Stromgeschwindigkeit fest, berechnete die Durchschnittswerte für einzelne in Frage kommende Monate und fand jene Stellen heraus, wo die Strömung mir problematisch erschien. Da die Oberwasserströmungen anders sind als die Tiefströmungen, simulierte ich mit einem am Luftreifen befestigten Sack in Form eines Körpers die Wirkung der Strömung bis in eine Tiefe von zwei Metern. Diese Versuche verliefen schon deswegen günstig, weil meine schwimmenden Simulatoren selbst an hellen Tagen von den Grenzsoldaten nicht beachtet wurden. Die wahrscheinliche Zeit im Wasser betrug bei der Mindestlänge von 6,5 Kilometern immerhin fast eine Stunde. Da das Wasser der Elbe ziemlich kühl ist, im Sommer durchschnittlich 18 Grad, im Herbst 16 Grad, war diese Zeit nicht zu unterschätzen. Allerdings stellte ich fest, daß bei größerer Wasserführung die Temperatur der Elbe oft um zwei, drei Grad höher, die Geschwindigkeit größer und zudem die Strömung ausgeglichener als sonst waren. Dieses optimale Zusammentreffen von einzelnen Parametern fiel in den Frühsommer. Ich trat einem Schülerschwimmverein bei und übte das perfekte Schwimmen. Außerdem gewöhnte ich meinen Körper an tiefe Temperaturen.

Mein Plan sah vor, mich in einer regnerischen Nacht im Mai oder Juni gegen halb zwei der Elbe anzuvertrauen und, die Strich-Punkt-Linie über mir, dahinzugleiten. Auf die gleiche Weise wollte ich auch die Grenze zwischen Ost- und Westdeutschland passieren, irgendwo zwischen Schrackenburg und Lauenburg. Mein Fluchtgerät war, richtig zusammengelegt, kaum größer als eine Schuhschachtel und wog weniger als zwei Kilo. Als dann 1961 die Berliner Mauer gebaut wurde und die DDR für tschechoslowakische Bürger offen war, verlor mein Fluchtgerät nicht an Aktualität. Ich wollte es irgendwo zwischen Schnackenburg und Lauenburg einsetzen. Falls es notwendig sein sollte.

Mit der Lösung der technisch-strategischen Schwierigkeiten der Flucht änderte sich allmählich meine emotionale Beziehung zur Grenze. Langsam war sie für mich keine politische Herausforderung mehr, sondern eine Art besondere Kulturlandschaft, in deren Nähe besondere Menschen unter besonderen Bedingungen lebten. Darüber hinaus waren an der Grenze die landschaftlich schönsten Gebiete – Riesengebirge, Böhmerwald, Tatra, Beskiden oder Donauauwälder – gleichsam wie an einem Draht angespießt. Seit meinem fünfzehnten Jahr verbrachte ich die Ferien unterwegs entlang der Staatsgrenze. Ich wurde Tramp. Frontier. Grenzwanderer. Tramping ist eine tschechoslowakische Besonderheit, eine Art von Lebensauffassung, die bereits in den zwanziger Jahren durch die Arbeitslosigkeit entstanden ist und bis heute beinahe unverändert weiterbesteht. Tramping ist die Flucht aus der reglementierten Gesellschaft, eine Flucht ins innere Ausland. In einer Mischung aus nachgeahmten Westernfilmen und Wildwestromanen, deutscher Wandervogel-Romantik und einer Vorwegnahme der Hippies der sechziger Jahre lebte ein beachtlicher Teil der städtischen Jugend wenigstens an Wochenenden im Westen. Die Moldau hieß dann Old River, die Sázava Gold River, der Lehrling František hörte auf den Namen Frank, der Arzt Ladislav auf Larry. Der gewählte Anführer einer »osada« (etwa: Weiler) wurde »Sheriff« genannt, das große Treffen vieler »osadas« mit einem riesigen Lagerfeuer und Wettsingen »potlach«.

Ich kaufte mir eine englische Militärjacke, ein Battledress, einen amerikanischen Militärrucksack (beides sehr teuer), genannt USka, eine Gitarre und lederne Schnürstiefel, sogenannte Canada-shoes. Das war die Standardausstattung eines echten tschechoslowakischen Tramps. Freilich eine auffällige Ausstaffierung: Entlang der Grenze fiel ich immer wieder wachsamen Grenzsoldaten, Polizisten oder Mitgliedern der freiwilligen zivilen Grenzwache auf. Rasch lernte ich mit diesen mißtrauischen, meist auch geistig sehr beschränkten Menschen virtuos umzugehen: Sie mußten durch höfliches Selbstbewußtsein irritiert werden. Etwa so: »Wozu hast du den Feldstecher mit?« »Ich bin schon sechzehn, nach dem Gesetz dürfen Sie mich nicht mehr mit Du ansprechen.« »Also gut, wozu haben Sie den Feldstecher?« »Ich bin Ornithologe.« »Was ist das?« »Vogelkundler.« »Und was machen Sie hier?« »Ich bin auf der Suche nach einer Subspezies von Carduelis carduelis, die mit gänzlich schwarzem Schwanz. Sie kommt nur hier vor.« Aus dem Rucksack zog ich ein Vogelbestimmungsbuch heraus, zeigte dem Organ eine Abbildung. Aha, ein Stieglitz! Dann erzählte ich ihm, falls es mir gelänge, diese Subspezies hier aufzutreiben, würde ich es unverzüglich der ornithologischen Gesellschaft der Tschechoslowakischen Akademie der Wissenschaften in Prag melden, das Vorkommen würde in ornithologische Karten eingetragen und ich bekäme eine Anerkennungsurkunde. Diese Karten seien für die Erhaltung der Vogelarten sehr wichtig. Aber weshalb ich so merkwürdig angezogen sei? Die Jacke sei praktisch, erklärte ich, sie sei noch von meinem Onkel, der bei Tobruk gegen die Faschisten gekämpft habe. Außerdem hätten auch die Svoboda-Soldaten in der Roten Armee englische Uniformen getragen, auch jene Soldaten, die am 4. Oktober 1944 den Dukla-Paß in den Beskiden erobert hatten und dann als erste Befreiungssoldaten tschechoslowakisches Gebiet betraten, das solle man nicht vergessen! Manchmal klopfte man mir anerkennend auf die Schulter: Solch aufgeweckte Jugend brauchen wir, unter der derben westlichen Schale ein guter sozialistischer Kern, wer hätte das erwartet! Manchmal wurde ich trotzdem angehalten und recht raffiniert durchleuchtet, ob ich nicht doch in grenzstörerischer Absicht gekommen sei. »Nein«, antwortete ich dann. »Denn hätte ich beabsichtigt, die Republik illegal zu verlassen, so würde ich mich anders verhalten. Ich bin an der Grenze aufgewachsen, bin von Grenzsoldaten gestillt worden. Ich habe die Grenze im Blut. Ich wäre jetzt nicht so angezogen, daß ich gleich jedem auffallen muß.«

Später dann, bereits Hochschüler mit hervorragend bestandenen Prüfungen in Marxismus-Leninismus, kam ich öfters mit jungen, mehr technokratisch als dogmatisch denkenden Grenzoffizieren ins Gespräch. »Die westliche Staatsgrenze«, pflegte ich meine Auffassung mit der gebotenen Vorsicht darzulegen, »stellt ein psychologisches, ökonomisches und philosophisches Problem dar. Sie und ich, wir alle wollen keine Grenze, wissen aber, daß sie in der gegebenen internationalen Situation unerläßlich ist, ein notwendiges Übel sozusagen. Die Grenzsicherung, das wissen Sie besser als ich, dient unter anderem dazu, jene Menschen, die der sozialistischen Gesellschaftsform den Rücken kehren wollen, von ihrem Vorhaben abzuhalten. Das heißt, ihre Freiheit zu beschränken. Die Grenze steht daher im Widerspruch zum Sozialismus, der ja höhere Formen gesellschaftlicher Freiheiten anstrebt. Die Grenze ist das, was in der Philosophie Paradoxie genannt wird: Sie schützt den Sozialismus und ist zugleich antisozialistisch. Nehmen wir also an, daß es stimmt, was Sie mir unterstellen: Ich bereite die Flucht vor. Dagegen spricht folgendes: In ihrer sichtbaren Beschaffenheit stellt die bewachte Grenze eine technische Anlage dar, die nach Prinzipien der Technologie und der Strategie in Betrieb gehalten wird. Sie ist also ein Werk des Menschen und als solches kann sie nicht vollkommen sein. Für einen Flüchtling gilt es also, die Konstruktions- und Betriebsschwächen ausfindig zu machen. Theoretisch betrachtet: Jede Strategie erfordert eine oder mehrere Gegenstrategien. Praktisch heißt es: Als potentieller Flüchtling würde ich Ihnen gar nicht auffallen und daher auch nicht mit Ihnen hier sitzen. Ich würde in einer grenznahen landwirtschaftlichen Genossenschaft einem Ferienjob nachgehen und schauen, beobachten, zuhören und mit Ihren Soldaten Bier trinken. Eines Nachts...«

*

Die Zeiten ändern sich und mit ihnen auch die Uhrmacher. Die Tschechoslowakei meiner Kindheit und Jugend, dieser neofeudalistische Urwald voller Tücken, Gefahren und Drohungen, begann sich nach dem Schock des ungarischen Aufstandes und dem Katzenjammer der Enthüllungen über die Verbrechen des Stalinismus allmählich zu lichten. Die Lebensverhältnisse waren erträglicher geworden, die kleinen übriggebliebenen Freiheiten größer, neue kleine Freiheiten kamen hinzu.

*

Die Grenze aber wurde ich nicht los. Von Zeit zu Zeit benötigte ich ihre Nähe, mußte sie in der Nase spüren, sie unter den Füßen fühlen. Allein oder in Begleitung von Freunden führten mich meine Wege über das Erzgebirge, das Riesengebirge, über die Berge und Niederungen Schlesiens, über das Hochgebirge Tatra und die Beskiden bis zur sowjetischen Grenze in der Ostslowakei. Und zurück durch die Auwälder und Pusztas entlang der Donau, über die Felder und Weinberge von Südmähren, durch die Urwälder des Böhmerwaldes.
Nicht überall war es uns möglich, bis zur Grenze vorzudringen, lange Strecken blieben unzugänglich. Unzählig waren die Gespräche, die ich mit Polizisten, Soldaten, Waldarbeitern und Bauern über das Leben an der Grenze führte. Ich war eigentlich kein Tramp mehr, eher ein Ethnologe.

*

Nirgends sonst im ganzen Land gab es so viele menschenleere Winkel, so viel Einsamkeit und Nachdenklichkeit wie in der Nähe der Grenzen. Und doch, nirgendwo sonst traf ich so viele und so ausgeprägte Sonderlinge wie hier am Rande der Welt. Ich traf sie oft an versteckten Plätzen, wo sie stundenlang verweilten, um durch Feldstecher hinüber zu starren, nach Polen, Österreich oder Deutschland. Ich stellte fest, daß ich nicht der einzige leidenschaftliche Grenzwanderer war.
Gelegentlich bildeten wir eine Art Expeditionsgemeinschaft und gingen einige Stunden, oft einige Tage miteinander, dann trennten wir uns, um uns wieder einmal irgendwo zufällig zu treffen; in ein paar Wochen, nach mehreren Jahren. Obwohl wir nicht flüchten wollten, wenigstens nicht sofort, suchten wir uns immer wieder einen Platz aus, wo wir stundenlang darüber sprachen, wie man hier über die

44

Grenze gelangen könnte, und wenn nicht hier, dann dort, wo es leichter ginge. Wir fühlten uns wie Forscher vor dem Aufbruch in eine Terra incognita. Wir übten den Ernstfall. Wir litten an einer Limesmanie. Wir waren Zaungäste des Paradieses. Die meisten dieser Wanderbrüder waren älter als ich, gebildet und belesen. Mehrere Gedichtbände in ihren Rucksäcken waren keine Überraschung. Als selbsterklärte Außenseiter gingen sie durch das Leben, im Schritttempo abgeklärter Langsamkeit. Mir kam es vor, als suchten sie den Grenzstein der Weisen.

Einer, er nannte sich Spinne, wollte die unverfälschte Geschichte der Dukla-Eroberung verfassen. Er war der Meinung, daß die verlustreichen Kämpfe – ganze Kompanien waren hier bis zum letzten Mann gefallen – keine militärische Notwendigkeit, sondern die politische Absicht der sowjetischen Führung gewesen seien. Die Eroberung von Dukla, behauptete die Spinne, hätte lediglich der Dezimierung der tschechoslowakischen Soldaten gedient, von denen man später Schwierigkeiten bei der kommunistischen Machtübernahme befürchten hätte müssen. Ich war über diese Version so aufgebracht, daß ich umgehend beschloß, meine Ferien zu verlängern, um mit Spinne die These an Ort und Stelle zu überprüfen. Vom Böhmerwald aus, wo ich ihn kennengelernt hatte, fuhren wir gleich nach Dukla. Dort sprachen wir mit Bauern, sie erzählten uns, wie sie nach der Schlacht angehalten worden waren, das Fleisch wegzuräumen. Mit Heugabeln luden sie es auf Mistwagen, die sie dann in Massengräber kippten. Es waren viele Morgen Faschiertes, sagte uns ein Bauer. Die Wiesen brächten jetzt das beste Heu.

Fratello, eine andere unvergeßliche Grenzbekanntschaft, war ein ehemaliger Theologiestudent des Priesterseminars in Leitmeritz, der die Prüfung in Marxismus-Leninismus nicht bestanden hatte, weil er sich weigerte, die Darwinsche Abstammungslehre anzuerkennen. Fratello verwendete viel Zeit, mir seine Überzeugung zu erläutern, weshalb auch ich mit einem Orang-Utan nicht verwandt sein könne.

Die Grenze hielt er für das Werk des Teufels, sie widerspräche der Schöpfung. In der Bibel werde gesagt, der Mensch solle sich die Erde untertan machen, das heiße: kultivieren und nicht dekultivieren. Er trug ein selbstgebasteltes Kartenwerk mit, in dem er alle Schlachten, Kriege und Zwischenfälle eintrug, die wegen oder an den Grenzen stattgefunden hatten. In einem dicken Buchhalterkatalog addierte er all die Toten zu langen Kolonnen des Grenztodes. Fratello, der Schwarz trug, um als Mönch zu gelten, hatte ich in den slowakischen Beskiden kennengelernt. Ich erwischte ihn, wie er locker gewordene Grenzsteine um einige Meter zum Nachteil Polens versetzte. Zuerst war er fürchterlich erschrocken, dann erklärte er mir, daß er lediglich die Geschichte eigenhändig ein wenig korrigieren wolle. Der Gedanke gefiel mir sehr, und ich half ihm dabei. Der eigentliche Grund, warum er in die Beskiden kam, waren die unbegrabenen Knochen von Soldaten, die hier im Ersten Weltkrieg gefallen waren. Wir blieben einige Tage zusammen, suchten alte Knochen und trugen sie in kleine Gräber. Fratello sprach ein Gebet und zimmerte kleine Holzkreuze. Er trug außer der Bibel auch Hammer und Nägel mit sich. Ich war ziemlich sicher, daß wir zumeist Tierknochen begraben hatten, doch ich schwieg: Auf Fratellos Katechese wollte ich nicht verzichten, er erzählte mir von einer Welt, von der ich bis dahin keine Ahnung gehabt hatte. O Beata Solitudo, O sola Beatitudo, pflegte er zu seufzen, nachdem wir uns in unsere Schlafsäcke verkrochen hatten und er sein Abendgebet gesprochen hatte. Eigentlich aber, sagte Fratello oft, sei er an der Grenze, weil es die einzige Gegend sei, wo man in Einsamkeit die Nähe Gottes erleben könne. Die Grenze war sein Kloster.

*

Zum zweitenmal traf ich Fratello zwei Jahre später westlich von Znaim unter der Burgruine Frejštejn an der Thaya, rund vier Kilometer von Österreich entfernt. Diesmal wolle er, erzählte er mir, den Weg rekonstruieren, über den eine mährische Pilgerbruderschaft im 18. Jahrhundert alle fünf Jahre nach Rom gezogen sein solle. Er hätte lateinisch geschriebene Reisetagebücher eines damaligen Teilnehmers aufgestöbert, dort stehe, daß die Pilger Geheimzeichen auf Bäumen und Marterln hinterlassen hätten. Diese Geheimzeichen suchte er nun. Er träumte davon, eine Gemeinde von Gläubigen, eine geheime Bruderschaft, um sich zu versammeln, die dafür sorgen sollte, daß das Christentum in der gottlosen Tschechoslowakei nicht untergehe. Auch träumte er davon, später einmal, nach einer Rechristianisierung Böhmens, seine Bruderschaft barfuß nach Rom zu führen, wo er vom Papst empfangen würde, um aus seiner Hand die Priesterweihe und die Gründungsbulle seines neuen Ordens zu empfangen.

Bei Frejštejn traf ich ihn in Gesellschaft eines fürchterlich kindischen Cowboys an, der auf den Namen Santa Fé hörte. Dieser trug herrlich geschnittene Lederstiefel mit hohen Absätzen, einen verzierten Ledergürtel mit einem Pistolenhalfter, in dem ein großer, echter Colt Made in U.S.A. steckte, und eine lederne Jacke mit langen Fransen. Nachdem wir uns alle drei brüderlich umarmt hatten, zog Santa Fé blitzschnell seinen Colt, zielte auf mich und drückte ab. Eine Zigarette sprang heraus, die er an der Flamme beim Lauf anzündete und mir mit der Bemerkung übergab, es sei eine Friedenspfeife. Santa Fé war schweigsam, nur wenn er auf seine Herkunft kam, wurde er gesprächig. Er sei ein Halbblut, behauptete er, sein Vater sei Zigeuner. Zigeuner, spann er weiter und belegte es mit Literaturzitaten, seien stammesmäßig mit einigen Völkern Asiens verwandt, die in der prähistorischen Zeit Amerika besiedelt hätten. Er sei daher, sagte er voller Stolz, in gewissem Sinn ein Halbindianer. Ich widersprach ihm nicht, denn auch ich mochte es nicht, wenn jemand meinen Geschichten keinen Glauben schenken wollte. An den Lagerfeuern der Frontiers erzählte ich von meinem Onkel, der Flieger bei der Royal Air Force gewesen war und an der Schlacht um England teilgenommen hatte. Es war aber die Sitte der Grenzgeher, eine ausgefallene Herkunft zu haben. Wir glaubten einander alles, obwohl wir wußten, daß unsere Geschichten kaum mehr als Träume von einer anderen Geschichte nach 1948 waren.

Santa Fé schätzte ich falsch ein. Er war tatsächlich ein Indianer. Wir saßen also zu dritt beim kleinen Lagerfeuer, es war

kurz vor Mitternacht und wir sprachen über das nahe Österreich. Da sagte Santa Fé, er komme über die Grenze, wann
immer er wolle. Mindestens zehnmal sei er schon drüben
gewesen. Das war mir zuviel Phantasie, und ich warf ihm
vor, daß dies die blödeste Angeberei sei, die ich je an der
Grenze gehört hätte. Santa Fé war nicht beleidigt, er bot mir
eine Wette an, seine Lederjacke gegen mein Battledress, und
ich nahm an. Fratello versuchte Santa Fé von diesem Blödsinn abzuhalten, er wolle nicht einen Grenztoten mehr in
seiner Buchhaltung haben, das Halbblut aber war nicht um-
zustimmen. Er zog seine Jacke und Stiefel aus, schwärzte sich
das Gesicht, den Hals und die Hände mit Asche aus dem
Lagerfeuer und sagte, daß wir auf ihn warten sollten, spätestens in drei Tagen werde er mit einem Beleg zurücksein. In
der dritten Nacht, wir schliefen schon, weckte er uns. Das
Hemd zerfetzt, die Hose zerrissen, der Körper voller Sta-
cheldraht-Schrammen, hielt er in der Hand eine verglaste
Tafel mit dem gültigen Fahrplan der österreichischen Post-
busse, die er irgendwo bei Drosendorf abgebrochen hatte.
Wie er so etwas schaffe, wollten wir wissen. Es sei nur einfache Millimeterarbeit, sagte er. Als wir uns wunderten,
weshalb er nicht längst weg sei, in Amerika, antwortete er,
er wolle für die Rechte seines Volkes kämpfen, hier, in der
Tschechoslowakei. Später traf ich Santa Fé des öfteren in
Prag, wo er Jus studierte. Mein Battledress, übrigens, durfte
ich behalten.

*

Von dieser Seite erscheint er als Gipfel,
von jener als Kette,
betrachte ihn von oben, betrachte ihn von unten,
er ist nie zweimal der gleiche.
Wie kommt es, daß wir nicht vermögen
dieses Berges wirkliche Form zu erkennen.
Es kommt daher, o Freund,
daß wir Bewohner des Berges Lu sind.

Aus dem Gedicht »Berg Lu«, was »die Welt des Geschehens und des Seins«
bedeutet, des altchinesischen Dichters Sui Ting-p'o.

*

Die Gegend, die durch eine undurchlässige Grenze geteilt ist, hat zwei Seiten. Der an der Grenze lebende Mensch kennt beide Seiten – auf der einen bewegt er sich, die andere sieht er. Zwischen Hřensko, wo ich mich jahrelang bewegte, und Schönau, das ich jahrelang sah, fließt die Elbe. Im Sommer 1966 stand ich zum erstenmal am Bahnhof Schönau unter der Tafel, an der ich als Kind das Buchstabieren gelernt hatte. Die Ortschaft auf der anderen Seite der Elbe kam mir zugleich vertraut und fremd vor. Selbst Menschen, die ich gut kannte, mit denen ich wenige Stunden zuvor gesprochen hatte und die ich nun in meinem Fernglas sah, schienen mir merkwürdig fern und fremd. In dem Augenblick kam es mir vor, als müsse demnächst auch ich auf der Uferstraße von Hřensko erscheinen, mich auf der anderen Seite der Elbe sehen und dafür beneiden, daß ich nicht dorthin kommen konnte, wo ich gerade war. Es war keineswegs ein Gefühl der Bewußtseinsspaltung. Es war die Gewißheit der Gleichzeitigkeit.

*

Am 13. Oktober 1968 packte ich meinen alten Rucksack, die übliche Ausstattung: Schlafsack, Feldstecher, ein paar Wäschestücke und die Bibel, die mir einst Fratello geschenkt hatte. Dazu die ersparten Devisen, eine riesige Summe, und meinen Paß. In Děčín bestieg ich den Vindobona. In meinem Paß hatte ich die tschechoslowakische Ausreise- und die österreichische Einreisebewilligung, ausgestellt im Juni 1968, zwei Monate vor der Besetzung der Tschechoslowakei durch die Truppen des Warschauer Paktes. Ich war gerade aus Ägypten zurückgekehrt und trat nun meine für den Herbst geplante Reise nach Österreich an. Ich wollte nach Kanada, blieb aber in Wien. Die Devisen reichten trotz eiserner Sparsamkeit nur für vierzehn Tage. Weshalb ich in Wien blieb, weiß ich nicht. Vielleicht, weil mir Wien wie ein Konglomerat aus Děčín, Brno und Karlovy Vary vorkam, vielleicht, weil ich gar nicht nach Kanada, sondern nur kurz hinter die Grenze wollte, wo ich den begehrten Zustand der Staatenlosigkeit erreichte.

*

Einer der ersten Ausflüge von Wien aus führt mich nicht in die Alpen, sondern zur Mündung von Dunaj und Morava. Die Burgruine Děvín kommt mir vertraut und doch so unendlich fremd vor. Es ist eine friedliche, sanfte Gegend. Der Stacheldrahtzaun und die Wachtürme sind da, das Militärboot mit der weiß-rot-blauen Flagge steht bereit, die Soldaten mit Maschinenpistolen scheinen etwas zu erwarten. Merkwürdigerweise tragen sie blaue Matrosenuniformen und Matrosenmützen mit den zwei Bändern hinten. Sie sehen aus, als ob sie einen Panzerkreuzer abwarteten, der sie aufnehmen wird, bevor er in See sticht. Die Landschaft, breit und langsam, erinnert an eine Bucht. Hinter der Flußbiegung, rund zwei Meilen stromabwärts, beginnt der Stille Ozean.

Richard Swartz
Der Untergang des Abendlandes aus Karlsbader Sicht

Das Kind stellte sich auf einen Stuhl oder zog eine Schreib-
tischschublade heraus. Auf einem solchen Stuhl blieb es stehen, bis es etwas fand, was es nicht gesucht hatte. So machte
es wie zufällig dauernd neue Eroberungen und in einem
Schrank des Großvaters eine Entdeckung, die im Univer-
sum des Kindes dennoch zu den kleineren gerechnet werden mußte – das Kind entdeckte Europa.

Das Kind kann nicht besonders alt gewesen sein, da Großvater noch lebte und mit ihm zusammen den Fund unter-
suchte: fünf milchweiße Porzellanbecher, innen grau und
voller Staub, ein jeder mit einem Henkel, durch den man
bequem den Zeigefinger stecken konnte. Jeder Becher war
mit einer Inschrift in Goldfarbe versehen, die das Kind besonders bewunderte, eine goldene verschlungene Arabeske
auf dem Milchweiß, die sich zu einem Namen formte:
Karlsbad.

Unter den Namen Karlsbad war eine Jahreszahl gemalt,
auch sie in Gold, doch von einem Becher zum anderen ver-
schieden. Auch wenn die Jahreszahl etwas abgeblättert war,
konnte man sehen, daß sie eigentlich den einzigen Unterschied zwischen den Bechern bildete; unter den Zahlen war
alles gleich milchig weiß und unveränderlich. Nur die letzte
Ziffer der Jahreszahl bot in dieser Wiederholung eine Ab-
wechslung, aber eine Veränderung so unbedeutend, daß sie
eher unterstrich, daß nichts von Bedeutung geschehen
war.

Im Schrank fand das Kind auch eine Ansichtskarte. Sie war
in Karlsbad abgestempelt und zeigte einen Kellner, der gerade in einem Speisesaal damit beschäftigt ist, einen roten
Krebs auf einem Silbertablett zu servieren. Das Rot war ein

wenig über den Krebs hinausgeraten; auch das Schwarz des Kellnerfracks und der Schuhe war über seinen Umriß getreten und hatte das weiße Tuch, auf das er gerade das Tablett mit dem Krebs stellen wollte, geschwärzt. Unter dem Tuch, ganz unten am Rand der Ansichtskarte, konnte das Kind drei Wörter buchstabieren: PUPP – KARLSBAD – SOLOKREBS.

Die Entdeckung des Kindes interessierte den Großvater. Eindringlich prüfte er die fünf Becher: es war, wie wenn etwas, das wir bereits für alle Zeiten verloren geglaubt haben, plötzlich an die Oberfläche der Erinnerung gespült wird und wieder Bedeutung erhält. Großvater setzte sich im Lehnstuhl zurück, und das Kind bewunderte, ja, liebte es, wie sich sein Bauch unter der Weste wölbte und seine Uhrkette wie eine goldene Schlange darüber kroch und irgendwo in seinem Inneren verschwand. Früher einmal, sagte Großvater, wurden diese Becher verwendet um *Brunnen zu trinken*. Dies hatte auf Promenaden vor sehr langer Zeit stattgefunden, zwischen den Kriegen, als Großvater und Großmutter noch jung waren und das Leben vor ihnen lag. Jetzt war Großmutter bereits tot. *Tout le monde*, sagte Großvater, war dort gewesen.

Was aber *tout le monde* bedeutete, wußte das Kind nicht. Es wäre auch nicht hilfreich gewesen, wenn man es ihm übersetzt hätte: daß die ganze Welt an ein und demselben Ort vorhanden sein konnte, einem Ort, von dem das Kind niemals erzählen gehört hatte, konnte es sich nicht vorstellen. Statt dessen bewunderte das Kind das Gold auf den Bechern, und die Verbindung von »Welt« und diesem »Karlsbad« schien ihm so völlig ohne Bedeutung wie nur eines jener unverständlichen Spiele der Erwachsenen.

Karlsbad lag in Europa, erzählte Großvater. Aber das Kind wußte nicht was Europa war, und in diesem unbekannten Europa befand sich Karlsbad wie eine Kiste auf einem dunklen Dachboden.

II

Im Hotel »Pupp«, heute »Moskva«, ist man erstaunt, einen einzelnen Gast aufnehmen zu müssen. Seit langem ist hier der individuelle Gast durch den kollektiven Gast ersetzt, der Identität erst durch andere erhält: an »Pupps«, heute »Moskvas«, Rezeption finden sich die Gäste als Gruppen ein, aber dieser Gast kann weder dem Verband nordmährischer Taubenzüchter noch sibirischer Traktoristen zugeordnet werden. Außerdem hat er seinen Koffer den ganzen Weg vom Karlsbader Hauptplatz selber getragen, weil der Bus nicht mehr bis zum Kurhotel hinauffährt. Schon vor langer Zeit hat man hier aufgehört *hinaufzufahren*, man *fährt* auch nicht mehr vor; statt dessen werden die Gästegruppen in Hotels *transportiert*, und daß sich ein einzelner Gast mit einem Koffer auf eigene Faust hierher begeben kann, ist für das Personal an der Rezeption fast eine Beleidigung, ein wenig verdächtig.

Deshalb werden mein Paß und die Stempel genau überprüft, bevor das Personal dies nach einer kürzeren Beratung zu akzeptieren beschließt. Ein Liftjunge in schlampig geknöpfter Uniform scheint eine besonders wichtige Rolle zu spielen; er tuschelt energisch mit den anderen, während er abwechselnd im Paß blättert und einige prüfende Blicke auf den Gast wirft.

Mein Zimmer ist schmal und lang. Es ist mit zwei Betten ausgestattet, eines in jeder Ecke, das Fenster mit Blick auf den Fluß Tepl. Da es schon spät ist und ich auf der Busfahrt von Prag her nichts zu essen bekommen habe, beschließe ich, im Speisesaal des Hotels zu Abend zu essen. Es ist Montagabend in Karlsbad. Es ist Spätwinter und die falsche Jahreszeit, und der einsame Gast weckt die Kellner aus ihrem Winterschlaf; halb im Schlaf nähern sie sich nur aus alter Gewohnheit dem Tisch, ein ganymedischer Reflex, der sich in einem Hotel der Kategorie »A« nicht so leicht ausrotten läßt. Ein Wintergast, ein einsamer, hat ihre Neugierde geweckt.

Auch der Oberkellner tritt an meinen Tisch, und mitten im Gesicht hat er eine Nase, die ihm einen schwankenden

Gang verleiht, eine Nase, die seinen Kopf an sich gesaugt und verkleinert hat und die ihn bald hierhin, bald dorthin führt, keine Karlsbader Nase, sondern eine Marienbad- oder Franzensbad-Nase. Seine Verdrießlichkeit bekämpft er, indem er mir größere Aufmerksamkeit widmet, als einem Gast ohne Gesellschaft normalerweise gebührt: Dieser Oberkellner empfiehlt mir eine leichte Mahlzeit, etwas Kaltes, Sardinen aus der Dose, Preßschinken und Gurken aus Znojmo.

Der Fußboden knarrt. Die Fenster zur Promenade sind mit schweren Vorhängen, die keiner wäscht, halb zugezogen. Einer der Kellner holt Salz und Zahnstocher und stellt sie vor mir auf den Tisch. Dann wendet er sich wieder den anderen zu, die am Fenster mit Blick auf den Tepl wieder in ihren Winterschlaf zurückgesunken sind, gelegentlich aufschreckend und dann doch nur das träge Surren der Fliegen vom vorigen Jahr hinter den Vorhängen hörend, sterbende Tiere, die schon lange auf dem Rücken liegen. Die Fliegen, die Kellner, der Oberkellner und der einsame Gast befinden sich allesamt im Französischen Speisesaal, vermutlich derselbe Speisesaal, aus dem Großvater einst auf der Ansichtskarte mit dem einsamen Krebs einen Gruß nach Hause geschickt hatte. Der Poststempel war besonders schön: blauschwarze Wellenlinien quer über der Briefmarke, wie die Gischt auf einem Binnenmeer.

Doch die Neugier des Oberkellners ist geweckt. Plötzlich geht auch die Schwingtüre der Küche auf, und eine Köchin mit weißem Kopftuch, einen Holzlöffel gegen die Brust gedrückt, steht in der Türöffnung und überblickt den Speisesaal, als suche sie jemanden. Wie man herausbekommen hat, daß ich Schwede bin, weiß ich nicht. Aber als der Oberkellner auf einem Porzellanteller die Rechnung überreicht, beugt er sich vor und fragt nach der Majestät: das heißt, nach dem Prinzen und den Prinzessinnen, wer eigentlich den Thron erbe, da er in einer westdeutschen Illustrierten gelesen hat, daß die älteste Prinzessin das Erbrecht auf ihrer Seite habe, obwohl es jetzt endlich einen Prinzen, wenn auch jünger, gebe.

Das beunruhigt ihn.

Nichts gegen Prinzessinnen, aber mit Verlaub: ein Prinz sei ein Prinz. Ließe sich daher die richtige Ordnung nicht wieder herstellen?

Ich sage dem Oberkellner, daß es der König persönlich sicher am liebsten sähe, wenn sein Sohn den Thron erbe. Irgendwo, sage ich, glaube ich auch gelesen zu haben, daß er sich gegen die weibliche Thronfolge ausgesprochen habe, natürlich als seine ganz private und in keiner Weise offizielle Meinung. Aber sicher sei ich nicht. Außerdem liege all dies in der Hand des Reichstags; in der Praxis habe der König keinen Einfluß auf diese Fragen.

Unser König besitze keine Macht mehr, sage ich. Zumindest nicht besonders viel.

Daß der König von Schweden nicht auf eigene Faust und ohne Einmischung alle Angelegenheiten des Throns bestimmt, läßt den Oberkellner betrübt den Kopf schütteln. Von machtlosen Königen ohne Thron hat er gehört, niemals aber, daß sich einer ohne Macht trotzdem darauf halten kann. Einen solchen König kann man sich schwer vorstellen, und erst jetzt aus der Nähe, als eine neue, unerwartete Sorge ihn bedrückt, sehe ich, wie abgetragen der Smoking des Oberkellners ist, wie fettig das Schwarz und schon grün an den Ellbogen. Doch er richtet sich auf: er setzt seine Hoffnung auf die private Ansicht des Königs, auf eine Revision. Denn ganz privat kann die Ansicht eines Königs nie werden, und in dieser seiner Vermutung versuche ich ihn zu ermuntern, sage ihm, es sei nicht ausgeschlossen, daß der König in einer so wichtigen Frage doch seinen Willen durchsetzen werde.

Meine Angaben sind aber nicht sonderlich präzis. Die Fragen des Oberkellners sind von der Art, daß man gut vorbereitet sein muß, um die richtigen Antworten geben zu können. Und mit welchem Recht darf ich den Anschein erwecken, über diese zu verfügen? Statt dessen habe ich mich vage ausgedrückt, den Oberkellner mehr verwirrt als ihm geholfen; er bleibt nun unschlüssig an meinem Tisch stehen, enttäuscht über die Mitteilungen, die nicht mit dem Ernst vorgebracht wurden, den die Sache verlangt, statt dessen wie im Spaß, genau die Art von Zeitvertreib, die man sich mit einem Dienstboten erlauben kann, und im selben Augenblick spüre ich Widerwillen gegen mich selbst und bedaure, daß ich den alten Mann in einer Angelegenheit verletzt habe, die so offensichtlich wichtig für ihn ist; ich schäme mich meiner Unwissenheit und daß ich mit Vermutungen geradezu Verachtung gegenüber Herrscherhäusern und Thronfolgeregelungen gezeigt habe, dem einzigen Stoff, aus dem sich eine sichere und übersichtliche Welt erbauen läßt.

Dieses Abendessen hat eine unglückliche Wendung genommen. Sobald ich bezahlt habe, ziehe ich mich daher auf mein Zimmer zurück und öffne beide Fenster. Draußen fließt der Tepl vorüber: Der Fluß riecht nach Fichtennadeln, Kohlenruß und alten Steinen. Wegen des Wassers bin ich hierher gekommen. Die Armbanduhr lege ich auf den Nachttisch. Ich drehe an allen Radioknöpfen, höre aber nichts. Es hätte ja Mendelssohn-Bartholdy oder ein Galopp sein können. Aber es ist nichts, aus dem Apparat dringt absolut nichts. Ziemlich lange bleibe ich auf dem Stuhl am Fenster sitzen und betrachte die Decke, folge dem feinen Sprung, der im Putz vom linken Fenster quer über die Zimmerdecke läuft, einen sanften Bogen um die Lampenbefestigung schlägt und draußen im Korridor verschwindet. Dann entkleide ich mich und schlafe, dem Fluß ganz nahe, bald ein.

Ist es der Sprung in der Decke, der mich später weckt? Ohne zu wissen wie spät es ist, stehe ich irgendwann in der Nacht auf und öffne auch die Tür hinaus auf den Gang, der vollkommen still daliegt. An seinem hintersten Ende sammelt sich ein schwaches Nachtlicht im Glasfenster, eine Topfpalme zeichnet sich darin ab. Der Gang liegt verlassen. Aber es ist, als bewegten sich die Palmblätter im Halbdunkel sachte, als fächelten sie in dieser Spätwinternacht einem unsichtbaren Gast zu.

Der Wasserstrahl des Springbrunnens ist abgesenkt worden. Er schießt nicht mehr in die Höhe wie damals, als Großvater hier war, sondern ist gebändigt und gestutzt, nicht viel höher als fünf oder sechs Meter. Diese Verstümmelung geschah aus Sicherheitsgründen; aus Sorge um die Kurgäste und damit der Boden ringsum nicht reiße, hat man der Natur, die sich fügte, Gewalt angetan. Die Fontäne knistert und sprüht wie eine Wunderkerze. Das heiße Wasser spritzt in die Höhe, um dann zu fallen, nein, in sich selbst zu stürzen; dieses Steigen und Fallen fasziniert die Kurgäste, die stumm und mit zerknitterten Plastiksäckchen in den Händen auf den Bänken um den Springbrunnen herum sitzen und in den Wasserstrahl starren. Dabei nimmt leicht das Fischartige überhand: der Urfisch kriecht aus ihnen hervor und öffnet ihre Münder, glatte Schuppen bedecken die Hände, während sich die Ohren wie Kiemen leicht bewegen, da das Tier immer stärker ist, da das Tier den Menschen zu sich hinunterzieht und bereits die Annäherung an sein Element mit Gefahren verbunden ist.

Ich selbst umrunde den Springbrunnen, ohne etwas Besonderes zu entdecken. Dann setze ich mich auf eine Bank und bohre in der Nase. Früher wurde der Springbrunnen von Mädchen in knöchellangen Kleidern und gestärkten Schürzen bedient. Auf dem Kopf trugen sie weiße Mützchen oder Gummihauben und fingen, umgeben von Wasser und Dampf, mit Hilfe langer Holzstangen das Heilwasser in Porzellanbechern auf, die die Gäste ihnen reichten. Die Kurgäste tranken das Wasser und studierten die gelben, roten oder braungefärbten Ablagerungen auf dem Becherboden, überzeugt, auf dem Weg der Genesung zu sein. Das Wasser schmeckte schlecht und war sehr gesund. Es half nicht gegen Rheuma, war aber gut für die Hände, nicht dagegen für Füße, heilte Wechselfieber, war gut für Galle und Leber, und nach einer Kur in Karlsbad leuchteten die verfärbten Augäpfel der Menschen, die an ihren Eingeweiden litten, bald wieder klar und rein. Auch Zuckerkranke sollten dieses Wasser trinken.

Früher kam es vor, daß der Brunnen von einem Brunnen-
wärter in dunkler Livree, weißen Handschuhen und mit
einer österreichischen Uniformmütze beaufsichtigt wurde.
Damals wurde das Wasser, wie später das Souper im Hotel,
von ganz jungen Mädchen serviert, und unter solchen Bedingungen muß Krankheit ein reines Vergnügen gewesen
sein. Doch heute herrscht hier Selbstbedienung; nirgendwo
kann ich aber den weißen Porzellanbecher, den ich suche,
entdecken, habe genaugenommen deshalb hier drinnen
nichts mehr zu tun und gehe wieder hinaus.

In den Händen der Kurgäste sehe ich nur diese abgeflachten
Brunnenbecher, vollkommen flach, als hätten sie eine Di-
mension verloren, mit einem Schnabel versehen, der sie spitz
und geizig erscheinen läßt. Besonders viel Wasser fassen sie
nicht. Die Sprudelkolonnade liegt am Tepl in der Verlänge-
rung der Neuen Wiese, heute Ehepaar-Rosenberg-Straße,
gegenüber der Alten Wiese, heute Straße der Helden vom
Dukla-Paß. Schräg vor dem Kolonnadeneingang, die Hand
zum Gruß erhoben, steht die Statue des ersten Kosmonauten, als solle er alle Heilquellen von seinem Sockel aus segnen. Nach seiner ersten Reise durch den Weltraum kam er
zur Erde zurück und teilte mit, er habe nirgendwo eine Spur
von Gott gefunden. Ich verstehe es als eine nachsichtige Fü-
gung des Schicksals, daß Großvater dem Kosmonauten in
Karlsbad nie begegnen mußte. Das Weltall? Aber der Himmel war nichts, in das Großvater einzudringen wünschte,
noch weniger wünschte er sich, ihn zu erforschen oder zu
erobern, barg ja schon das Leben hier unten auf der Erde
genug an Geheimnissen, die sich auch in den allerzufälligsten
Begegnungen zweier Menschen offenbarten. Der Himmel
war ein Ort, von dem aus Gott jene Menschen beobachtete,
über die er einst am Ende aller Tage zu Gericht sitzen mußte:
daß nun jemand zurückkehrte, nachdem er sich des Eindrin-
gens in diesen Himmel schuldig gemacht hatte, und mit-
teilte, keine göttliche Spur gefunden zu haben, wäre Großvater völlig in Ordnung erschienen, als die gerechte Strafe
Gottes an einem, der IHM allzu nahe getreten war: einem
solchen Menschen hatte Gott ganz einfach seine Pracht und
Herrlichkeit entzogen.

Der erste Kosmonaut wendet seinen Rücken der Kirche zur heiligen Maria Magdalena zu, für die niemand einen neuen Namen gefunden hat und die sich durch eine Halbtreppe über das Irdische und alle andere Verwirrung erhebt. Vor der Kirche öffnet sich ein Platz und man sieht sofort, daß er sich ausgezeichnet zum Zeitungsverkauf eignet. Hier befand sich viele Jahre lang auch Karl Hermann Franks Zeitungskiosk, der in seiner Bude aber keine Möglichkeit hatte, seine Notdurft zu verrichten. Jahraus, jahrein mußte er deshalb den Kiosk abschließen und über den Platz zum Hotel »Stadt Berlin« eilen, um den Schankwirt zu bitten, ihm den Abortschlüssel zu leihen, ein Ereignis, das in Karlsbad ebensowenig der Aufmerksamkeit wert war wie die Tatsache, daß eine Kursaison die andere ablöste.

Aber diese Besuche auf dem Abort des Hotels »Stadt Berlin« quälten den Zeitungsverkäufer. Wenn sie in seinem Gedächtnis auftauchten, müssen sie ihm viel zahlreicher als in Wirklichkeit vorgekommen sein; im Schutz der Dunkelheit und Stille des Aborts war es, als vermehrten sie sich, als wüchsen sie zu etwas Neuem und Andersartigen zusammen, zu etwas, dem man nur die Bezeichnung Erniedrigung geben konnte und das seinen Schatten über diesen Teil seines Lebens warf. Eine andere Zeit mußte kommen. Eine große Zeit, von der bereits in den Zeitungen stand, die er gelegentlich las, während er auf Kunden wartete. Sie wird tausend Jahre dauern, und jedesmal brennt ihm der Schlüssel in der Hand. Dieser Schlüssel hat bereits sein Schicksal mit dem des Nachbarn vereint; er bindet den Schankwirt und den Zeitungsverkäufer aneinander, ohne daß sie es jetzt schon ahnen, verwandelt ihr Leben in kommunizierende Gefäße, in denen sich die Großartigkeit des einen Lebens auf Kosten des anderen verwirklichen wird, und alles wegen jenes Schlüssels. Jedesmal lächelt sein Nachbar, bevor er den Schlüssel in die ausgestreckte Hand des Zeitungsverkäufers legt: ein verbindliches Lächeln, von dem der Verkäufer nicht weiß, was es bedeutet, ein Lächeln, etwas schief, vielleicht aber ohne jede tiefere Bedeutung.

Aber er erinnert sich daran und ist fest entschlossen, all diese Freundlichkeit einmal zu vergelten.

Niemand in Karlsbad erinnert sich noch an den Schankwirt. Die allerletzten seines Schlages, erzählt man mir, verschwanden nach dem Krieg. Einige sagen, daß sie nach Amerika oder noch viel weiter weg gereist seien, andere, daß sie ganz einfach ihrer Wege gegangen und verschwunden seien, wie solches Volk immer zu tun pflegt, ohne eine neue Adresse zu hinterlassen. So genau könne man es nicht wissen, und vor allem habe man sich nicht in anderer Leute Angelegenheiten zu mischen. Aber nach dem Krieg, spätestens drei Jahre nach Kriegsschluß, war auch der allerletzte von ihnen verschwunden. Zumindest das weiß man mit Sicherheit, und auch dieses Jahr muß mit einem Pinsel, der zuerst in Goldfarbe getaucht wurde, auf einen milchweißen Porzellanbecher gemalt worden sein.

Aber ein Mann mit Fliege und gelbem Seidenhalstuch, eine zufällige Bekanntschaft, erinnert sich noch an jenes Lächeln und beschreibt es mir, ein Lächeln auf einem in Fett eingebetteten Gesicht, das mit zwei raschen Schnitten eines Rasiermessers geöffnet schien und aus dem die Augen herausquollen, Augen, die mit frecher Neugier die Welt betrachteten. Die Lippen, die das Lächeln einrahmten, waren jedoch merkwürdig schmal und blutleer; verächtlich konnte man dieses Lächeln nicht nennen, eher verbindlich oder ohne besondere Bedeutung. Dann berichtet er, daß Frank irgendwann gegen Kriegsende untergetaucht sei und daß es sowieso keine lesenswerten Zeitungen mehr gebe.

An meinem zweiten Tag in Karlsbad stehen wir zusammen vor der Kirche, die den Namen der Mutter Gottes trägt, und mit seinem Stock deutet er auf den Platz, an dem der Kiosk gestanden hat. Ich bewundere seinen Stock. In Karlsbad ist der Mann mit Fliege und gelbem Seidenhalstuch von allen, die ich treffe, der einzige, der einen Spazierstock verwendet, ein dünnes spanisches Rohr mit Silbergriff. Zu Hause hat er noch einen Spazierstock mit einem Griff in Form eines Elefantenkopfes, aber die kleinen versilberten Stoßzähne kratzen ihn in der Hand. Das ist sehr irritierend, sagt er, während er mit dem spanischen Rohr in der Erde herumstochert. Warum verwendet er einen Stock? Eigentlich benötigt er ja keinen: er verwendet ihn mehr zum Gestikulieren, als um sich darauf zu stützen; gern hätte ich den Stock mit dem Elefantenkopf gesehen.

Alles ist sehr weit geworden, sagt er statt dessen. Überallhin ist es sehr weit geworden, auch nach Wien oder Budapest. Es ist eigentlich merkwürdig. Oder können Sie sich vorstellen, daß es bis zu einer Stadt wie Budapest weit sein kann? Alle Entfernungen sind gleichsam gewachsen.

Der Mann mit Fliege und gelbem Seidenhalstuch meint, daß alles davon abhänge, wer komme und wer nicht komme. Viel mehr als Kilometer sind diese Abstände eine Frage des Kommens und des Nichtkommens, einer Gegenwart und einer Abwesenheit.

Können Sie sich das vorstellen, fragt er.

Was, sage ich. Budapest?

Daß die neuen Kurgäste aus Orten kommen, von denen ich noch nie gehört habe, sagt er.

Die neuen Kurgäste sind nicht mehr einsam. Sie erkennen einander an dem schwankenden, schaukelnden Gang wieder; sie gehen wie Menschen, die Zeit im Überfluß haben und es gewohnt sind, weite Strecken zu reisen. Sie kommen nicht aus London. Zusammen sind sie hergekommen, und bevor sie zu dieser Reise aufbrachen, hatten sie keine Vorstellung von Karlsbad, nicht einmal einen Porzellanbecher oder eine Ansichtskarte. Sie sind auch nicht wegen des Wassers hergekommen – sie sind die ersten Gäste in Karlsbad, die nicht gekommen sind, um *Brunnen zu trinken*. Warum sollten sie auch? Ihre Nieren sind gesund, die Leber ausgezeichnet, ihre Hände sehnig und fest. Sie benutzen auch keine Stöcke, ihr Gang ist breitbeinig und schwer; die Hände haben sie hinter dem Rücken verschränkt. Sie sind nach Karlsbad gekommen, um sich umzusehen, um sich zu überzeugen, daß es hier genauso wie zu Hause ist. Sie sind hergekommen, um zu sehen, was sie auch zu Hause sehen können: die gleichen Namen auf Schildern und an Hotels, die gleichen Buchrücken in der Buchhandlung, und immer wieder derselbe Kosmonaut vor der Kolonnade, die seinen Namen trägt.

Wenn sie lächeln, haben sie den Mund voller Metallzähne; sie lächeln oft, und eine milde Hand hat die Zeit selbst aus ihren Gesichtern gestrichen, glatte, gleichmäßige Gesichter wie die Steine im Tepl.

An Karl Hermann Franks Leben interessieren sie nur die letzten acht Schritte. Für die neuen Kurgäste enthalten sie alles, was sie über ihn wissen müssen, acht Schritte, die er an einem Morgen im ersten Frühling nach dem Krieg im Hof des Pankrác-Gefängnisses in Prag geht. Die Schritte sind der Aphorismus seines Lebens, und er geht sie, seinem letzten Wunsch entsprechend, ohne die Hände auf dem Rücken gefesselt haben zu müssen. Nachts in der Gefängniszelle hat er sie immer wieder geübt, vor und zurück.

Erinnert er sich an seinen Nachbarn in Karlsbad? Das ist kaum anzunehmen; er muß jetzt an so viel wichtigere Dinge denken. Erinnert er sich noch an jenes Lächeln? Es ist nicht anzunehmen; vielleicht verläßt uns die Fähigkeit zu vergessen nicht einmal in dem Augenblick, in dem sich uns alle Erinnerungen aufdrängen, um ein letztes Mal auf sich aufmerksam zu machen. Wie für die neuen Kurgäste in Karlsbad sind es in diesem Augenblick nur die letzten acht Schritte, die für ihn wichtig sind: daß er sie fest und aufrecht gehen kann.

Genau hier stand der Kiosk, sagt der Mann mit Fliege und gelbem Seidenhalstuch und klopft mit dem Stock auf das Pflaster, als wolle er sich selbst überzeugen. Hier stand der Kiosk, aber ich sehe vor mir ein ganz anderes Bild, ein blasseres, ahne, wie es gewesen sein mußte: wie Großvater sich von der Alten Wiese der Teplbrücke nähert, wie er die Gußeisenbrücke überschreitet, um sich eine Zeitung zu kaufen, eine Zeitung aus Wien oder vielleicht das »Prager Tagblatt«. Solche gefragten Zeitungen liegen im Kiosk in Griffweite gestapelt, man braucht sich nicht einmal nach ihnen zu strecken, und während Großvater in der Westentasche nach Wechselgeld sucht, reicht ihm Frank die Zeitung, und Großvater zieht leicht, mit einer Leichtigkeit, die Höflichkeit und Einverständnis des Augenblickes ist, den Hut vor ihm.

Auch seinen Nachbarn, sagt der Mann mit Fliege und gelbem Seidenhalstuch, auch ihn hat er dorthin geschickt. Auf persönlichen Befehl.

Nach *dorthin*, nach Theresienstadt. Er sagt es aber nicht auf Deutsch, sondern auf Tschechisch, als könnte das weichere *Terezín* nachträglich etwas ändern, was in allen Sprachen dasselbe ist.

Doch das ist schon lange vorbei, und alles, was die neuen Kurgäste von Karl Hermann Frank zu wissen brauchen, ist in diesen acht Schritten enthalten. Das ist alles, was von seiner Existenz hier in Karlsbad übrig ist; die Schritte sind der Preis für die Verirrungen seines Lebens, für seine große Zeit, und in den Augen der neuen Kurgäste ist das ein gerechter und angemessener Preis. Nichts über diese acht Schritte hinaus interessiert sie; Verwendung hat man nur für jenes kleine Stück von Karl Hermann Frank, das allerletzte, nur für jene Minuten auf dem Gefängnishof. Auf den Rest seines Lebens hat er das Recht verwirkt und damit Karlsbad auf eine seiner Geschichten. Sein Leben spielt sich nun zwischen diesem ersten und diesem achten Schritt ab, und was sich vor dem ersten Schritt befindet, ist nicht mehr von Interesse; es ist unwichtig, privat, und der Bedeutungslosigkeit verfallen.

Aber jener Splitter aus seinem Leben, die Szene auf dem Gefängnishof, ist nicht zufällig ausgewählt worden. Sie wurde aufgenommen und im Licht geprüft, dann geputzt, bevor sie in das majestätische Mosaik eingefügt wurde, das die Geschichte der Sieger ausmacht und nicht mehr die Farbe von Karlsbad trägt. Karlsbads eigene Vergangenheit dagegen wird bald einen Platz einnehmen, der nicht größer ist als die Gedenktafeln aus Marmor, die hie und da an Hauswänden festgeschraubt sind. Noch weiß keiner in Karlsbad, wie klein eine solche Marmortafel werden kann. Aber immer noch stehen die neuen Kurgäste vor einer solchen Marmortafel, und ihr Fremdenführer erzählt ihnen, daß der Geheimrat ganze dreizehnmal Karlsbad zur Kur besuchte und oft an dieser Stelle, in einem unansehnlichen und eingepferchten Haus abgestiegen ist, einem Haus, das die neuen Kurgäste in Erstaunen versetzt und sie unsicher macht. Sie sind an solche Häuser nicht gewöhnt. Wie lange noch werden sie vor dieser Marmortafel stehen? Auch in der Sprudelkolonnade gibt es eine: eine neue. Sie ist nicht

mehr als zehn Jahre alt und erhielt ihren Platz, als die neue
Glas- und Betonkolonnade eingeweiht wurde, auf den Tag
dreißig Jahre nachdem Karlsbad vom Osten her befreit
wurde, und all dies steht detailliert auf der Marmortafel zu
lesen.

Aber zumindest der Mann mit Fliege und gelbem Seidenhalstuch glaubt sich erinnern zu können, daß die Soldaten
auf den Panzern, die Karlsbad befreiten, schwarze Gesichter hatten, als wären sie aus Afrika, zumindest viele von
ihnen, und daß die Zigaretten, die sie verteilten, nicht hart
und unregelmäßig gerollt waren wie *Papyrossi*, sondern
blendend weiß und mit einem schwachen Duft von Par-
füm im Tabak, schlanke, einander aufs Haar gleichende
Zigaretten, wie sie nur mit den allermodernsten Maschi-
nen hergestellt werden konnten.

Aber ganz sicher ist er nicht.

Niemand mehr kann ja hier ganz sicher sein: sind sie doch
nervös und ein wenig ängstlich geworden, Menschen, die
nicht mehr gern mit Fremden sprechen und beim gering-
sten Geräusch zusammenzucken, furchtsam nach etwas
horchen, ohne zu wissen wonach, die mit angehaltenem
Atem hinter der Türe stehen und horchen, nur horchen.
Kann man übrigens sicher sein, daß eine solche alte Marmortafel die neuen Kurgäste nicht ärgert? Man weiß ja so
wenig von ihren Gewohnheiten und wie sie die Welt sehen. Aber warum sollten sie sich für etwas interessieren,
das sich vor so langer Zeit erreignet hat und das sie genaugenommen nichts angeht? Der Gast, so heißt es in Karlsbad, hat immer recht. Und wer kann mit der Hand auf
dem Herzen sagen, er *wisse* wirklich, daß der Geheimrat
einst hier war, daß er genau in diesem Haus wohnte? Und
so ist es doch auch mit den meisten Dingen hier: woran
man sich erinnert, das ist die Tafel selbst, nicht der Geheimrat, und vielleicht erinnert man sich auch an die Tafel
nicht mehr.

All dieses nervöse Lauschen und Grübeln wird so zum
Verdacht, daß die neuen Gäste in Wirklichkeit keine Gäste,
sondern bei sich selbst zu Hause sind, daß Karlsbad der Salon ihres jetzigen Zuhauses ist und die Statuen und die

neuen Marmortafeln nur für sie da sind. So sind die Einwohner von Karlsbad Gäste ihrer eigenen Stadt geworden.

Der Mann mit der bestickten Mütze sitzt auf Großvaters Bank, aber er betrachtet ein Standbild, das einen untersetzten Mann mit Ziegenbart und Weste darstellt. Der Mann mit den Metallzähnen betritt die Kirche der heiligen Maria Magdalena, der Fremdenführer deutet aber auf eine Ikone. Eines Tages wird auch der erste Kosmonaut von seinem Sockel steigen und an die Tür des »Weißen Hasen«, heute Hotel »Madrid«, klopfen, und man wird ihm öffnen. Als Gast wird er dann dort bleiben und sich eines der weichsten Betten aussuchen, und bevor er in den Schlaf sinkt, hat das Personal – vorsichtig, um ihn nicht zu wecken – die Marmortafel von der Hauswand abgeschraubt und sie durch eine neue ersetzt.

Dann deutet der Fremdenführer auf den Schreibtisch des Geheimrates: hier pflegte der erste Kosmonaut zu sitzen und bei seinen Aufenthalten in Karlsbad zu arbeiten. Hier, an diesem Schreibtisch vor Ihnen, schrieb er seine Abhandlung über Gottes Nicht-Existenz, nachdem er auf seinen Fahrten durch den Kosmos nicht die geringste Spur von ihm entdeckt hatte. Es gibt keinen Gott, sagt der Fremdenführer. Aber der Mann mit den Metallzähnen und den Händen auf dem Rücken hat einen eigenen Gott. Er hält ihn im Inneren seines Herzens verborgen. Deshalb sagt er nichts. Nicht, daß er die Abhandlung des ersten Kosmonauten bezweifelt, nein, er weiß, daß alles, was darin steht, wahr sein muß, aber es betrifft nicht den Gott, der in seinem Herzen wohnt. Die Abhandlung betrifft einen anderen, fremden Gott; einen, der ihn nichts angeht, einen europäischen Gott, einen Karlsbader Gott.

Alles ist so lange her, sagt der Mann mit Fliege und gelbem Seidenhalstuch, als wir vor seiner Tür Abschied nehmen. Außerdem ist es nicht mehr so wichtig.

Wenn aber eine Stadt wie Karlsbad sich an ihre Vergangenheit zu erinnern versucht, kann es sich nie um ein heldenhaftes, eher um ein zweifelhaftes und ängstliches Unternehmen handeln, da man weiß, daß die Kräfte hier für andere, wichtigere Aufgaben aufgespart werden müssen. Gleichwohl tritt eine Veränderung ein: plötzlich war es, als befände sich auch das Alltäglichste mitten im Strom der Zeit selbst und niemand lebte mehr sein eigenes Leben. Dieses Gefühl war bedrückend und auch ein wenig erschreckend. Damals vor knapp zwanzig Jahren konnte es geschehen, daß Einwohner von Karlsbad im Treppenhaus zwischen den Stockwerken ihrer liftlosen Mietshäuser stehen blieben und das Herz in der Brust schlagen hörten, nicht vor Anstrengung, sondern erschreckt über ihren eigenen Mut. Im Spätsommer versuchte man mit einem Seil ein Standbild im Stadtpark umzustürzen, ohne daß dies gelang. Im selben Sommer kaufte der Mann mit Fliege und gelbem Seidenhalstuch den Spazierstock mit einem Elefantenkopf aus Silber. Später zeigte es sich, daß er scheuerte und Wunden an der Hand verursachte; erst da stellte er den Elefantenstock für immer in den Schirmständer.

In den letzten Tagen des Sommers rinnt Farbe über die Fenster des französischen Speisesaals im Hotel »Moskva«, das nun wieder »Pupp« geworden ist. Aber es ist nicht mehr Goldfarbe: über die Fenster rinnt gewöhnliche weiße Malerfarbe, die vom Pinsel nicht mehr zu einer Jahreszahl geformt wird, sondern zu einem Wort. Mehrere Tage kann man das Wort »Neutralität« in Weiß über den Fenstern lesen; hie und da ist die Farbe an den Glasscheiben und den gesprungenen Holzleisten heruntergelaufen, ins Gras und über den Asphalt.

Die Einwohner von Karlsbad hatten gehofft, daß sich dieses einzelne Wort als Loch erweisen würde, durch das sie verschwinden konnten, ein Loch, das aus der Geschichte selbst herausführte. Außerhalb der Geschichte hatten sie gedacht, würden sie sich abbürsten und einander beglückwünschen, daß sie so glimpflich davongekommen waren, um dann in aller Ruhe zu versuchen, sich aus der Entfernung einen Überblick über alles zu verschaffen. *Alles* schloß dann auch die Stadt selbst mit ein; es ging um Karlsbad. Nicht, daß sie ihre Stadt nicht mehr erkannt hätten: auch Großvater hätte sie erkannt, hätte denselben Spaziergang machen können wie damals, am Hirschsprung vorbei auf dem Weg hinunter zu »Pupp«, und so von hinten überrascht hätten die Häuser entlang der Alten Wiese ebenso traurig und schmalschultrig wie damals gewirkt.

Nein – das war es nicht. Aber es war etwas mit ihrem Karlsbad geschehen, und erst aus dem Abstand hofften sie sich darüber klar zu werden, was es war.

Solche Gedanken beschäftigten die Einwohner von Karlsbad noch im August, einem ungewöhnlich heißen Monat mit verbrannten Grasflächen und rosa Staubwolken, aber nur einige Wochen später gab es nicht mehr die geringste Spur von Farbe; die weiße Malerfarbe war verschwunden, als ob sie abgeblättert wäre wie einst die Goldfarbe von den Porzellanbechern. Seit feststeht, daß alles ein Irrtum war, sind die Fensterscheiben des Französischen Speisesaals wieder blank und durchsichtig. Die Einwohner von Karlsbad hatten sich geirrt. Es war ein Irrtum zu glauben, daß es irgendwo einen Ort oder einen Platz außerhalb der Geschichte gäbe oder daß es jemals ein anderes Karlsbad geben könne als das Karlsbad mit roten Sternen über dem »Elefanten« oder »Jessenius«. Am letzten Abend betrachte ich im kalten Licht eines solchen Sterns die Uhr vor mir auf dem Nachttisch des Hotels »Pupp«, heute »Moskva«: meine eigene Armbanduhr. Unter dem Glas vollführen die beiden Zeiger eine Umdrehung nach der anderen, der längere über dem kürzeren und dickeren, eine Uhr, die mit ihrem Ticken meine Zeit in Karlsbad mißt; es füllt den Raum und die Dämmerung. Und durch das offene Fenster riecht an diesem Abend der Tepl nach kühler, frischgebügelter Wäsche. Aber unter dem Glas ist es, als wären die Zeiger von eigenem Leben erfüllt und die Schraube könnte sie nicht mehr auf dem Zifferblatt festhalten; sie wollen fort, sie wollen sich von diesem Ticken befreien, das sie in seinen Dienst gestellt hat, sie jedoch nicht angeht. Wie man einem Kind über die Wangen streicht, so scheint jemand sie über das Ticken unter dem Glas gelegt zu haben, nur als Dekoration, als bedeutungsloses Ornament.

Jemand hat ein Trinkglas oder eine Vase über der Nachttischdecke verschüttet, eine gelbbraune Flüssigkeit ist über die Decke gelaufen; überall gibt es Menschen, die etwas trinken müssen, bevor sie zu Bett gehen, Menschen die mitten in der Nacht von ihrem Durst geweckt werden.

Aber dieses Ticken interessiert sich nur für sich selbst: es kennt keine andere Bedeutung als sein eigenes Ticken; die Zeiger, daran gekettet, sind lange genug im Kreis herumgetrieben worden, eine Bewegung ohne Sinn und Zweck, die aber hier in Karlsbad bei den Zeigern den Wunsch zu fliehen geweckt hat, um davon loszukommen. Einsam wird das Ticken unter dem Glas zurückbleiben. Nichts gibt es mehr, das den Lauf der Zeit sichtbar macht, und was hier geschah, geschah nicht, um diesen Lauf zu hemmen, sondern um ihn ganz einfach abzuschaffen und durch eine andere, unerbittlichere Zeit ohne Zeiger zu ersetzen, eine Zeit, die wie ein Herbarium alles, was in Karlsbad geschieht, umschließt und in ein trockenes Prasseln der Bestätigung verwandelt. Wenn aber ein solches Ereignis gepreßt wird, um auf der Seite des Herbariums, die darauf wartet, aufgeklebt zu werden, hat es nicht nur seinen Duft, sondern auch seine Bedeutung verloren. Nichts bedeutet mehr, was es einst bedeutete. Zusammen mit dem Duft ist auch der letzte Rest von Zweifel und Unsicherheit aus der Geschichte herausgepreßt worden, und übrig bleibt das eindeutige Zeugnis: die Vergangenheit, die sich hinter uns auftürmt, die uns vor sich her in die Zukunft schiebt, in der wir bald keinen Platz haben werden, um uns umzuwenden, die Vergangenheit, die uns mit ihrem ganzen Gewicht an den Rand der Erschöpfung drängen wird, wo wir nicht einmal unsere eigene Stimme hören werden, nur den Chor all jener toten Gegenstände und Ereignisse, die uns zuflüstern, daß alles, wie es jetzt ist, immer sein wird, daß es immer so war und niemals anders sein könnte.

Auch der Großvater und das Kind müssen sich geirrt haben. Hier kann es nie Porzellanbecher in Weiß und Gold gegeben haben; nur diese grauen ohne Jahreszahl, da das Leben in Karlsbad weder Anfang noch Ende hat und niemand mehr wissen kann, wessen oder welches Leben er lebt. Denn Karlsbad befindet sich außerhalb der Zeit wie früher nur die Quellen, die Tausende von Jahren ihr Wasser aus dem Erdinneren herausgestoßen haben. Das Leben hier führt uns

nicht mehr näher zum Tod, sondern zur Gedenktafel. Es
führt uns zum Monument, zu einem ewigen Leben in Gips
und Marmor.

Am selben Abend sitze ich das letzte Mal in »Pupps«, jetzt
»Moskvas«, Französischem Speisesaal. Es ist der letzte
Abend in Karlsbad, und kaum ist es mir gelungen, mich zu
setzen, als der Oberkellner sich herabbeugt und in mein
Ohr sagt, es müsse wirklich etwas unternommen werden,
ein gekröntes Haupt könne nicht früh genug an seine Aufgabe gewöhnt werden, es dürfe also keine weitere Zeit ver-
geudet, Klarheit in der Frage des Thronfolgerechts müsse
sofort geschaffen werden, die ganze Erziehung des Prinzen,
nicht der Prinzessinnen, könne dann bereits morgen auf die
Aufgaben, die einen König erwarten, ausgerichtet werden.

Auch der Oberkellner kann sich nicht erinnern, daß es je
eine andere Art von Brunnenbechern gegeben hat. Er
schüttelt nur traurig den Kopf, ein Kopfschütteln, das Prinz
Carl Philip gilt, und seine Marienbad- oder Franzensbad-
Nase wirkt größer denn je; nirgendwo kann man sich vor
ihr retten.

IV

Zuletzt entschließe ich mich trotzdem, einen jener flachen
Brunnenbecher ohne Jahreszahl zu kaufen. Am letzten Tag
in Karlsbad sehe ich einen im Schaufenster eines Tabakhänd-
lers an der Alten Wiese. Es ist schon spät am Nachmittag, die
Promenade liegt verlassen, es nieselt; der Tabakhändler ist
gerade dabei, seinen Laden für heute zu schließen. Er will
nach Hause gehen. Aber ich will den Becher kaufen, den ich
im Fenster gesehen habe, und ich sage ihm das, während er
abschließt und umständlich den Schlüsselbund in die Tasche
steckt, ohne sich stören zu lassen.

Es ist zu spät, sagt er mit dem Rücken zu mir. Kommen Sie
morgen wieder.

Dann geht er gemächlich und ohne sich umzudrehen weg,
in Richtung der Brücke, die vom Nieselregen glänzt und

die auf die andere Seite des Tepl, zur Neuen Wiese führt. Ich bleibe am linken Ufer stehen und sehe ihn verschwinden, ohne daß er sich ein einziges Mal umgedreht hätte.

Ein Hund hätte mitten auf der Brücke stehen sollen: ein magerer, nasser Hund auf Beinen, die in der Kälte zittern. Der Hund ist grün. Aber die Brücke ist leer. Nur das Wasser strömt unter ihr hindurch, wie immer, wie an jedem anderen Tag auch.

[*Aus dem Schwedischen von Ruprecht Volz*]

Claudio Magris
Im Schlamm Pannoniens
Eine Banater Elegie

Vielvölkerdenken

Die Geschichte hat mir Miklós Szabolcsi, der ungarische
Essayist und Literaturhistoriker, in seinem Landhaus bei
Göd an der Donau in der Nähe von Budapest erzählt.
Friedlich floß der Strom an jenem Abend seiner fernen
Mündung zu, ein großes und erfülltes Leben, das sich wi-
derspruchslos dem Ende nähert. Alte Geschichten wurden
aufgefrischt, aus Temesvár oder Timişoara, der (rumänischen? ungarischen? deutschen? österreichischen?) Stadt,
die von der Tataren- bis zur Türkenzeit, von Prinz Eugen
bis Franz Joseph immer wieder zum Schauplatz osteuro-
päischer Geschichte geworden ist. Vor einigen Jahren hatte
Szabolcsi in einer Reihe von Fernsehsendungen versucht,
die so lebendige Kulturszene im Ungarn der ersten Jahrzehnte dieses Jahrhunderts wieder aufleben zu lassen, die
große Zeit des jungen Lukács, eines Endre Ady und Béla
Bártok. Allen bedeutenden und weniger bedeutenden Figuren jener genialischen und leidenschaftlichen Zeit, die
mit der Errichtung des faschistischen Horthy-Regimes in
den zwanziger Jahren ihr Ende fand, war er nachgegangen,
aber auch ihren Schicksalen nach jener Zeit war er gefolgt.
Nach vielen Recherchen war das Mosaik fast fertig, als sich
herausstellte, daß ein kleiner Stein noch fehlte: Die Spuren
eines gewissen Robert Reiter, eines ungarischen Avantgardedichters, der den fortschrittlichsten Experimental-
gruppen angehört hatte, waren verlorengegangen. Ein
wirklicher Literaturkritiker ist ein *detective*, und vielleicht
liegt der Reiz dieses fragwürdigen Metiers nicht in spitzfin-
digen Interpretationen, sondern eher im Spürsinn, mit dem
man einer Fährte folgt, die zu einer Schublade, einer Biblio-

thek, zum Geheimnis eines Lebens führt. So kam auch Szabolcsi zu seinem Mann; er hatte erfahren, daß Robert Reiter
noch lebe, daß er im rumänischen Timişoara wohne, und
daß er – jetzt unter dem Namen Franz Liebhard – konven-
tionelle Verse, Sonette und Reime in deutscher Sprache
schreibe. Er hatte Nationalität und Namen gewechselt,
Sprache und Stil geändert. Heute wird er als Nestor der
deutschsprachigen Schriftsteller im Banat, das heißt, der in
Rumänien lebenden Minderheit, verehrt, und im August
des vergangenen Jahres hat man feierlich seinen fünfund-
achtzigsten Geburtstag begangen.

Robert Reiter – Franz Liebhard – ist in die von der Budapester Akademie der Wissenschaften herausgegebene Anthologie ungarischer experimenteller Lyrik aufgenommen
und zugleich als deutscher Autor in Rumänien berühmt geworden, der unter anderem Verse im schwäbischen Dialekt
der Anfang des 18. Jahrhunderts ins Banat gekommenen
Siedler schreibt. In einem Interview hat er erklärt, er habe
gelernt, »im Sinne mehrerer Völker zu denken«. Sein erstes,
im November 1917 in der berühmten ungarischen Avant-
gardezeitschrift *Ma* (»Heute«) erschienenes Gedicht hieß
»Wald«; vom Wald, von seinem Schatten oder seinem Grün
war aber in diesen sprachlichen Seiltänzereien wenig die
Rede. Aus jenem »Heute« ist ein Gestern, ein Vorgestern
geworden. Heute beschreibt Reiter-Liebhard in gereimten
Versen und längst nicht mehr gewagten Bildern liebe und
vertraute Wälder, ihren wohlwollenden und erquickenden
Duft.

Im Schlamm Pannoniens

Ist die Geschichte Reiter-Liebhards ein Schritt vorwärts
oder ein Schritt zurück, die epische Rückkehr eines Odys-
seus oder die des ausgerissenen Protestlers, der reumütig in
den Schoß der Familie zurückkehrt? Ist dieses Vielvölkerdenken eine einheitliche Synthese oder ein heterogenes
Durcheinander, eine Summe oder eine Subtraktion, eine
Bereicherung oder ein Niemandsein? Vielleicht bin ich
auch wegen eben dieser Frage im Banat, bei Großmutter

Anka, deren achtzig Jahre schon für sich eine Antwort geben. Ausgangspunkt unserer Streifzüge ist Bela Crkva (Weißkirchen), ihre Geburtsstadt. Im alten Kursbuch von 1914 hieß dieser Ort noch Fehértemplon – dem Gebrauch folgend, die am Ort vorherrschende Bezeichnung anzugeben. Die Stadt gehörte zum Königreich Ungarn, das – im Unterschied dazu, wie in Zisleithanien oder den österreichischen Kronländern mit dem Deutschen verfahren wurde – das Ungarische mit Gewalt aufoktroyierte. Heute steht auf den dreisprachigen Schildern: Bela Crkva, Fehértemplon, Biserca alba – der serbische, der ungarische und der rumänische Name. Der deutsche Name, Weißkirchen, ist fast verschwunden. Im Ort gibt es eine katholische, eine protestantische, eine russisch-, eine griechisch- und eine rumänisch-orthodoxe Kirche. Andere Kirchen, wie die der Slowaken, sind im Verfall begriffen.

Großmutter Anka zeigt mir ihr Geburtshaus, das Haus des wohlhabenden Geschäftsmannes, Verwalters und Lieferanten Milan Vukovič – ein Ungarnfreund, der seinen Namen auf ungarisch schrieb: Vukovics. Vor diesem Haus hatte nach dem Ersten Weltkrieg die Karosse des Dr. Jon Gian gehalten, Abgeordneter der rumänischen Minderheit in Belgrad, einer der vielen Freier von Großmutter Anka und einer der wenigen, denen es nicht gelungen war, ihr Ehemann zu werden, denn geheiratet hat sie bis jetzt viermal, war allen gleichermaßen ergeben, hat sie mit unparteiischer Umsicht versorgt und bis zum Grab begleitet. Kinder hat sie nie gehabt.

Das kleine Städtchen Bela Crkva liegt am linken Donauufer, mehr als hundert Kilometer von Belgrad entfernt, im Banat, einem der Mittelpunkte Pannoniens und des alten Habsburgerreiches. Das Banat ist heute eines der drei Gebiete, die zur autonomen Provinz Wojwodina gehören, die ihrerseits ein Teil Serbiens ist. Dieser nordöstliche Teil der Wojwodina grenzt über ein langes Stück an Rumänien. Die beiden anderen Teile der Wojwodina sind Syrmien (Srem), für die alten Römer Sirmium, südlich der Donau gelegen, und die Batschka im Nordwesten.

Weite Teile des alten historischen Banats – nicht zufällig Temeser Banat genannt – gehören heute zu Rumänien, darunter auch die Städte Arad und Timişoara, die Hauptstadt. Francesco Griselini, der venezianische Aufklärer, der diese Landstriche zwischen 1774 und 1776 bereiste und mit seinen *Lettere odeporiche* (1780) ein noch heute fesselndes und lesenswertes Bild dieser Gegend hinterlassen hat, gab als ihre Grenze die Donau, die Theiß, die Mureş und die Transsylvanischen Alpen (Südkarpaten) an. Das Banat ist ein Völkermosaik, eine Überlagerung, ein Landstrich, in dem das Osmanische Reich, die Habsburgerherrschaft, der zähe Unabhängigkeits- und Herrscherwille der Ungarn und die serbische Wiedergeburt aufeinandergestoßen und einander begegnet sind. Gleich Tierfährten hat die Geschichte im jahrhundertealten Schlamm der weiten pannonischen Tiefebene ihre Spuren hinterlassen.

Ein Fernsehdokumentarfilm über die Wojwodina berichtet von vierundzwanzig Volksgruppen, wahrscheinlich eine Übertreibung, oder vielleicht hat man die Chinesen in den Chinarestaurants oder die afrikanischen Studenten an der Universität Novi Sad hinzugezählt. Griselini spricht sehr viel bescheidener von zehn verschiedenen Nationen, die er peinlich genau beschreibt: Walachen oder Rumänen, Serben, Griechen, Bulgaren, Ungarn, deutsche Kolonisten, Franzosen, Spanier, Italiener und Juden. Nach der Rückeroberung des damals türkischen Temesvár durch Prinz Eugen im Jahre 1716 hatte General Mercy, ein kluger und unternehmender Gouverneur, das Sumpfland trockenlegen lassen, verlassene Ebenen neu besiedelt und aus den verschiedensten Ländern Siedler ins Land gerufen; 1734 war Becskerek voll von Spaniern, die dort ein Neu-Barcelona gegründet hatten.

Zur stärksten Siedlungstätigkeit kam es im 18. Jahrhundert unter Maria Theresia und Josef II. Die Deutschen kamen vor allem aus Schwaben, aus der Pfalz und aus dem Rheinland, zähe und fleißige Landwirte, die verseuchtes Sumpfland fruchtbar machten. Von Ulm aus reisten sie auf der Donau mit Leichtern und Flößen, den berühmten »Ulmer Schachteln«, ins Land. So wurde Schwaben, einer der Mittelpunkte des alten Deutschland, ins Banat verpflanzt, und noch heute wird in einigen Dörfern des rumänischen Banats der schwäbische bzw. alemannische Dialekt gesprochen, als wäre man in Württemberg oder im Schwarzwald. Das ungarische Komitat Baranya wurde die »schwäbische Türkei« genannt.

Es kamen freilich nicht nur Deutsche ins Land. Es kamen die – meist protestantischen – Slowaken, es kamen die im Laufe der Jahrhunderte schubweise vor den türkischen Invasoren flüchtenden Serben, und viele andere. Heute leben in der Wojwodina in friedlichem Miteinander, wie es die Verfassung von 1794 sanktioniert hat, fünf Hauptgruppen: Serben, Ungarn, Slowaken, Rumänen und Ruthenen, daneben noch kleinere Volksgruppen, Deutsche, Bulgaren und Zigeuner, und auch noch einige *Bunjewatzi* und *Schokatzi*, die vor Jahrhunderten aus der Herzegowina eingewandert sind. Wer weiß, ob in diesem Idyll – real, wenngleich von propagandistischem Pathos überhöht – das rumänische Sprichwort »Wer hat jemals ein grünes Pferd oder einen gescheiten Serben gesehen?« nicht doch fortlebt? Großmutter Anka, die es mir ohne Verdruß weitergibt, kommt aus einer alten serbischen Familie. Was wohl Robert Reiter von den Deutschen und Franz Liebhard von den Ungarn hält?

Der weise Stadtrat Tipoweiler

In den offiziellen Friedens- und Brüderlichkeitserklärungen loben die Volksgruppen einander, sagen sie einander die besten Eigenschaften nach. In Großmutter Anka, die die Sprachen aller Volksgruppen spricht, überlagern sich und kollidieren alle diese Gruppen. Auf dem Weg nach Bela Crkva kommen wir durch das rumänische Dorf Straža, was ihr die Gelegenheit gibt – an ihre geliebte rumänische Großmutter denkt sie gerade nicht –, die Rumänen als Diebe und Lumpengesindel ohne »Opanken« (Pantoffeln) zu beschimpfen, unter die sich ihr Vater auf dem Pferdewagen nur mit Fackel und Pistole bewaffnet gewagt hätte. Während Großmutter Anka die Rumänen in den Staub zieht, lobt sie die tüchtigen und ordentlichen Deutschen, um kurz darauf – der »rumänischen Vornehmheit« des Präsidenten Popescu gedenkend, seinerzeit Gerichtsvorsitzender in Bela Crkva – festzustellen, die guten Manieren der Deutschen würden häufig Starrsinn und schamlose Habgier verbergen. Sie nennt sie »Zigeunervolk« und meint, sie seien »schlimmer als die Zigeuner, die heute einen Mercedes fahren«. Sie, die überzeugte Antikommunistin, erinnert an die nationalsozialistische Besetzung und an das Partisanenepos im Schnee. Der wütendste Deutschenfreund in Bela Crkva, dessen Name Ben Mates alles andere als deutsch klang, hatte im Gasthaus einmal lautstark gedroht, er werde mit den Köpfen der Serben Boccia spielen. Großmutter Ankas Mutter aber, die gerade vorbeikam, hatte gelassen erwidert: »Einverstanden Mates, heute ihr uns, morgen wir euch.«

Tito und den Kommunismus liebt Großmutter Anka nicht. Mit verblüffender Unparteilichkeit aber erinnert sie sich an die soziale Ungerechtigkeit und Unterdrückung, die in ihrer Kindheit geherrscht hatten. Ordnung zugetan und sich als Slawin fühlend, liebt sie die Sowjetunion. Von Amerika hält sie nichts, und auch nichts von Reagan, den sie »einen schlechten Schauspieler« nennt, der, wenn er im Fernsehen spreche, immer nur auf das zu hören scheine, was ihm »seine jüdischen Berater zuflüstern«. In diesem Konzentrat von Vorurteilen und historischen Ressentiments ist freilich auch – wie ein Ring in einem Baumstamm – ein Antisemitismus enthalten, der unversehens verschwindet, wenn Großmutter Anka auf Rechtsanwalt Loewinger zu sprechen kommt, für sie die Verkörperung jüdischer Weisheit und jahrtausendealter jüdischer Erhabenheit. Vielleicht enthalten diese absurden Vorurteile eine Prise Wahrheit. Denn kein Volk, keine Kultur, kein Individuum ist ohne historische Schuld; und die furchtlose Einsicht in eigene Fehler und dunkle Punkte ebenso wie in die der anderen kann – womöglich mehr als alle optimistischen Lobesbezeugungen, von denen die offiziellen politischen Erklärungen immer wieder voll sind – eine fruchtbare Voraussetzung für ein friedliches und tolerantes Miteinander sein.

Die Konflikte in Großmutter Anka gehen über die Person hinaus. Jedes Vorurteil impliziert das Recht oder besser die Notwendigkeit des anderen, sich seinerseits des Vorurteils zu bedienen. Auch in Bela Crkva, wie überall in Ungarn, stehen die niedrigen, einstöckigen, rötlichen und ockergelben Häuser, die dem östlichen Mitteleuropa jenes »plattnasige Antlitz« verleihen, von dem Musil sprach. Die Häuser der Deutschen waren in der Partizanska-Straße. Sie sahen gepflegter aus als die der anderen. Friese und Frauenköpfe aus Gips auf den Fensterbänken schmückten sie. Ihre Dachpfannen leuchteten in lebhaften rumänischen Farben, und immer besaßen sie einen Innenhof. Jetzt, nach dem Exodus der Deutschen (in Bela Crkva lebt nur noch einer, hochbetagt), wohnen in diesen Häusern Bosnier und Montenegriner, die von den Einheimischen, und selbst denjenigen Bosniern und Montenegrinern, die erst seit einigen Jahrzehnten hier wohnen, verächtlich »Kolonisten« genannt werden. Der Zweite Weltkrieg hat, wie man in dem Roman *Die Vertreibung Gottes* des Serben Mladen Markov nachlesen kann, diesen Völkerschmelztiegel gewaltsam verändert, und der Auszug der Deutschen war ein großer Verlust für die Kultur der Gegend.

In einem dieser Häuser lebte der alte Tipoweiler, Stadtrat und nicht selten zu Gast im Haus von Großmutter Anka, ein wirklich feiner Herr, sagt sie. Unmittelbar nach dem Ausbruch des Krieges mit Serbien 1914 traten eines Nachts einige der tonangebenden Deutschen von Bela Crkva zusammen, um darüber zu beraten, ob die bekanntesten Serben – an deren Tür ein Sankt-Ivadan-Kranz aus gelben Nelken hing – nicht beseitigt werden sollten. Nach einer ohne Zwischenfall verlaufenen Diskussion stieß der Vorschlag bei der Mehrheit auf Zustimmung. Nur der alte Tipoweiler, eine vernünftige Person, meinte, die Idee möge zwar gut sein, Bela Crkva liege aber unweit der serbischen Grenze, und was wohl geschehen würde, wenn das serbische Heer, das im Vormarsch war, die Stadt besetzen und sich an den Deutschen der Stadt rächen würde? Daraufhin löste sich die nächtliche Versammlung friedlich auf.

Die Episode jener Nacht konnte für Großmutter Anka an der Ehrbarkeit des Herrn Tipoweiler nichts ändern, auf dessen Liste womöglich auch der Name ihres Vaters gestanden hatte. Übrigens gesteht sie mir, die die Serben vom rechten Donauufer – jahrhundertelang unter dem Joch der Türken – »ghejai« nennt, einen Serben hätte sie nie geheiratet, auch nicht einen vom linken Donauufer. »Aber du, was bist denn du?« frage ich sie. »Serbin«, antwortet sie stolz, »unsere Familie gehört zu den ältesten Familien Serbiens.«

Ein mehrsprachiger Papagei

In Bela Crkva haben sich auch liebenswürdigere Episoden nationaler Verflechtungen zugetragen. Da war zum Beispiel der Papagei von Scherscherko, einem wohlhabenden Mann, dessen Villa – nunmehr verfallen neben einem staubigen Busbahnhof – unweit vom größten Platz der Stadt stand, an dem sich der Regierungspalast des Präsidenten Popescu mit einem imposanten Turm, das Quartier des Ungarischen Generals, des Garnisonsleiters, der Offiziersclub und das Realgymnasium, eines der besten im Königreich Ungarn, befanden. In einem zimmergroßen Käfig in der Villa lebte der Papagei, der singen konnte. Wenn ihn die Kinder aufforderten, auf deutsch zu singen, wollte er zuerst nicht und erwiderte in deutsch mit schwäbischem Akzent, gab dann aber nach und sang ungarisch ein Stück aus der *Csárdásfürstin.* Um Zugabe gebeten, wehrte er deutsch ab, aber dann wiederholte er das ganze Stück auf ungarisch. Insistierte man ein drittesmal, platzte ihm der Kragen und er antwortete »Leck mich am ...« mit dem bekannten Götz-Zitat.

Unter der Büste Lenaus

In einem Gedicht von Vasko Popa, einem Sänger dieser Gegend, der im heutigen Jugoslawien ein berühmter Dichter ist, küßt man sich auf einer Bank im Stadtpark von Vršac unter der Büste Lenaus. Vršac ist die Hauptstadt des jugoslawischen Banat, wenige Kilometer von Bela Crkva und von der rumänischen Grenze entfernt. Ferenc Herczeg, ein brillanter und gewandter ungarischer Erzähler, der – von der Gunst eines breiten europäischen Publikums getragen – die Leidenschaften, mondäne Eleganz, Abenteuer, Champagner und Sühne feierte, hat den Frauen seiner Geburtsstadt Vršac seinen Roman *Die Heiden* (1902) gewidmet, ein Fresko, das den Kampf zwischen Völkern und Religionen, zwischen Magyaren und Petschenegen, zwischen dem Kreuz und der heiligen Eiche der Awaren in der Urzeit der ungarischen Geschichte schildert. In dieser emphatischen Erzählung werden die goldene Nomadenhorde der Petschenegen beschworen, der Pusztawind, der der Seele verwehrt, in den Himmel aufzusteigen, und sie in den Schoß der Tiefebene peitscht.

Mit einer ganz anderen Kraft evoziert die Lyrik Vasko Popas, der anfänglich rumänisch dichtete, seit vielen Jahren aber serbokroatisch schreibt, barbarische Winter und Urzeitwölfe. Die geschriebene Literatur, ein konvexer Spiegel, legt sich wie eine Kuppel über die Erde, als wolle sie unsere Unfähigkeit, Dinge und Gefühle direkt auszusprechen, beschirmen. Verfeinerter literarischer Geschmack und verhaltene Scham hindern den Epigonen daran, die Einsamkeit, den Wind der weiten Tiefebene, die Spuren der wilden Wanderungen in der sumpfigen Heimat zu bezeichnen. Aber wenn ein Romancier oder Lyriker jenen Wind oder jene Bitterkeit benennen, kann ein Zitat es auch mir gestatten, sie mit den Wörtern anderer zu sagen, ohne Gefahr zu laufen, in sentimentalen Folklorismus zu verfallen. So legt sich die Literatur wie eine Halbkugel über die Welt, die auf einer anderen ruht, zwei Spiegel, die einander reflektieren und einander die Ungreifbarkeit des Lebens und unsere Unfähigkeit, es zu erfassen, zuspielen. Auch der verführerische Vielvölker-Schmelztiegel der mitteleuropäischen Literatur ist oft ein Betrug, ein pittoresker und irreführender Anstrich, hinter dem die Leere ist. Der mitteleuropäische Schriftsteller, der sich »hinter den Nationen« verbirgt, kann auch ein akrobatischer Lügner sein; der größte dieser Schriftsteller – Kafka – hat, wie Giuliano Baioni in einem meisterhaften Essay geschrieben hat, diese ästhetisierende Fälschung entlarvt.

Die Büste Lenaus, die einst den Stadtpark von Vršac zierte, befindet sich heute im Museum dieser jugoslawischen Stadt. Lenaus Geburtshaus aber steht in Rumänien, in der Nähe von Timişoara, wo das deutsche Lyzeum seinen Namen trägt. In Lenau, dem großen österreichischen Dichter, floß auch ungarisches und slawisches Blut. 1850 in geistiger Umnachtung gestorben, war er ein außergewöhnlicher Dichter der Einsamkeit und der Zerrissenheit, einer verführerischen und vom Nichts zernagten Natur. Seinen Weltschmerz lebte er mit allen Fasern einer hochmusikalischen, neurotischen und selbstverletzenden Sensibilität. Sein *Faust*, negativ und verzweifelt, gehört zu den großen Faustdichtungen, die nach Goethe entstanden sind, als in der europäischen Kultur an die Stelle der Goetheschen Klassik, die trotz allem zuversichtlich an einen Sinn der Menschheitsgeschichte glaubte, eine tiefe Krise, die Überzeugung von der Sinnlosigkeit und Nichtigkeit des Lebens getreten war. Lenaus Faust begeht Selbstmord, weil er spürt, daß er nichts anderes ist als ein vager Traum, geträumt von einem Gott, einem unbestimmten, verwegenen Gedanken. Es ist ein Werk hoher Dichtung, in dem sich die unstete Multinationalität Lenaus zu einer Universalität wandelt, die von den Donaufarben nichts weiß. Heute trägt eine literarische Gesellschaft seinen Namen, die im Zeichen einer mitteleuropäischen Kultureinheit mehrere Volksgruppen umfaßt. 1911 protestierte Adam Müller-Guttenbrunn, Verfechter der deutschen Kultur im Banat, gegen die ungarischen Versuche, sich den Dichter »anzueignen«, ebenso wie gegen die Errichtung eines Denkmals in dessen Geburtsstadt, die heute rumänisch ist – im Gedenken an »Lenau Miklós, ein Ungar, der deutsch schrieb«. Über der Tiefebene von Vršac liegt ein Schleier der Melancholie. Milo Dor, ein zeitgenössischer österreichischer Schriftsteller, der in Belgrad von serbischen Eltern geboren ist und heute in Wien lebt, schildert in seinem Roman *Nichts als Erinnerung* die Verfallsgeschichte einer begüterten serbischen Familie im Banat, die melancholische Dumpfheit, die bei der Sliwowitz-Flasche landet und diese, wenn sie leergetrunken ist, dann ohne jede Botschaft dem pannonischen Meer anvertraut. Diese Melancholie ist, gleich dem Nihilismus Lenaus, ein Gefühl der Leere, das wieder einmal für die Sehnsucht und für das Bedürfnis nach Werten und Bedeutungen steht. In einem seiner Gedichte wendet sich Vasko Popa an »unsere Kinder, die da ohne Erinnerung und ohne Erbsünde sind«. Mit der allzu oft leichtfertigen Begeisterung des Avantgardedichters besingt er die Freiheit der neuen Generation, aber diese Kinder ohne Erinnerung und ohne Bewußtsein von moralischen Konflikten haben die Züge einer Masse jenseits von Gut und Böse, amorph und farblos, ohne jeden Kodex, ohne Sünde und ohne Glück, unschuldig und leer.

Grüne Vitalität

Ein wirklicher Herr, sagt die ungarnfreundliche Großmutter Anka vor dem Grab Adams, der 1914 als serbischer Spion, so heißt es, von den Ungarn erschossen wurde. Das ist einer ihrer Lieblingsaussprüche. Großmutter Anka ist, was Lenaus Faust vergeblich zu sein versuchte: reine Vitalität, dämonisch, weil gelassen ruhig, episch wie die Natur. Achtzig Jahre ist sie alt, mit der Energie und Geistesgegenwart eines jungen Menschen. Für sie zählen das Leben, die Dinge, wie sie geschehen, der epische Ablauf der Ereignisse. Ein Urteil über das Leben, die gewundenen Wege der Psychologie, die Spaltungen und Ängste der höhlenartigen und zerbrechlichen Innerlichkeit, gibt es für sie nicht. Erzählt sie von Personen aus ihrer Jugendzeit, so betont sie immer wieder deren Namen und setzt – gleich einem stereotypen Epitheton – die Bezeichnung ihrer sozialen Funktion hinzu: Rechtsanwalt X, Diplomingenieur Y, Oberst Z. Das Leben betrachtet sie von oben, mit runden Raubtieraugen, wie nur der es tun kann, der mit Landbesitz aufgewachsen, mit ihm verwurzelt ist und aus der Perspektive seines Besitztums nicht kleine persönliche Miseren oder zarte Gemütsregungen, sondern Felder und Wälder, den Wechsel der Jahreszeiten sieht.

Ohne Bedeutung ist, daß sie jetzt sehr bescheiden in einer kleinen Wohnung lebt. Die Sicherheit und die Gelassenheit jenes Blicks von oben hat sie mitgenommen, trägt sie in sich selbst; sie ist eine Verkörperung der von Benedetto Croce so genannten »grünen Vitalität«. Für Großmutter Anka ist das Leben bei aller Freigebigkeit gegenüber den anderen und höchster Anspruchslosigkeit sich selbst gegenüber Soll und Haben. Jugend, Ehe und Alter werden eins mit den ausgedehnten und verlorengegangenen Besitztümern, abgeholzten Wäldern oder neuerstandenen Feldern, ebenso wie in den Adern der Figuren Balzacs neben dem Blut auch das Geld zu fließen scheint. Sie zeigt mir das orangegelbe Haus, in dem Lazar Lungu gewohnt hat, der der größte Schweinehändler im Unterbanat war und um ihre Hand angehalten hatte. »Willst du inmitten von Schweinen leben, Anka?« hatte sie ihr Vater gefragt. »Geld ist viel, sehr viel, aber nicht alles. Such dir einen jungen Mann aus, der dir gefällt, und ich kauf ihn dir.«

Die epische Ruhe des Landbesitzes prägt einen überpersönlichen Stil, der eitle Subjektivität nicht zuläßt. Großmutter Anka hatte vier Ehemänner. Zwei von ihnen – den zweiten, mit dem sie zwanzig Jahre lang gelebt hat, und den letzten, den sie erst spät kennengelernt hat – hat sie sehr geliebt, zwei hat sie geduldig ertragen. Doch Liebe und Verdruß haben nicht im mindesten auf ihre Ehen eingewirkt, ebensowenig haben sie an ihrer beispielhaften Hingabe etwas geändert, denn die Ehe war für sie immer eine objektive Realität, der die Unsicherheit der Gefühle nichts anhaben konnte.

In ihrem Leben gibt es kein Klagen, kein Jammern ob negativer Ereignisse. Sie bedauert weder sich selbst noch irgendeinen anderen. Es würde ihr nicht in den Sinn kommen, sich vor dem Tode zu fürchten oder bei dem Tod anderer die Fassung zu verlieren, auch wenn sie im Notfall immer hilfsbereit ist, keine Mühe und selbst Opfer nicht scheut. In ihrer Welt geschehen die Dinge ganz einfach so. An ihrer Seite spürt man, daß ihr nichts passieren kann, daß nichts ihre Gelassenheit, ihr Selbstvertrauen erschüttern könnte. Sie ist eins mit den Jahrhunderten Pannoniens. Mit achtzig Jahren ist ihr Körper kräftig und gebieterisch, fest und sicher. Um ihre Welt von gestern zu lieben, hat sie es nicht nötig zu idealisieren, und sie erzählt, daß die Richter damals das Stibitzen nicht lassen konnten. Sie zeigt mir das Haus, in dem Rechtsanwalt Zimmer lebte, und seine Frau, fügt sie – nachdenklich an den Fingern abzählend – hinzu, war die Geliebte von Doktor Putnik, von Rechtsanwalt Raikow, Apotheker Schlosser, von Oberst Németh... Wenige Meter weiter erzählt ein anderes Haus eine andere Geschichte, diesmal nicht aus der Habsburgerzeit, sondern aus den Jahren nach dem Zweiten Weltkrieg. Das war das Haus von Maierosch, dem Mühlenbesitzer. Unter Tito wurde es dann beschlagnahmt. Seine Tochter weigerte sich, fortzugehen, und als ihre Möbel in den Hof geworfen wurden, nächtigte sie dort zwei Jahre lang, bis ein Teil der Wohnung an sie zurückging. Die Aufräumarbeiten sind noch im Gange. In den osteuropäischen Ländern stößt man ständig und überall auf Bauarbeiten, die ewig andauern und nie fertig werden. Kommt man nach einem Jahr zurück, liegen die Ziegelsteine, die Handwerksgeräte, der Schutt, die Balken immer noch da, immer noch herrscht die Unordnung des Provisorischen. Die Zeit verstreicht langsamer, deshalb wirken diese Länder beruhigender auf den Besucher, sie geben ihm das angenehme Gefühl des Vertrauten.

Großmutter Anka liebt die vielen Friedhöfe der verschiedenen Religionsgemeinschaften und führt mich zum orientalisch anmutenden Mausoleum des Präsidenten Popescu, zum prunkvollen Grabmal des steinreichen Boboroni, der mit 23 Messerstichen ermordet wurde, zur Kapelle, in die sich allabendlich der Apotheker Schmitz begab, um seiner dort bestatteten Frau zu berichten, wie sein Tag verlaufen sei und sie um Rat zu fragen. Sie liebt Friedhöfe, denn mit dem Grab ergreift man Besitz von der Erde. Gräber markieren Eigentumsgrenzen, deswegen geht sie oft nach Bela Crkva, vor allem, um mit der Gemeinde und den Nachbarn über Gräber zu streiten. Sie erinnert mich an die Mutter eines meiner Freunde, die stolz war, daß ihr Familiengrab über das der neidischen Bekannten hinausragte, aber auch etwas traurig, weil Grabesprunk auch Tod und Trauer braucht, und voll Bedauern fügte sie hinzu: »Und wenn man bedenkt, daß ein so schönes Grab fast leer ist.«

Timişoara

Im Führer des Donau-Antiquarius von 1785 heißt es, die Hauptstadt des alten Banats sei im Laufe der Jahrhunderte durch ein wechselvolles Schicksal gegangen. Schön und trotz ihres strahlenden Grüns nicht ohne Melancholie erzählt die Stadt mit jedem Stein eine jahrhundertealte und verwickelte Geschichte. Viele Tavernen gäbe es hier, schrieb Griselini. Mit den Miasmen stiegen aus den krähenbevölkerten Sümpfen ununterbrochen Fieberepidemien auf, und es herrschte, so Griselini, ein starker Verbrauch an Brechmitteln. Der symmetrische theresianische Stil wechselt mit einem strengen, an die Häuser Rijekas erinnernden ungarischen Eklektizismus und mit einem eher heiteren, in rumänischen Farben gehaltenen Stil. Auf der prächtigen, in Schweigen gehüllten Piata Unirii erhebt sich, wie auf allen Plätzen Mitteleuropas, die Dreifaltigkeitssäule, ein Weihegeschenk zum Dank für die Errettung von der Pest und Zeugnis triumphierender barocker Frömmigkeit. 1514 schlug der Adel vor den Toren der Stadt den großen Anführer des Bauernaufstandes, Georghe Doja, dem dann – nackt auf einem glühenden eisernen Thron sitzend – mit Zangen das Fleisch aus dem Körper gerissen wurde. Die Geschichte behält die Schrecken der *Jacqueries* und der Bauernsensen in Erinnerung, den roten Terror; über den weißen Terror, über die Schlächter, die ihre bluttriefenden Schürzen unter eleganten Galagewändern verbergen, geht sie eher hinweg.
Die Steine der Stadt erinnern an János Hunyadi, den heldenhaften Kämpfer gegen die Türken, an die muselmanische Herrschaft, an Ali Pascha, an die österreichische Belagerung 1848. Eine Gedenktafel an einem kleinen ockergelben Haus mit geraniengeschmückten Fensterbänken erinnert daran, daß an dieser Stelle Prinz Eugen am 13. Oktober 1716 in Timişoara eingezogen ist und es von den Türken

befreit hat. Der die Stadt verteidigende Pascha erwiderte, als man ihn aufforderte, sich zu ergeben, er wisse, daß er nicht siegen könne, fühle sich aber verpflichtet, zum Ruhm des Prinzen Eugen beizutragen, indem er ihm den Sieg so mühsam und glorreich wie möglich mache. Die Reisebroschüren betonen lieber, daß in der Stadt die erste elektrische Straßenbahn gefahren ist und daß in ihr Tarzan, das heißt Johnny Weissmüller, das Licht der Welt erblickt hat.

Timişoara, das auch eine ungarische und eine serbische Minderheit besitzt, ist eines der Zentren der insgesamt ungefähr 300 000 Deutschen Rumäniens. Ein anderes befindet sich in Siebenbürgen, wo seit einem Jahrtausend die sogenannten Sachsen leben. Die rumänische Verfassung garantiert ihnen eine Autonomie, die in der Wirklichkeit allerdings nicht immer zur Anwendung kommt. Vor Jahren sind die Deutschen im Banat stark verfolgt worden, wie der rumänische Schriftsteller deutscher Sprache und Nationalität Nikolaus Berwanger berichtet hat, der 1935 in Timişoara geboren wurde und vor kurzem in die Bundesrepublik Deutschland übersiedelt ist. Die Ausnützung der patriotischen Bindung der Banater Schwaben an Heimat und heimatliche Kultur durch die Nazis hat die Rumänen zu jener Gleichsetzung von Deutschen und Nationalsozialisten bewogen, die einem Rassismus mit umgekehrten Vorzeichen gleichkommt. Das Aussterben der deutschen Kultur in Mittelosteuropa ist eine große Tragödie, für die natürlich vor allem und zuerst die Barbarei des Nationalsozialismus verantwortlich zu machen ist. Eine jahrhundertealte Kultur und unzählige Einzelschicksale aber sind hier ausgelöscht worden, und diesem Schicksal gebührt Achtung, nicht jenes dumme Lächeln, das viele meinen aufsetzen zu müssen, wann immer von der deutschen Tragödie die Rede ist.

Während in der Wojwodina die Zahl der Deutschen auf vier- bis fünftausend geschrumpft ist, ist ihre Kultur im rumänischen Banat noch lebendig. Zwischen 1944 und 1984 sind etwa hundert literarische Werke erschienen, und auch die Dialektdichtung hat wieder an Kraft gewonnen. Berwanger, ein produktiver Autor und führender Kopf der Minderheit, hat sich auch als Mundartdichter versucht, hat der Dialektdichtung einen Hauch von Modernität und somit die Würde einer an der Schilderung der vielschichtigen Wirklichkeit gewachsenen Kunstsprache verliehen, die mit der alltäglichen Haus- und Hof-Sprache nicht mehr viel zu tun hat. Die literarische Dialektbeilage zur »Neuen Banater Zeitung« heißt zwar *Pipatsch* (Mohnblume), aber diese Dichtung muß, so Berwanger, über den Beton der Gegenwart sprechen können. Er meint, wahre Dichtung habe geheim und heimlich zu sein, verborgen wie die verbotene Stimme der Abweichung, gleichzeitig aber müsse sie alle ansprechen. Und so schwingt auch in den Erzählungen von Herta Müller, *Niederungen*, einfach und schwierig zugleich wie das Vergehen der Jahre, die existentielle Wahrheit des *samizdat*, des dichterischen Wortes, das immer nichtoffiziell ist.

Der schwäbische Schriftsteller im Banat muß sich nach Berwangers Worten auf einem schwankenden Seil zwischen Widersprüchen halten. Die deutsche Kulturvereinigung des Banats – längst fester Bestandteil der Republik Rumänien und in die sozialistische Ideologie integriert – hat ihren Namen nach Adam Müller-Guttenbrunn, der – nicht ohne aggressiv nationalistische und antiungarische Töne – gegen die Magyarisierung und für die deutsche Kultur im Banat gekämpft hat. Wenn Müller-Guttenbrunn die Treue der Schwaben zu Österreich im Jahre 1848 im Gegensatz zur Revolte der Ungarn als mustergültig hinstellt, so feiert heute die Literatur der Deutschungarn, vor allem in Pécs und Bonyhád, hingegen das Bündnis zwischen Schwaben und Ungarn 1848 mit antiösterreichischen und antihabsburgischen Vorzeichen. Das Jahr 1848 ist auch heute noch der Inbegriff für Wirrwarr und Durcheinander in jener Region. Wenn Großmutter Anka auf ein Gebäude zeigt und sagt: »Hier wohnte vor der Revolution...«, dann meint sie immer die Revolution von 1848.

In der Ulica 1. Oktober Nr. 35 in Bela Crkva wohnte Vogter, ein wohlhabender deutscher Großgrundbesitzer, der
auch nach dem Ersten Weltkrieg im Banat geblieben war.
Während der deutschen Besetzung im Zweiten Weltkrieg –
so erzählt mir Großmutter Anka – war bei ihm ein Oberleutnant der Wehrmacht untergebracht, den er mit üppigen
Mahlzeiten bewirtete. Vogters Bauern arbeiteten im Sommer von zwei Uhr früh bis zehn Uhr abends auf dem Feld,
kehrten dann heim und verzehrten in einer Hütte hinter
dem Herrenhaus ihre einzige Tagesmahlzeit: dünne Suppe
aus einer großen Schüssel, aus der sie alle gemeinsam aßen,
Brot und Speck. Eines Abends trat der nichtsahnende
Oberleutnant in die Hütte und wollte wissen, wieso sie
diese dünne Suppe äßen. Die Landarbeiter, die Mütze in der
Hand, sprangen auf und erwiderten verschüchtert, dies sei
ihre einzige Mahlzeit am Tag. Der Oberleutnant stieß die
Schüssel um, rief Vogter herbei und brüllte ihn an, er sei ein
Schurke und verunglimpfe den deutschen Namen. Den
Bauern versprach er, sie könnten von nun an jeden Tag auf
seine Kosten ins Gasthaus essen gehen. Ich fragte Großmutter Anka, wie die Geschichte ausgegangen sei. »Nun«, ent-
gegnete sie, »wer weiß, wahrscheinlich ist er im Tumult
von denen im Wald, von den Partisanen, ermordet worden,
wahrscheinlich von einem derer, die er ins Gasthaus zum
Essen geschickt hat.«

Novi Sad und Umgebung

In den öffentlichen Ämtern und im Parlament von Novi
Sad, der Hauptstadt der Wojwodina, werden fünf offiziell
anerkannte Sprachen gesprochen: Serbisch, Ungarisch,
Slowakisch, Rumänisch und Ruthenisch. Außer Zweifel
steht allerdings – vor allem im Heer – die Vorrangstellung
des Serbischen. Die landschaftliche Umgebung ist wunderschön, die Festung Petrovaradin (Peterwardein) ein Zeugnis österreichischer und osmanischer Vergangenheit, be-

herrscht das Donautal, und in den benachbarten Wäldern der Fruška Gora liegen versteckt orthodoxe Klöster mit ihren Ikonen und ihrem ewigen Frieden.

Auf dem Markt von Novi Sad begegnet man Bäuerinnen in slowakischer Nationaltracht. Wie Novi Sad stellt auch die ganze Wojwodina ihren Vielvölker-Charakter zur Schau – fast ein Konzentrat jener für Jugoslawien typischen Einheit in der Vielfalt, die durch die Zentrifugalbewegungen der verschiedenen Republiken und durch wiederholte Wirtschaftskrisen immer wieder bedroht zu werden scheint. In den Interviews der zu Beginn erwähnten Fernsehserie sagte Jon Petrovič, Rumäne und Leiter des Amts für kulturelle Selbstverwaltung in Zitište, er fühle sich wie im Ausland, wenn er in Rumänien sei. Bački Petrovac ist ein Zentrum der Slowaken, die sich einer blühenden Kulturtradition erfreuen. Nach Titos Schisma 1948 waren die Slowaken in große Schwierigkeiten geraten, weil man sie verdächtigte, mit der stalinistischen Tschechoslowakei zu sympathisieren. Andere, die in die Slowakei gegangen waren, wurden dort verfolgt, weil man sie des Titoismus beschuldigte. Die Ruthenen wieder setzten sich auf der Suche nach kultureller Identität von den Ukrainern ab, wie der Exponent der Volksgruppe, Julijan Ras, hervorhebt.

Die Ungarn, mehr noch als die Slowaken, haben eigene Zeitungen, Zeitschriften, Verlagshäuser, eine rege autochthone Literatur. Vor einigen Jahren ist Erwin Sinke gestorben, eine bedeutende Persönlichkeit Novi Sads, der nach seiner Beteiligung an der Räterepublik Béla Kuns im Moskauer Exil lebte. In seinen Memoiren *Roman eines Romans* berichtete er über die Schwierigkeit, im Moskau der stalinistischen Säuberungen sein Buch *Die Optimisten* zu veröffentlichen. Sinkes Memoiren sind ein Gemälde seiner Heimat, in dem er vor allem die Schreckensjahre unter Stalin in Erinnerung ruft.

Die Zigeuner, die »Romi«, sind nicht nur Geiger, sondern auch Philologen, wie Trifun Dimio, Verfasser eines Wörterbuchs der Zigeunersprache. In den amtlichen Fragebogen der Wojwodina nimmt die Zahl derer, die als Nationalität einfach »jugoslawisch« angeben, immer mehr zu.

Aber ein Italiener, der in Novi Sad lebt, meint, er fühle sich manchmal wie der Leutnant in Dino Buzzatis *Deserto dei Tartari (Die Festung),* versunken in ein dumpfes Warten auf etwas, das nie kommt.

Institutiones iuris naturalis

Das ist der Titel eines 1820 in lateinischer Sprache erschienenen Handbuchs, das in einer Buchhandlung in Subotica (Szadadka, Maria-Theresiopel) erhältlich ist, der seinerzeit zum Temeser Banat gehörenden Stadt an der ungarischen Grenze. In Ungarn wurde bekanntlich lange Latein gesprochen, und lange Zeit war es auch offizielle Landessprache. Im Schaufenster des Buchladens liegt auch ein lateinisches Handbuch über Poetik, das im Jahre 1831 in den Gymnasien des Königreiches Ungarn als Schulbuch verwendet wurde.

Das Naturrecht war ein grundlegendes Element in der Ausbildung der habsburgischen Beamten, vor allem ein Anliegen des großen aufgeklärten Herrschers Josef II. Für ihn, den »despotischen Befreier der Menschen«, hatte der Staat Garant jener nicht nur politischen, sondern auch universalen Werte zu sein, von denen die soziale Gemeinschaft getragen wird. Das Naturrecht hatte dem josefinischen Beamten ein religiöses Empfinden für die die Menschheit bestimmenden ethischen und rationalen Werte mitgegeben, die vor und über jeder positiven Kodifizierung existierten und die der Staat nicht verletzen konnte, ohne seine eigene Legitimität einzubüßen.

Bis 1848 war das Naturrecht ein Eckpfeiler in der Ausbildung des Habsburger Beamtentums, aus dem neben Bühnendichtern und Volkstheaterschauspielern die bedeutendsten Intellektuellen und größten Schriftsteller Österreichs hervorgegangen sind. Das Naturrecht schien begrifflich ein Widerspruch in sich zu sein und kann geradezu widersprüchlichen Interpretationen unterliegen. Im Namen des natürlichen Rechts wurden das Recht und die Pflicht verkündet, gegen die herrschenden Gesetze und gegen die herrschende Ordnung zu rebellieren, diese aber konnten ihrerseits im Namen des Naturrechts auch gerechtfertigt werden. Die »ungeschriebenen Gesetze der Götter«, in deren Namen Antigone gegen den Tyrannen aufbegehrt, haben im Laufe der Jahrhunderte die moralische und poetische Kreativität inspiriert. Im Werk Grillparzers, der so sehr im Zeichen dieser Problematik stand, wird das komplizierte Verhältnis zwischen Recht und Gerechtigkeit, zwischen Recht und Moral, zwischen dem Gesetzeskodex und den ungeschriebenen Gesetzen der Götter mit höchster Intensität gezeichnet. Die authentische Legitimität scheint in seinem Werk einem unsichtbaren Wert zu entspringen, der sich nicht mit dem Staat, nicht mit dem Herrscher und nicht mit der Geschichte identifizieren läßt, sondern den der Staat, der Herrscher und selbst das geschichtliche Werden nur repräsentieren können, indem sie sich seiner Transzendenz unterwerfen. Die Tragik in den Werken Grillparzers entsteht aus dieser Schwierigkeit, aus dieser Hinfälligkeit der – oft unangemessenen und schuldhaften – Repräsentanz. Die großen Philosophen des 19. Jahrhunderts, an erster Stelle Hegel, verkündeten die Notwendigkeit, die objektive und somit positive historische Gegenwart zu erfassen und sich ihr anzupassen. Als bürgerlicher, josefinischer Aufklärer verspürte Grillparzer hingegen eine wenn auch winzige Spanne der Transzendenz des Menschen gegenüber der Geschichte, einen leichten Abstand zwischen ihm und der Vernunft. Die Offenbarung dieses Abstandes zwischen den Dingen, wie sie sind, und den Dingen, wie sie sein sollten, ist das Leitmotiv der Donaukultur. Jenes alte Handbuch im Schaufenster der Buchhandlung in Subotica verweist auf etwas, das jenseits des turbulenten Werdens steht.

Subotica

Unberechenbar und unwahrscheinlich bietet Subotica sich dar, als eine Stadt voll faszinierender Fälschungen und Gesetzesverstöße. Zu Beginn des 14. Jahrhunderts stellte ihr

Gabriel Szemléni, Geheimschreiber König Sigismunds, einen Freibrief mit königlichem Siegel aus, der später mit anderen Dokumenten ähnlicher Art als gefälscht befunden wurde, was dem Schreiber den Tod auf dem Scheiterhaufen einbrachte. Kurz bevor Subotica im 16. Jahrhundert in die Hände der Türken fiel, war es eine kurze Zeit Wohn- und Arbeitsstätte Zar Iwans des Abenteurers, wie er sich selbst nannte. Nachdem Subotica von Maria Theresia zur Freistadt erklärt worden war, wurde ihr der melancholische Stempel des theresianischen Stils aufgeprägt, über den sich viel später ein zügelloser Jugendstil lagerte. Die Häuser von Subotica leuchten in Gelb- und Blautönen, werden zu Muschelschalen, sind überladen mit extravaganten Dekorationen und Ornamenten, mit ananasähnlichen Kränzen und Girlanden, Putten mit enormen Frauenbrüsten, riesigen und bärtigen Karyatiden und Atlanten, die im unteren Teil in Löwenkörper übergehen, welche sich ihrerseits in unförmige Wogen auflösen. Eine Synagoge mit großen üppigen Kuppeln, auffallenden Farben, falschen Hängebrücken zwischen zerbrochenen Fenstern und grasüberwachsenen Treppenstufen scheint einem Disneyland zu entstammen. Das Rathaus ist eine Orgie aus Glas und Freitreppen, aus unterschiedlichsten Friesen; hier hat sich der Jugendstil nach Herzenslust ausgetobt. Es ist ein Konzentrat und eine Schichtung unvereinbarer Elemente, als hätten alle Gemeinderäte ein imitiertes Stück aus Wien, Venedig oder Paris heimgebracht, und als wäre das Rathaus die Summe dieser Stücke. Broch, der im ästhetisierenden Ekletizismus des Wien um 1900 ein flittermaskiertes Vakuum beziehungsweise den *Kitsch* diagnostizierte, hätte hier ein wunderbares Beispiel für seine Theorie vorgefunden.

Wer weiß, wieso dieser *Kitsch* ausgerechnet in Subotica solche Blüten getrieben hat? Im Nachbarort Sombor findet das Rathaus zu einer strengen und geometrischen Ordnung zurück, zur Ausgewogenheit einer Stadt, in der man sich dem Studium und der Planung von Kanälen widmete, die die Donau mit anderen Flüssen zu verbinden hatten. In der Nähe von Sombor wohnten die *Schokatzi*, katholische Balkanslawen, die sich mit der offenen Handfläche bekreuzigten und bei denen meistens nur die Frauen lesen und schreiben konnten – vielleicht, so meinte ein Freund, um den Männern auch diese Mühe zu ersparen und so die weibliche Knechtschaft vollständig zu machen. In Subotica hingegen lebten die *Bunjewatzi*, die im Laufe der letzten Jahrhunderte aus der Herzegowina hierher gekommen waren und von denen es in einem Buch der Jahrhundertwende heißt, sie hätten – im Gegensatz zu den Magyaren, die rundliche und pausbackige Frauen liebten – blasse und zarte Schönheiten bevorzugt.

Subotica, unweit der ungarischen Grenze gelegen, ist eine typische Grenzstadt, lebendig und gemischtsprachig, wie die Erzählungen von Danilo Kiš, ihrem phantasiebegabten Erzähler. Ab und zu weiß man für einen Augenblick nicht, ob man sich in Jugoslawien oder in Ungarn befindet. Und auf eine in der Kidriševa Ulica aufgestellte Metallwand hat ein verliebter Polyglott, der es nicht genau nimmt, geschrieben: »Jai t'ame«.

Am Eisernen Tor

Wir verlassen die Wojwodina. Mit dem Luftkissenboot geht es donauabwärts, an Ufern vorbei, an denen uns ein Trajan-Gedenkstein an die römischen Feldzüge gegen König Dezebals Dakier erinnert. Bevor bei Djerdap an der jugoslawisch-rumänischen und unweit der bulgarischen Grenze kürzlich die große Schleuse und das große Elektrizitätswerk gebaut wurden, waren die Gewässer, über die wir fahren, voller Heimtücken, Strudel und Gefahren. Das riesige Kraftwerk, das große Mengen Energie erzeugt, hat die Landschaft verändert und viele Spuren der Vergangenheit ausgelöscht. Bis vor wenigen Jahren zum Beispiel war da noch die Donauinsel Ada Kaleh mit ihrer türkischen Bevölkerung, ihren Cafés und ihrer Moschee: Jetzt gibt es Ada Kaleh nicht mehr, es ist verschwunden, der Fluß hat es verschlungen, gleich dem mythischen Vineta in der Ostsee ist es eingegangen in die verzauberte und langsam verstreichende Zeit auf dem Grunde der Gewässer.

Ich streife durch das Elektrizitätswerk und mische mich unter Schülergruppen auf Studienfahrt. Das Kraftwerk ist von unerbittlicher Großartigkeit, erinnert an ein bedrohliches Heldenepos. Der Dokumentarfilm über seinen Bau zeigt, wie titanische Steinblöcke in den Fluß geworfen wurden, wie die Wasser sich teilten, wie riesige LKW-Räder unaufhaltsam heranrollten. Diese Fünfjahresplan-Saga und diese Bilder, die den Triumph der Rationalisierung und den Sieg der Technik über die Natur festhalten, versetzen angesichts unserer Fortschrittskritik und Sorge um das ökologische Gleichgewicht in Erstaunen, und es drängt sich die Frage auf, ob die betongefesselten Wasser gebändigt oder lediglich unterdrückt worden sind und nun finster darauf warten, sich zu rächen. Aber diese Epik, die an den Hadrianswall, an die römischen Aquädukte, an die Straßen, die Tamerlan durchs Gebirge schlagen ließ, und an die Elefanten Kiplings erinnert, hat eine eigene Größe und eine eigene überpersönliche Poesie, die der angsterfüllte und gewiß gerechtfertigte Protest gegen die Technik, von dem unsere Kultur durchdrungen ist, uns vorenthält. Vielleicht sollte man auf diese modernen Pyramiden ohne Fortschrittsbessenheit und ohne endzeitliche Schreckensvisionen blicken, indem man jedem das Seine läßt, wie Kipling, der in seinen *Brückenbauern* unparteiisch die britischen Ingenieure und die indischen Götter zu Wort kommen ließ und so die Herkulesarbeit des Fortschritts zugleich feierte und relativierte. Der Dokumentarfilm, wenngleich überwältigend und eindrucksvoll, ist aber nicht frei von der Rhetorik des Regimes, die ihrerseits durch die Schüler neutralisiert wird, die – allen Mahnungen der hübschen und gutmütigen Lehrerinnen zum Trotz – unbekümmert pfeifen, Knallfrösche in das Dunkel des Vorführungsraums schleudern und raufen: Das Gleichgewicht zwischen dem Ernst der Arbeit und der Dreistigkeit des Lebens ist wiederhergestellt. Ohne den respektlosen Lärm der Schüler wäre mir das apokalyptische Pathos wahrscheinlich weniger bewußt geworden.

Ein Autobus bringt uns nach Kladovo an der bulgarischen Grenze. Für einen ahnungslosen Westeuropäer verschwimmen die Konturen der Geographie immer mehr. Felix Hartlaub, der deutsche Schriftsteller, hat jenes »Dickicht des Südostens« beschrieben; nach Belgrad würde er sich in jener Balkanregion immer weniger zurechtfinden. Wie vernebelt fragt er sich, wo er wohl sei. Auch ich frage mich, während ich auf den Autobus nach Kladovo warte, wo ich bin.

[*Aus dem Italienischen von Petra Brauns*]

Ruth Beckermann
Erdbeeren in Czernowitz

Wenn ich an Czernowitz denke, sehe ich rot. Es war Erdbeerzeit.

Czernowitz. Wer fährt überhaupt noch dorthin? Wer weiß noch, wo es liegt?

»In Rumänien? In Polen?« fragen meine gebildeten Freunde. »War das nicht einmal Galizien?«

Selbst die Spezialisten bei der »Österreichisch-Sowjetischen Gesellschaft« müssen kurz die Landkarte zu Rate ziehen, um das nicht allein aus Moskauer Sicht unbedeutende, kleine Tschernowzy am südwestlichsten Zipfel der Sowjetunion aufzusuchen.

»Und wohin wollen Sie weiterfahren? Nach Kiew, Leningrad, Moskau?« Mich zieht es nur nach Tschernowzy. Erstauntes Aufblicken. Die Stadt ist erst vor einiger Zeit für den Individualtourismus freigegeben worden; vier Nächte, nicht länger, aus »hoteltechnischen« Gründen, darf man dort bleiben. Die Bahnfahrt von Wien über Budapest und Bukarest dauert 31 Stunden.

*

Wie lange dauert die Reise in die Erinnerung, die Namen hat, aber keine Orte? Czernowitz, Sadagura, Mogilew. Namen, die herüberklingen aus dem zweimal versunkenen Erdteil. Geburtsorte in Reisepässen. Geboren im Nirgendwo.

Czernowitz. Märchenort in Vaters Kindheitsland. Schlaraffenland, wo das Korn die saftige Erde erdrückt und die Obstbäume ihre Last kaum tragen können. Pferdeland. Judenstadt.

Mein Großvater, der Pferdezüchter in meiner Märchenstadt. Geschichten vom Untergang einer Stadt. Geschichten von Stacheldrahtzäunen und nächtlichen Grenzüber-

gängen nach Rumänien, nach Ungarn, endlich nach Österreich. Geschichten von Menschenschmugglern. Nach-
kriegsgeschichten.

*

Jemand fährt nach Czernowitz. Das spricht sich herum.
Alte Czernowitzer bringen mir Säcke voller Schokolade
und Kaffee für Verwandte, die sie mindestens vierzig Jahre
nicht mehr gesehen haben. Ich lege eine Liste der Wohnhäu-
ser und Geschäftslokale an, die ich unbedingt für jemanden
fotografieren muß.

»In der Rapfgasse, das zweite Haus rechts, hab' ich als Kind
gespielt, obwohl es verboten war. Es war der Privatpark des
Metropoliten.«

»Sieh nach, ob es das jüdische Arbeiterheim ›Morgenroit‹
noch gibt, Ecke Althgasse-Schillergasse, in der Nähe des
Stadttheaters. Der Josef Schmidt war dort eine Zeitlang Ge-
sangslehrer. Du weißt ja, er wollte Kantor werden, aber im
großen Tempel haben sie ihn nicht singen lassen, weil er zu
klein war.«

»Am Ringplatz war ein großes Bankhaus. Das hat meinem
Onkel gehört, Bankhaus Badian, es war das schönste Haus
am Platz, es wird dir sicher auffallen.«

»In der Tempelgasse hab' ich gearbeitet, gegenüber vom
Hotel ›Zum Schwarzen Adler‹, in einem großen Geschäft,
wo man Hutnadeln und Schleier und Kunstblumen verkaufte.«

»Nach Sadugura mußt du fahren, zum Palast der Zaddikim.
Dorthin ging man, wenn man dringend Hilfe brauchte.
Einmal war eine Tante von mir sehr krank. Die Ärzte wußten nicht mehr aus noch ein. Da sagte der Rebbe, wir sollen
zu einem aufgelassenen Friedhof gehen, ein bißchen Erde
holen und ihr unter den Kopfpolster legen. Und wirklich,
sie ist gesund geworden. Doch Jahre später ging es ihr sehr
schlecht. Sie träumte Nacht für Nacht, daß man sie in die
Erde legt und wieder heraufholt und wieder hinunterlegt
ins Grab. Sie ist schon ganz verrückt geworden. Der Rebbe
war gar nicht erstaunt. Wie kann sie zur Ruhe kommen,
solange die Erde noch im Haus ist! Geht und sucht, ob ihr die

Erde noch finden könnt, und bringt sie zurück an den heiligen Ort! Das hat man dann gemacht, und sie hat aufgehört zu träumen.«

Meine zaghaften Einwände, daß die Zeit der Wunderrabbis und der Stoffveilchen vorbei sei und daß Czernowitz heute weder österreichisch noch rumänisch sei und die Straßen ganz anders hießen und ich die Namen, auch wenn sie die alten wären, kaum entziffern könnte, daß es in Wien keinen Stadtplan von dort gäbe und auch dort Pläne Mangelware seien, meine Zweifel, ob ich all diese altösterreichischen Adressen finden werde, werden nicht zur Kenntnis genommen: »Aber Kinderl, man spricht doch deutsch. Jeder wird dich verstehen. Jeder wird sich an die Straßen erinnern.« Nach einer Pause kehren die alten Czernowitzer von dem Ausflug in die Erinnerung zurück: »Wer weiß; wer weiß, ob noch jemand da ist.«

*

Man holt mich vom Bahnhof ab, wie schon in Wien angekündigt und bezahlt. Das ist so üblich und nennt sich »Transfer« zum Hotel.

Eine frische, pummelige, perfekt deutsch sprechende Tatjana von Intourist nimmt mich nach einer schlaflosen Nacht um acht Uhr morgens freundlich in Empfang. Sie plappert munter drauflos, welche Leistungen Intourist mir bieten könne – eine zweistündige Stadtrundfahrt oder eine Siebzig-Kilometer-Karpatenfahrt –, während ich mich nach den Gleisen der Straßenbahn umsehe, die vom Pruth am Bahnhof vorbei den Volksgarten entlang bis zum zweiten Bahnhof führte und an die sich jeder alte Czernowitzer als erstes erinnert, und da es in jeder Stadt der Welt alte Czernowitzer gibt, ist die getreue Kopie der rot-weißen Wiener Elektrischen weltberühmt – gewesen.

Die Straßenbahn ist nicht mehr da; auch keine Gleise erinnern an sie, doch das Kopfsteinpflaster, über das unser Wagen rattert, ist unverkennbar Wiener Altstadtstil. Noch ein Blick zurück zum Bahnhof, der so aussieht, wie es sich für eine k. u. k. Provinzhauptstadt gehörte, und wir fahren bergauf.

Vage antworte ich Tatjana, daß ich mich noch nicht für eine Rundfahrt entscheiden könne, müde sei und zuerst einmal herumspazieren wolle. Diese erste Stadtrundfahrt ist eine Reise mit der Zeitmaschine. Die alten Czernowitzer, die ich insgeheim für romantische Schwärmer gehalten hatte, hatten recht: Das ist Klein-Wien, ein Wien vor 1930. Die Stadt sieht aus, als hätte man einige Stadtviertel, die in Wien fernab voneinander liegen, herausgehoben und hier zusammengesetzt: an den Fuß des Hügels die ebenerdigen Häuschen aus Grinzing, die auf den ersten Blick einen Heurigengarten dahinter vermuten lassen; in die Oberstadt um das Dreieck Zentralnaja-, Sowjetskaja- und Teatralnajaplatz puderrosa und resedagrün verputzte Bürgerhäuser, Gründerzeit bis Jugendstil. Sie kommen hier besser zur Geltung, obwohl sie um ein bis zwei Stockwerke niedriger sind als in Wien, weil sie nicht von den imperialen Bauwerken der Habsburger-Residenzstadt erdrückt werden. In Czernowitz, das 1774 unter österreichische Militärverwaltung kam und 1849 Hauptstadt des selbständigen Kronlandes Bukowina wurde, stellte neben der Kirche das Bürgertum seinen Wohlstand repräsentativ zur Schau. Die Villen entlang des Volksgartens und der ummauerten ehemaligen Residenz des griechisch-orientalischen Metropoliten zeugen mit ihren romantischen Türmchen und Giebeln oder Herrschaftlichkeit andeutenden Freitreppen von bürgerlichem Luxus und Individualismus. Allerdings nur von vorne. Die Fassaden werden gekonnt und geschmackvoll restauriert, auf der Rückseite der Häuser jedoch, die heute jeweils mehrere Familien beherbergen, findet man die von Budapest bis Moskau bekannten Holzkorsetts, die das Haus zusammenhalten. Da ist kein Neubau, der das Stadtzentrum verändert, und keine vorwitzigen Leuchtreklamen in Synthetikfarben, die bei uns auch das älteste Gäßchen ins ausklingende 20. Jahrhundert katapultieren. Sicherlich, hier ist man dezent, weil es nichts zu bewerben gibt, abgesehen vom Optimismus, aber auch bei den kraftstrotzenden Spruchbändern, die von geglückten Plänen und geplantem Glück erzählen, hat sich die Stadtverwaltung zurückgehalten.

Nicht so beim Stammvater allen Glücks. Ihm begegnet man an jedem zentralen Punkt der Stadt; auf der Zentralnaja-Ploschtschad, dem ehemaligen Ringplatz, von dem strahlenförmig die sieben Hauptstraßen wegführen, gleich dreimal: einmal als Statue vor dem Rathaus, prophetisch einen Arm in die ferne Zukunft streckend. Einmal mit revolutionärer Schirmkappe, als Relief auf einer eine ganze Seite des Platzes verunstaltenden Beton-Klagemauer, auf der eine Fotogalerie der offensichtlich häßlichsten Stadtbewohner angebracht ist. Ein ganzes Jahr lang blicken 60 »Helden der Arbeit« auf die Vorbeihastenden, die, Mahnung und Vorwurf im Herzen, die Lippen zusammenpressen; denn bald ist es wieder soweit; in feierlicher Prozession werden die neuen Helden die alten ablösen und wieder werden sie nicht dabeisein.

Der dritte Lenin sitzt etwa vierzig Zentimeter groß auf einem weißen Marmorthron, der von einer kleinen Säule getragen wird, in der Auslage einer nach ihm benannten Buchhandlung, die auf Politik spezialisiert und wenig besucht ist. Literatur und Kunst, vor allem aber technische Werke, sind gefragter.

Vor langer Zeit waren hier, in dem großen Ecklokal, Politik, Literatur und Kunst vereint und zu Hause, im beliebten Café Bellevue, das seinen Gästen zu Mocca und der *Czernowitzer Allgemeinen* je nach Belieben eine schöne Aussicht auf die Herrengasse, den Ringplatz oder die Rathausstraße bot, wo die Straßenbahn steil bergab sauste.

Wir fahren bergauf und Tatjana erklärt, daß die Straßenbahn vor einigen Jahren durch Trolleybusse ersetzt worden ist, weil sie der Steigung und dem modernen Verkehr nicht mehr gewachsen war.

*

Woran erkennt man ein sowjetisches Hotel?
Daran, daß man, kaum drinnen, nichts wie raus will.
Und das liegt nicht an mangelndem Komfort. Ich wünsche mir ja nichts sehnlicher, als daß wir alle gleich wären, wir Menschen; keiner Herr oder Dame, keiner Diener oder Magd, aber das müßte sich doch mit dem Vergnügen verei-

nen lassen, ermattet in fremden Landen von einem freund-
lichen Rezeptionisten empfangen zu werden, von einem
lächelnden Concierge den Zimmerschlüssel überreicht zu
bekommen, ja vielleicht sogar von einem Hotelboy zum
Zimmer begleitet zu werden und dann in der geborgenen
Anonymität des Hotels zu verschwinden.

Im realen Sozialismus läuft das umgekehrt: Keiner empfängt einen, man schleppt sein Gepäck selber, die Diener
und Mägde gibt es aber wie eh und je, doch sitzen sie heute
als Spitzel herum, mit der Aufgabe, die gefährliche Spezies
Tourist auf Schritt und Tritt zu beobachten und jegliche ab-
sonderliche Bewegung weiterzumelden.

Da ist zunächst der ordengeschmückte Veteran in der
Halle, der nicht einmal den Anschein eines Portiers er-
weckt. Er prüft meinen Hotelausweis, der mich berechtigt, von der Halle in mein Stockwerk vorzudringen.
Meine westlich dekadente Phantasie versucht sich vorzu-
stellen, welche Hindernisse es hier zu überwinden gälte,
sollte man sich zufällig in einen Stadtbewohner verlieben.
Ob es Passierscheine für solche Fraternisierungsversuche,
die sich möglicherweise bis zum Morgen ausdehnen, gibt?
Da man selber verläßlich und ohne Ausnahme innerhalb
der Hotelmauern nächtigen muß, dürften binationale Lie-
besnächte am Pruth eine Seltenheit sein. Sollte aber mein
wohlgefälliger Blick ein zweites Wesen der Spezies Tourist
treffen, würde dies zwar dem Zerberus in der Halle entgehen, nicht aber seinen weiblichen Ebenbildern, die jedes
Stockwerk bewachen.

Da sitzen im Dreischichtbetrieb Tag und Nacht die Tu-
gend- und Politwächterinnen vor einem kleinen Tischchen
mit einer großen Schublade, in der mein Schlüssel verschwindet, egal ob ich nur frühstücken gehe oder raus aus
dem Hotel.

Raus aus dem Hotel. Nichts wie raus aus dieser Festung.
Doch vorher muß ich noch um einen unserer häßlichen
neuen Tausend-Schilling-Scheine Rubel zu einem Preis
kaufen, der den Dollarkurs immer um einige Kopeken
übertrumpft. Zu diesem Zweck wird ein dickleibiges Buch
aufgeschlagen, in dem alle Banknoten der Welt in Original-

größe abgebildet sind. Die Kassiererin blättert sich zu »Österreich« durch, und ich erkenne wehmütig den edlen alten Schein, den die edle Bertha von Suttner zierte.

Ratlosigkeit.

Mein blonder Engel Tatjana wird gerufen. Wäre sie etwas weniger dick, sie könnte die Heldin eines echten Konsalik sein, so süß lächelt sie. Der amerikanische Spion würde sich garantiert hemmungslos in sie verlieben, und da auch sie selbstverständlich eine Spionin ist, nähme die Story ihren spannenden Lauf. Ob ich vielleicht zwei Fünfhunderter habe?

Leider nein.

Man sucht in Schubladen und fördert ein dünnes Büchlein zutage, in dem es keine Abbildungen gibt, doch anscheinend Zusatzerklärungen. Man liest, daß die Friedensfrau zeitgerecht vom Atomphysikus abgelöst wurde, und der Rubel rollt in meine Geldbörse.

Ich lasse die Geldbörse in meine Tasche fallen, wo sie hart an meine kleinwinzige Olympus kracht. »Man darf alles fotografieren, mit Ausnahme militärischer Objekte, wozu auch Bahnhöfe und Brücken zählen«, war ich in Wien instruiert worden. Meine zweite Kamera sichtbar über der Schulter, mache ich mich auf in den sonnigen Tag.

*

Was tun, wenn man mitten in einer fremden Stadt, mitten in der Menschenmenge eines Obst- und Gemüsemarkts plötzlich die schwere Hand eines Milizionärs auf der Schulter spürt? Man fragt freundlich, was denn los sei. Keine Antwort. Die Hand auf meiner Schulter schiebt mich vorwärts. Man regt sich auf, probiert alle Sprachen durch, die man leidlich beherrscht.

Keine Antwort. Ich werde vorwärts geschoben, auf eine Hauseinfahrt zu.

Falls Bürgerzorn hier überhaupt etwas fruchtet, dann nur auf russisch oder ukrainisch vorgebracht. Doch was sollen Bürgerzorn und Bürgerrecht, wo's keine Bürger gibt. Ganz von selbst kommt mir das abgelegte alte Wort »Volk« hoch. Das Volk auf dem Markt sieht zu.

Einiges Marktvolk sagt etwas in einem Tonfall, der mich an Väterchens Erzählungen vom seelenvollen, warmherzigen, russischen Volk im Gegensatz zu den herrschenden »Banditen« zweifeln läßt. Die Herrschenden in Person eines hellblau Uniformierten und eines Zivilen an seiner Seite schieben mich in einen Durchgang und weiter über eine riesige Baustelle in ein Kabinett, das nach Marktpolizei riecht.

Der harte Schnitt von der Menschenmenge in der Mittagssonne in das düstere Kabinett, allein mit den Männern, mit ihrer Sprachlosigkeit und mit meiner Sprachlosigkeit, löst alle alten Frauenängste aus, denen keine Befreiungsillusionen zu Leibe rücken können. Die Angst sitzt zwischen den Beinen und steigt in die Nase. Wie kann ich, wenn sie mir zu nahe kommen, ihrem Geruch entgehen. Ihrem Polizistengeruch, ihrem Alkoholgeruch, ihrem Angstgeruch, ihrem Männergeruch.

Wir sind eine wundersame Gesellschaft, wir Nachgeborenen. Wie unter Zwang vergleichen wir alles, was uns geschieht, mit den Erlebnissen der Elterngeneration.

Mehr als das.

Wir reichern unsere vergleichsweise harmlosen Erlebnisse an, sehen sie gleichsam jeder durch seine eigene, andersfarbige, historische Brille, die der Realität einen Farbton vererbter Schuld oder vererbter Angst hinzufügt. Das kann auch etwas für sich haben.

Allein mit den Uniformierten, erst im Kabinett, dann im olivfarbenen Combi, dann in einer Villa mitten in einem Garten, wartend und wartend, verabreiche ich meinem Hasenherz die pathetische, aber wirkungsvolle Beruhigungspille, daß es keine deutsche Polizei ist, daß es keine Deutschen sind, denen ich nun einmal ausgeliefert bin.

Und daß mir nichts geschehen kann, weil alles schon geschehen ist.

*

Ich sitze allein in einem großen Raum in der großen Villa, wahrscheinlich der örtlichen KGB-Zentrale, und warte.

Ganz ruhig ist es in dem Haus, seit sich die Uniformierten und Zivilen, die aus und ein gingen, als ich hergebracht wurde, in einen der angrenzenden Räume zurückgezogen haben. Nur einer hält am Eingang Wache. Immerhin gibt es in dem holzgetäfelten Raum, der früher einmal das Speisezimmer gewesen sein dürfte, bequeme vorrevolutionäre Lederfauteuils. Doch die Stille dehnt die Stunden.

In was bin ich da hineingeraten?

Wahrscheinlich hat es der Obrigkeit nicht gepaßt, daß ich auf dem Markt fotografiert habe, diesem Symbol nichtfunktionierender staatlicher Versorgung.

Doch ich erinnere mich an Dutzende Fotos von weitaus wilderen Märkten in Georgien und Samarkand, die ich bei uns, im Westen, gesehen habe. Und soviel Aufwand für einige Fotos von ukrainischen Babuschkas, die Rosen verkaufen und Ananas und Walderdbeeren, die sie zuerst in ein Glas schütten, das als Waageersatz dient, und dann in die Plastiktaschen der Käufer leeren, das Glas für einen Rubel?

Wer weiß, vielleicht gibt es auf diesem Markt noch etwas, das ich nicht bemerkt habe, oder etwas, das ich nicht bemerken konnte, weil es versteckt ist. Vielleicht sogar ein Versteck, das nun auf meinem Film und daher nicht mehr geheim ist und, obwohl es keiner sehen kann, weil es nicht sichtbar ist, doch die Sicherheit der Sowjetunion gefährdet.

Eine ganz unbekannte Sehnsucht nach der Heimat befällt mich, nach meinen gebildeten Freunden, die diese Geschichte für mich interpretieren werden. Wahrscheinlich als ödipal-masochistischen Trip, um endlich Väterchens Geschichten aus dem *Großen Vaterländischen Krieg* »aufzuarbeiten«.

»Es war Winter und wir lagen am Don. Um Schützengräben anzulegen, mußten wir die meterdicke Eisschicht aufhacken. Von früh bis spät, tagelang. Nicht alle waren kräftig genug. Ich schaffte es nicht, ich kam kaum vorwärts. Am dritten Tag wurde ich von der Arbeit weggerufen. Zur NKWD. Dort saßen schon andere, andere kamen herein und der Politruk fragte uns: ›Warum sabotiert ihr?‹ Wir sagten, wir hätten keinen Grund zu sabotieren, doch wir hätten nie mit der Erde gearbeitet und diese Arbeit sei zu schwer für uns. Das genügte ihm nicht.

Jeder einzelne wurde über seinen Beruf, seine Familie, über Vaters und Großvaters Beruf ausgefragt.

Ich hatte schon dazugelernt. Ich erfand einen proletarischen Stammbaum und erzählte, mein Vater sei Straßenkehrer gewesen.

Schließlich ließ er die meisten gehen. Einige wurden weiter verhört. Sie tauchten nicht mehr auf. Verschwunden. Nach Sibir, sagte man. Keiner wußte, warum.«

✳

»Reden Sie mit niemandem, fotografieren Sie nichts, und bevor Sie an die Grenze kommen, sehen Sie nach, ob man Ihnen vielleicht einen fremden Film in die Kamera eingelegt hat«, hatte mir gestern der alte Czernowitzer Jude im Rosengarten an der Kobylandskaja geraten. »Die sind alle Banditen.

Aber man lebt. Man lebt ganz gut. Gibt es genug Brot in Wien? Hier gibt es Brot, daß es uns schon bis zum Hals hinauf steht. 18000 Juden leben in der Stadt. Nein, kaum noch solche, die hier geboren wurden. Die Jungen gehen nicht mehr in die Schil; höchstens zu den hohen Feiertagen. Ja, es gibt noch ein Bethaus, ein ganz kleines für höchstens siebzig Menschen. Rabbiner gibt es keinen mehr, und man lernt auch nicht mehr. Die Kinder lernen nicht mehr beten.«

»Was seid Ihr so abgezahrt«, fragt mich ein zweiter alter Jude auf jiddisch. »In Wien ist nicht da zu essen?« Ich versuche mich zu rechtfertigen, daß nicht alle Menschen so stark seien wie die Ukrainer, die aussehen, als würden sie mit ihren Muskeln die zarten Häuser sprengen.

»Ja, es ist ein Land von Bauern«, lacht der Alte. »Es sind auch viele jüdische Bauern hier gewesen. Früher.«

✳

Ich warte schon drei Stunden. Nichts rührt sich. Nur aus einem Zimmer, in dem offensichtlich gearbeitet wird, kommt etwa fünfmal eine Frau, durchquert den Raum, ohne mich anzusehen, und kommt nach einigen Minuten wieder zurück. Einmal sieht sie mich doch an, geht und bringt einen Aschenbecher. Bisher hatte ich die Asche meiner kostbaren letzten Zigaretten hinter den vorrevolutionären Fauteuil gekippt und die Stummel dazu. Zum Aschenbecher legt sie einige Broschüren in englischer Sprache.

*

Die jüdischen Pensionäre, unter ihnen eine Überzahl ehemaliger Schneider und Schuster, finden sich Tag für Tag auf den Bänken rund um die Rosenbeete ein. Aus allen Teilen der Stadt kommen sie in den kleinen Park bei der ehemaligen Kathedrale im Zentrum der Stadt.

Sie lesen die *Prawda* wie alle anderen Sowjetmenschen auch. Die jiddische Zeitschrift *Sowjetisch Hejmland* dürfte vom Kiosk direkt zur Altpapierverwertung wandern. Man will von diesem Alibiprodukt ebensowenig wissen wie von *Birobidschan*, der *Jüdischen Autonomen Region* im hintersten Sibirien, wo es jiddische Schulen und ein jiddisches Theater gibt, aber so gut wie keine Juden. Die Juden auf den Parkbänken lesen russisch und debattieren jiddisch.

Man sorgt sich um Israel. Auch wenn man immer schon Kommunist war und die Orden vom Kampf um Stalingrad stolz an den alten braunen Anzug geheftet trägt, wie der kleine Jude aus Kamenez-Podolsk zu meiner Linken. Während er gekämpft hat, und er kämpfte während des ganzen Krieges, haben die Nazis seine Frau und seine beiden Kinder ermordet. Er zog dann nach Czernowitz wie die anderen Übriggebliebenen – aus Winnitza, aus Kischinew, aus Kolomea. Nach Kriegsende waren sie noch 40 000. Doch die meisten sind ausgewandert.

»Auswandern? Israel? Dort ist es auch nicht leicht, und es ist Krieg. Was soll man die alten Probleme gegen neue eintauschen? Mit den alten kennt man sich wenigstens aus.«

»Meine Enkelkinder werden schon Russen sein«, sagt der zarte Mann mit dem eleganten Leinenhut zu meiner Rechten, »mein Sohn hat eine Russin geheiratet, und mit sechzehn Jahren können die Kinder die Nationalität wählen –

Jude oder Russe. Man muß praktisch sein, im Herzen a Jud, auf dem Papier a Ruß.«

Ich glaube, es war ihre Sprache, das Jiddisch, das ich nicht einmal wiedergeben kann, das mit dieser Generation aussterben wird, diese Sprache, in der ich mich zum erstenmal verständigte, die ich von irgendwo hervorholte, mehr eine Melodie nachahmend, als sie sprechend, was mich so traurig machte, daß mir die Tränen unter der Sonnenbrille hervorliefen und ich hektisch etwas von Allergie murmelte...

Ich verabschiedete mich und ging in die Kathedrale, wo sich eine Ausstellung der Produkte, die in der Umgebung erzeugt werden, befindet, eine peinliche Aneinanderreihung von Banalitäten, vom Plastikeimer bis zum sauren Zuckerl. Die bunten Heiligen auf den Fresken in der Kuppel schauen verwundert auf die neue Religion »Produktivität«, auf die ausgestellten Möbel und Kleidungsstücke, die nicht einmal kitschig sind, die überhaupt nichts Positives sind, die nur einen Mangel ausdrücken: einen Mangel an Phantasie und Heiterkeit.

*

Nach vier Stunden plötzliche Bewegung. Die Konferenz ist zu Ende; alle Uniformierten und Zivilen stürzen hinaus, die Zigarette schon rauchbereit in der Hand.

Es herrscht der Terror der Tugendwächter: An öffentlichen Orten, aber anscheinend auch in Konferenzen, darf nicht geraucht werden. In Restaurants und Cafés nicht, in der Bahn nicht. Die hochrangigen Uniformierten stehen auf der Treppe, die in den Garten führt, und ziehen genüßlich den Rauch ein, stecken sich schon die zweite Zigarette an der ersten an. Auch hierzulande wird auf jeder Schachtel »Kosmos« oder »Fleran« vor dem gesundheitsschädlichen Inhalt gewarnt, auch hier vergeblich.

Meine Hoffnung und Angst, daß sich die Herren nun meinem Fall zuwenden werden, schwindet. Sie packen die Aktenkoffer und machen Feierabend. Zurück bleibt mein Bewacher an der Tür.

Wer ist sonst noch in dem Haus? Ich weiß es nicht. Ich warte. Ich greife zu einem Kurzabriß der Stadtgeschichte, zentral verfaßt von Intourist, Marx-Prospekt, Moskau. Da heißt es: »Tschernowzy ist eine sehr alte ukrainische Stadt. Ihre Wurzeln liegen in der Festung Chern, die am linken Ufer des Pruth erbaut wurde, um die Grenzen des Kiewer Rus zu schützen. Ab Mitte des 14. Jahrhunderts wurde die Nord-Bukowina von den Ungarn, den Türken heimgesucht und 150 Jahre von Österreich-Ungarn beherrscht.

Alles in allem waren die Bukowiner sechs Jahrhunderte vom ukrainischen und russischen Volk getrennt. Doch die Bevölkerung fand sich nie mit diesen Fesseln ab. Sie bewahrte ihre nationale Sprache, ihre Kultur und ihre Sitten.«

Da Czernowitz heute eine ukrainische Stadt ist, war sie es eben immer schon, und die alten Czernowitzer müssen träumen, wenn sie sich an eine deutschsprechende jüdische Stadt erinnern. Auch in der rumänischen Zeit von 1918 bis 1940 behielt die Stadt ihren kosmopolitischen Charakter. Den Großteil der 110 000 Einwohner bildeten die Juden, Rumänien und Ukrainer, doch es lebten auch noch Deutsche, Polen, Lipowaner, Armenier und Zigeuner hier.

Das enge Zusammenleben der Nationen und Religionen bewährte sich so gut, daß man bis zuletzt, bis es zu spät war, meinte, daran werde sich trotz zunehmendem Nationalismus und Antisemitismus, trotz Numerus clausus für jüdische Studenten und der Ermordung eines jüdischen Studenten im Jahre 1926 nichts ändern.

Das waren keine verschämten Juden, die sich wie in Wien und Berlin um jeden Preis assimilieren wollten. Es war ein selbstverständliches Judentum, das in dem 1877 erbauten, freistehenden pseudomaurischen Stadttempel ein selbstbewußtes Zeichen setzte. Aber auch hier überholte damals schon die Information die Religion, wurde das Kaffeehaus zu einer ernsthaften Konkurrenz der Betstube.

Drei deutschsprachige Tageszeitungen erschienen in der Stadt, und im *Schwarzen Adler* oder im *Café Europe* trafen sich die Lyriker Immanuel Weissglas, Moses Rosenkranz, Kamillo Laurer, Alfred Kittner und der Dichter, Kritiker, Herausgeber, Übersetzer und Entdecker und Förderer junger Autoren Alfred Margul-Sperber, der als erster die Bedeutung Paul Celans erkannt hat.

Wer kennt sie noch?

In ihrer Heimatstadt wird ihrer nicht gedacht; weder Paul Celans noch Rose Ausländers. Und auch die Lieder Josef Schmidts sind in seiner Geburtsstadt nicht zu bekommen. Es gibt keine deutschsprachigen Juden mehr.

Es hat nie welche gegeben. Es ist eine ukrainische Stadt. Darum sitzt die ukrainische Heimatdichterin Olga Kobylanska, die das Werk »Die Scholle« verfaßt hat, feist vor dem zierlichen Theater aus der Serienproduktion der Firma Fellner und Helmer die auch in Klagenfurt und Odessa eine kleinere und größere Kopie des Wiener Volkstheaters erbauten. Der Kobylanska wird an jedem Haus, in dem sie gewohnt hat, auf einer Tafel gedacht; die schönste Straße der Stadt, die ehemalige Herrengasse, wurde ihr gewidmet.

Im Intourist-ZK tut man sich schwer mit der Geschichtsschreibung einer Stadt, die noch dem österreichischen Kaiser zujubelte, als das Brudervolk Revolution machte, die von 1918 bis 1940 zu Rumänien gehörte und dann, als Hitler und Stalin den Osten am grünen Tisch aufteilten, mit der Sowjetunion *wiedervereinigt* wurde. Als es sich Hitler anders überlegte, wurde sie kampflos den Deutschen überlassen, um nach der Befreiung 1944 endgültig russisch zu werden.

Nach sowjetischer Lesart lautet die Geschichte so: »Im denkwürdigen Monat Juni des Jahres 1940 ging der lange gehegte Traum der Stadt in Erfüllung, der Traum von sozialer und nationaler Befreiung, von der Wiedervereinigung mit der sowjetischen Ukraine in der geeinten Familie der sowjetischen Nationen.«

Die alten Czernowitzer müssen träumen, wenn sie sich an den denkwürdigen Monat Juni erinnern; wenn sie erzählen, wie von einem Tag zum anderen alle Geschäfte geschlossen und geplündert wurden, wie alle »unproduktiven Elemente«, vom Straßenhändler, der »Semitschki«, geröstete Sonnenblumenkerne, verkaufte, bis zu den Brauereibesitzern, Holzhändlern und Geschäftsleuten, verfolgt und alle Besitzer größerer Wohnungen registriert wurden; wie schließlich in einer Nacht des Jahres 1940 etwa 4000 Menschen nur mit Handgepäck auf Lastwagen verfrachtet und nach Sibirien gebracht wurden, wo man sie als »Pioniere« zum Bau neuer Städte und Industrieanlagen einsetzte, wobei die meisten umkamen.

Czernowitz ist eine ukrainische Stadt, und so war sie es eben immer schon. So erspart man sich Erklärungen, wo das Vielvölkergemisch, das hier lebte, hingekommen ist. Erspart sich die Erinnerung daran, daß die Deutschen, ob angesteckt vom Nationalsozialismus oder aus Unlust am Sowjetsystem, die im Hitler-Stalin-Pakt vertraglich festgelegte Chance, »Heim ins Reich« zu fahren, nützten.

Daß die Juden nach der Machtübernahme der Nazis in das im ältesten und am dichtesten von Juden besiedelten Teil der Stadt errichtete Ghetto, das erste in der Geschichte der Bukowina, gepfercht wurden, um von dort »umgesiedelt« zu werden. Allein zwischen dem 1. und 15. November des Jahres 1941 wurden 30000 Czernowitzer Juden auf Todesmärschen in Lager jenseits des Dnjestr, nach Transnistrien, deportiert, wo diejenigen, die überhaupt ankamen, dem Hunger, der Kälte, dem Flecktyphus und den rumänischen Vasallen der Deutschen ausgeliefert waren.

*

Die »Gegend, wo Menschen und Bücher lebten«, ist heute »der Geschichtslosigkeit anheimgefallen«, sagte Paul Celan, der ebensowenig in die Stadt seiner Jugend zurückkehrte wie die anderen alten Czernowitzer. Sie würden eine Stadt finden, die nur von ferne, durch die Scheiben eines fahrenden Autos, ihrer Erinnerung gleicht. Eine Stadt, wo andere Menschen leben – doppelt so viele wie damals – und andere Bücher gelesen werden. Wo die Freizeit nach dem 8-Stunden-12-Minuten-Arbeitstag mit stundenlangem Einkaufen und Obst- und Gemüsezucht auf der kleinen Datscha am Hausberg Cecina ausgefüllt ist. Wo sich realer Sozialismus und konservative Tradition bestens vertragen: Die Frauen tragen fast nur Selbstgenähtes und -gestricktes, Heiraten ist eine Selbstverständlichkeit und ein ordentlicher Rausch Hauptscheidungsgrund und Hauptvergnügen, auch wenn ein Betrunkener auf der Straße mit 50 Rubel Strafe bei einem Monatslohn von 100–200 Rubel zu rechnen hat.

Czernowitz ist eine ukrainische Stadt, und nur für den sentimentalen Besucher sehen die Menschen wie Fremde in den Straßen aus.

Nicht sie sind Fremde, die Kulisse ist ein Fremdkörper geworden. Eine Übriggebliebene. Eine Stadt ohne Kaffeehaus.

*

Ein etwa 35jähriger Mann in graugelbem Anzug und mit dazupassender Gesichtsfarbe, einen Aktenkoffer in der Hand, steht vor mir. Hinter ihm kommt Tatjana herein. Sie stellt mir den Herrn als Leiter von Intourist namens Nikolai Iwanowitsch vor.

Endlich kann ich meiner Wut Luft machen. Sie soll ihm sagen, daß ich überhaupt nicht weiß, wieso ich hier sitze, daß ich seit fünf Stunden warte und daß ich sofort gehen möchte. Sinnlose Aufregung, die nur einen Nutzen hat, daß sie mich wieder in die Gegenwart zurückholt.

Jetzt setzt man sich erst in einem der angrenzenden Zimmer zu einem »Gespräch« zusammen. Das Verhör beginnt im Stil russischer Trinksprüche. Tatjana übersetzt schnell und gut, doch leider kürzt sie die Kaskaden, die man aus Nikolai Iwanowitschs Diktion herauspürt, offenbar ab: »Wir sind sehr erfreut, daß ausländische Gäste zu uns, in unser Land und in unsere Stadt kommen, da wir davon überzeugt sind, daß die Völker einander kennenlernen sollen, um sich zu verstehen. Wir heißen Sie also willkommen bei uns in Tschernowzy.«

Mir reicht's. Ich will wissen, warum ich hier sitze. »Wenn Touristen zu uns kommen, dann erwarten wir, daß aus ihrem Betragen ihre Freundschaft für unser Land hervorgeht. Wir erwarten, daß sie sich zu benehmen wissen und keine Fotos machen, die unsere Lebensweise nicht entsprechend darstellen.«

»Was meinen Sie?«

»Es gibt Touristen, die alte Holzschuhe, die man als Souveniers verkauft, mitnehmen und dann erzählen, das sowjetische Volk würde solch rückschrittliches Schuhwerk tragen.

Ebenso widerspricht es dem Bild unserer Lebensweise, wenn man unsanitäre Stellen der Stadt fotografiert. Warum haben Sie das getan?«

Ich sage ihm, daß ich Märkte mag, ob in Neapel, Barcelona oder Tschernowzy, und mich für sanitäre Anlagen relativ wenig interessiere. Aber – wenn der Markt nicht der Lebensweise des Volkes entspricht, warum gibt es ihn dann? Was mir hier passiert, halte ich für weitaus unsauberer, und er möge das doch bitte erklären.

Der graugesichtige Nikolai Iwanowitsch läßt sich nicht aus der Ruhe bringen. Was ich auch sage, die Obrigkeit verfolgt ihren Plan mit höflicher Routine und zaubert zwei Briefe aus der Aktentasche. Für mich unentzifferbar, aber deutlich von Händen geschrieben, die nur selten zum Kugelschreiber greifen, liegen zwei »Erklärungen« auf dem Tisch, die zwei Frauen auf dem Markt verfaßt haben sollen.

Tatjana übersetzt.

Beide fühlten sich in seltsam ähnlichen und für Normalmenschen untypischen Worten »befremdet« und in ihrem »Patriotismus verletzt«, weil ich diesen »unhygienischen Ort« abgelichtet habe. Die Spinnen sind fleißig gewesen, während ich wartete. Schon sind einige Fäden gezogen, schon wurden Zeugen präpariert, schon wird an einem Netz gewebt, das sie unermüdlich verfeinern. Jede ursprünglich noch so harmlose Information wird zu einem giftigen Faden.

»Warum haben Sie es abgelehnt, unsere Stadtrundfahrten zu buchen?«

Schon hat die kleine Spionin dem größeren Spion meine verschlafenen Allerweltsantworten nach der Ankunft hinterbracht. Alles ist verdächtig, wenn man an Verfolgungswahn leidet, alles ist Teil einer Verschwörung.

Das Verhör kreist um unausgesprochene Vermutungen und kehrt immer wieder zu der Frage zurück, was denn der Zweck meiner Reise sei.

Beim ersten Mal erzähle ich die Österreich-Ungarn-Geschichte und schwärme von der Schönheit der Stadt.

Das Graugesicht ist unbefriedigt, läßt es sich aber nicht anmerken. Im Plauderton geht er auf größere Themen über. Ob der Neonazismus in Westdeutschland sehr stark sei; ob viele alte Nazis bei uns in Österreich lebten und arbeiteten, um dann wieder seinen eigentlichen Interessen näher zu kommen.

»Leben in Wien viele Emigranten aus sozialistischen Ländern?«

»Sicher. Ungarn seit 1956, Tschechen seit 1968, Polen seit 1980.«

»Kennen Sie den Mexikoplatz?«

»Sicher.«

»Wissen Sie, daß russische Juden, die nach Israel auswandern sollten, aber nicht hingingen, in Wien leben?«

»Sicher.«

»Was tun die in Wien?«

»Sie machen gute Geschäfte. Am Mexikoplatz und anderswo.«

Ob ich in der Nähe des Mexikoplatzes wohne, ob ich jemanden unter den Emigranten kenne, mit wem ich gesprochen habe, bevor ich wegfuhr, wer mir Adressen von wem mitgegeben hat. Ich frage, was das mit dem Foto auf dem Markt zu tun habe, weswegen ich angeblich verhaftet wurde.

Ich sei nicht verhaftet, sondern zu einem Gespräch eingeladen, und es habe mit meiner Einstellung zur Sowjetunion zu tun, sagt Nikolai Iwanowitsch und schiebt mir einige leere weiße Blätter über den Tisch.

Ich solle nun zur Bereinigung der ganzen Angelegenheit meinerseits eine Erklärung schreiben, die man auch den beunruhigten Marktfrauen zeigen wolle.

Ich hätte mich natürlich weigern können, jetzt noch schriftlich zu wiederholen, was ich schon oft und oft gesagt habe. Aber ich muß gestehen, daß ich, als meine Angst sich verflüchtigt hatte und mich ihre Zionismus- und Weltverschwörungs-Phobie zu interessieren begann, zunehmend Gefallen an dem Spiel fand und fast vergaß, daß ich meinem Gegenüber an Schlauheit und Durchtriebenheit nicht ein bißchen gewachsen war.

Ich freute mich kindisch daran, daß er mich fragte, welche

Länder ich kenne und welche Sprachen ich spreche, weil ich wußte, daß er »Israel« und »hebräisch« hören wollte, er aber nicht wußte, daß ich es wußte.

Ich muß zugeben, daß mich ein Anflug von Größenwahn überkam. Für den Bruchteil einer Sekunde sah ich Städte füllende Berge von Akten und Zeugenaussagen und Erklärungen vor mir, die aus den Kellern der Lubljanka und Tausender Provinz-KGB-Stellen in einer fernen Zukunft, wenn dieses verdammte graugesichtige Regime hinweggefegt wäre, herausgeholt würden. Und dann würde meine »Erklärung von Tschernowzy, 15. Juni 1985« in dem Wirbelwind, der die Altpapiere der Sklavenzeit in alle Himmelsrichtungen zerstreute, dahinflattern.

»Überspannt und meschugge«, hätte mein Großvater selig wahrscheinlich gesagt.

Ja, nie gekanntes Großväterchen, so sind wir Nachgeborenen; sei froh, daß du friedlich im Jahre 1924 in dieser schönen Stadt gestorben bist, bevor der große Wahnsinn begann.

Da sitzt deine Enkelin und schreibt dem KGB, welcher der getreue Nachfolger der NKWD ist, welche die getreue Nachfolgerin der Tscheka war, welche die getreue Nachfolgerin der zaristischen Ochrana war, ihre biedermeierliche Erklärung.

»Erklärung«, schreibe ich unter den neugierigen Augen des Graugesichts und der sonnigen Tatjana groß auf das erste Blatt.

»Märkte sind der Bauch einer Stadt. Und da im Osten wie im Westen die Liebe durch den Magen geht, entfachen erst sie so recht unsere Liebe zu einer Stadt.

Leider glaubt der Staat hier und die Kapitalisten dort, Supermärkte seien viel nützlicher. Mag sein, daß sie hygienischer sind, aber um den Preis gähnender Langeweile. Was ist ein klinisch sauberer Supermarkt gegen die auf einem Holztisch ausgebreiteten Kirschenberge, die in der Mittagssonne glänzen? Was gegen die prachtvollen Erdbeeren, deren Duft sich mit dem Parfum der vielfarbigen Rosen vermengt, die Bäuerinnen mit einem Lächeln zum Verkauf anbieten?

Ja, auch Walderdbeeren sah ich im Überfluß, die bei uns sogar im Sommer teurer Zarenluxus sind. Hier dagegen kann jeder Werktätige sich dieses Vergnügen, das mit Sauermilch noch gesteigert wird, gönnen.

Hiermit erkläre ich, daß ich nichts anderes fotografiert habe und weder die Marktfrauen, noch die Käufer, noch die Stadt Tschernowzy, noch die Sowjetunion beleidigen wollte, die mich jedoch beleidigte, in meinem Vergnügen störte und meiner Ehre und Freiheit beraubte.«

Graugesicht nimmt die Übersetzung kommentarlos hin. Immerhin hat er jetzt eine Schriftprobe von mir, die er in seinen einsamen Nächten mit Briefen aus dem Westen, an erster Stelle mit solchen, die den Absender »Mexikoplatz, 1020 Wien, Austria« tragen, vergleichen kann.

»Also, was ist nun der Zweck Ihrer Reise?«

Ich erzähle ihm, der doch alles erfahren und jeden meiner Schritte kennen wird, von Großväterchens Grab und meiner somit persönlich-nostalgischen Beziehung zu dieser Stadt.

»Auf welchem Friedhof?«

»Auf dem jüdischen.«

Wieder ein Indiz für meine Beziehungen zur Weltverschwörung.

»Gehen Sie mit Verwandten hin?«

»Nein, wie ich schon sagte, habe ich keine.«

»Mit Freunden?«

»Nein, wie ich schon sagte.«

»Das Grab wird schwer zu finden sein. So ein altes Grab. Und das wissen Sie auch. Also kann das nicht der Grund Ihrer Reise sein.«

Obwohl es mir schwerfällt, schweige ich von nun an zu seinen Fragen.

Doch Nikolai Iwanowitschs Repertoire ist noch nicht erschöpft. Ich möge ihm nun den Film zum Entwickeln geben, als Beweis für meine guten Absichten.

»Nein.«

Er dreht und wendet Argumente, daß der Film das wichtigste Beweisstück sei und ich ihm daher den Film aushändigen solle. Nein, ich gebe ihm den Film nicht freiwillig.

Er tut so, als sei das nicht so wichtig, versucht, mit netten Plaudereien meine Laune zu bessern, fragt mich, ob ich verheiratet sei und mit ihm ausgehen wolle, »nein danke«, und beendet die Sitzung.

Tatjana und ich sind schon an der Treppe ins Freie, luftgierig nach diesen miefigen Stunden. »Bitte, kommen Sie noch einmal zurück; noch eine kleine Formalität«, ruft Nikolai Iwanowitsch, und Tatjana übersetzt noch immer nett und neutral.

In dem Raum hat sich etwas Grundlegendes verändert. Aus der Stille der abendlichen Villa sind zwei Frauen aufgetaucht. Mein erster Gedanke: Das sind die Zeuginnen vom Markt, die die ganze Zeit gewartet haben und bei denen ich mich jetzt vielleicht mit großer Geste entschuldigen soll.

»Hier sind zwei Zeuginnen«, werde ich aufgeklärt, »die jetzt unterschreiben werden, daß es Ihr Film ist, den ich Ihnen abnehmen muß. Oder sind Sie doch bereit, mir den Film freiwillig zu geben? Das wäre viel besser.«

Mir verschlägt es die Sprache. Da sitzen also die beiden Frauen. Die eine sieht aus wie eine Sekretärin, mit toupiertem Haar und gelangweilter Miene, die zweite wie eine Putzfrau. Mit ihren Schlapfen und dem mit einem Kopftuch hochgebundenen Haar ist sie auch so ein Teil sozialistischer Lebensweise, den man nicht fotografieren darf, weil es ihn nicht geben soll und folglich auch nicht gibt. Sie ist in einem Alter, in dem sie in Ruhe ihre Rente genießen sollte, doch hierzulande arbeiten fast alle Pensionisten. Arbeit gibt es genug, was einen nicht mehr verwundert, wenn man sieht, wie Hunderttausende junge Arbeitskräfte im ganzen Land sich hauptberuflich als Spitzel betätigen.

Den beiden scheint ihre Rolle nicht neu zu sein. Vielleicht sind sie Berufszeuginnen, immer und zu allem bereit, immer erreichbar und verschwiegen wie ein verrosteter Samowar.

Nikolai Iwanowitsch ist umfassend gebildet. Er nimmt den Film aus meiner Kamera, richtet sich einen Uniformmantel aus Flanell als Dunkelsack zurecht und schafft es, etwa 20 cm Film aus der Ilford-Rolle zu ziehen.

Auf dieses somit belichtete Filmende schreiben die beiden

Genossinnen mit Kugelschreiber ihren Vornamen, Vaters-
namen und Zunamen.

Die Komödie ist fürs erste beendet.

Während der ausufernden Abschiedsfloskeln lache ich trotz
allem in mich hinein. Da ist noch etwas, von dem er nichts
weiß; die kleinwinzige Olympus in meiner Tasche, mit der
ich die gleichen Motive (Erdbeeren, Erdbeeren) in Farbe
abgelichtet habe.

Jetzt nur nicht ins Hotel, wo gewiß jeder schon alles weiß.
Ich gehe in das Restaurant *Dnjestr*, da war ich am Abend
zuvor mit meinen Bekannten, dem Germanisten und der
Anglistin von der Fakultät für Weltliteratur. Früher hieß das
Lokal *Lucullus*. Warum haben sie es nur nach diesem
schrecklichen Fluß benannt? Wir sprachen von Stalin, der
wieder oft im Fernsehen auftaucht, auch hier werden vierzig Jahre gefeiert. »Das ist gut so«, sagte Pjotr, der Germa-
nist. »Seit Chruschtschow ihn mit Mist beworfen hat, hat
man sich zu einseitig mit ihm auseinandergesetzt. Er ist
doch eine Figur, und der muß man gerecht werden.« Auch
gestern war das Lokal voll, nur mit Interventionen bekamen wir Platz an einem der langen Tische. Auch gestern
war die Stimmung betrunken, an unserem Tisch redete
einer laut vor sich hin, und Eva, die Anglistin, die auch Frau
eines Parteifunktionärs ist und auf der Straße nicht raucht
und hier auch nicht, weil es verboten ist, und immer gut
gekleidet sein muß, weil sie nicht allein Englisch unterrichtet, sondern auch ein Beispiel zu geben hat, bat Pjotr, ihn
hinauswerfen zu lassen.

Heute ist niemand dabei, der mich abschirmt. Ich bekomme trotzdem einen Platz und ein riesiges Schnitzel, das
ich nicht essen kann. Ich will den Wodka und den süßlichen
Champagner, den mir meine Nachbarn aus Flaschen ins
Glas füllen, nicht trinken und trinke ihn doch. Woher die
nur das Geld haben, wahrscheinlich schmuggeln sie. Auch
wenn es keinen Handel gibt, geschmuggelt wird immer.
Man fordert mich zum Tanzen auf, das ist so üblich, in jedem Restaurant spielt eine Band, ich will nicht, das ist
unüblich, aber ich kann nicht mehr, kann kaum noch ein
Lächeln zustandebringen.

Zahlen!
Wo ist der Kellner? Daß die gerade beim Zahlen so langsam sind überall auf der Welt. Wissen sie nicht, daß man oft zahlen muß, weil es wirklich eilt, weil man es kaum mehr aushält, stillzusitzen? Aber sie kommen minutenlang nicht, sie kümmert der Energieaufwand nicht, den man verbraucht, um diese Minuten durchzustehen, sie wissen einen sicher in ihrer Macht, denn wer wagt es schon aufzustehen und zu gehen, sie treiben einen bis an die Grenze der Erschöpfung, bis sie rettend eingreifen.

*

Das Spiel war natürlich noch nicht zu Ende. Das alles war nur der erste Akt gewesen, dem nach einem kurzen Zwischenspiel noch ein zweiter und dritter folgten, die dem ersten glichen. Zwischenspiel: Nikolai Iwanowitsch gibt mir am nächsten Morgen in einem Bürotrakt des Hotels den entwickelten Film zurück, auf dem sich außer den schon beschriebenen Motiven noch das Bild eines kleinen Mädchens mit einer überdimensionalen Masche im kurzen Haar befindet.
Zweiter Akt: Man verhaftet mich wieder, diesmal vor dem Palast der chassidischen Zaddikim in Sadagura, diesmal ohne daß ich fotografiert habe, gemeinsam mit einem Russen, der mich aus purer Neugier freundlich auf der Straße angesprochen hat. Ich warte nur zwei Stunden auf einer gewöhnlichen Polizeistation, bis Graugesicht und Blondschopf ankommen. Ich warte eine weitere Stunde, bis der unvorsichtige Russe verhört ist. Ich stelle mir vor, wieder mit einer »Erklärung« konfrontiert zu werden, aber nichts dergleichen. Diesmal werde ich nur kurz interviewt, wobei sich Nikolai Iwanowitsch besonders darüber wundert, wie ich den Vorort jenseits des Pruth gefunden habe, ohne Verwandte oder Freunde, nach denen er sich wieder freundlich erkundigt, und ohne russisch zu sprechen; schließlich muß er aber einsehen, daß die Worte »Autobus« und »Sadagura« international verständlich sind. Noch suspekter aber ist das Ziel meines Ausflugs. Was gibt es hier zu sehen? Ich erkläre ihm, daß in diesem roten Ziegelbau, in dem jetzt Maschinen-

teile angefertigt werden, hundert Jahre lang der Palast der berühmten Zaddikim gewesen ist, was seinen Verdacht erhärtet, ich sei in Sachen *Internationales Weltjudentum* unterwegs.

Ich sehe Unsicherheit in seinen Augen. Angst, einen Fehler zu machen, mich nicht richtig eingeschätzt zu haben, ein konspiratives Treffen, das ich vielleicht mit Auswanderern oder *Refusniks* hatte, verpaßt zu haben. Er versucht, das Verhör aus dem ersten Akt von neuem zu beginnen, doch ich teile Tatjana mit, daß ich kein Wort mehr sagen werde, und er entläßt mich. Ich gehe sofort ins Hotel. Ich versuche, vergeblich wie am Tag zuvor, an der Plazierung von Kafkas »Prozeß« schräg über Babels »Reiterarmee«, so, daß die Kante genau das A von »Armee« durchschneidet, zu sehen, ob mein Zimmer visitiert worden ist. Ich zerreiße meine Czernowitzer Adressen und stecke die Papierkugeln in die Rocktasche, um sie wegzuwerfen, dorthin, wo sie hingehören, in die letzten Relikte Österreich-Ungarns, die Kanalgitter mit der Aufschrift »Stadtmagistrat Czernowitz«.

Ich versuche, so konspirativ wie möglich meine Schokolade- und Kaffeesäcke loszuwerden, schaue mich dreimal um, bevor ich aus dem Haus husche, und bin doch sicher gesehen worden, zumindest von den Hausmeistern in Staatsdiensten.

»Ein, zwei Wochen nach Ihrer Abreise werde ich sicher von der Arbeit zu einem Verhör gerufen werden, wer Sie sind und wieso ich jemand aus dem Ausland kenne«, sagt einer meiner Adressaten, der mir, wie alle anderen auch, Erdbeeren anbietet. Ich betrachte die jüdischen Pensionisten im Rosengarten nur noch aus der Ferne, überzeugt, daß jeder, der mit mir spricht, Schwierigkeiten haben wird.

*

Dritter Akt: Nikolai Iwanowitsch hatte Angst vor den Folgen eines Fehlers, und die verringert man am besten, indem man eine Akte weiterleitet und die nächste oder nächsthöhere Dienststelle mit einem Fall betraut. In meinem Fall war es die Grenz-Polit-Polizei.

Drei Grünuniformierte mit glattrasierten Nacken unter den

Schirmmützen holen mich an der Grenze mit allem Gepäck aus dem Zug. Es ist zwei Uhr morgens in einer kalten Nacht. Man führt mich in ein neonbeleuchtetes Gebäude, wo mein Gepäck, mein Körper und die Kleider und Schuhe, die ich anhabe, kontrolliert werden, und dann, während meine Sachen ausgebreitet daliegen, führt man mich zu einer weiteren *Konversation* in ein Büro. Diesmal gibt es einen englischsprechenden Dolmetsch und einen Polit-Kommissar namens Anton Antonowitsch. Er gleicht seinem Kollegen. Etwa 35 Jahre alt und graugesichtig. Allerdings trägt er einen gutsitzenden Anzug in unverwaschenem Blau, was vielleicht auf seinen höheren Dienstgrad schließen läßt.

Von Erdbeeren auf dem sonnigen Markt ist keine Rede mehr. Alle Fragen zielen direkt oder indirekt auf meine Rolle innerhalb der Jüdischen Weltverschwörung, Zweigstelle Mexikoplatz. Wieder und immer wieder geht es um Ziel und Zweck meiner Reise und um Namen von Leuten, die ich in Czernowitz treffen wollte oder getroffen habe. »Kennen Sie einen Kolja? Einen Ilja? Einen Mischa?« Dazwischen hineingestreut Fragen nach Details aus meinem Leben. »Wo wohnen Sie in Wien?« »Haben Sie viele Freunde in Wien?« »Wo wohnen Ihre Freunde?« »Was arbeiten Ihre Freunde?« »Werden Sie Ihren Freunden von Ihren Erlebnissen in der Sowjetunion erzählen?« »Auch von diesem Erlebnis?« »Haben Sie schon jemals in einer Zeitung geschrieben?« »Warum schreiben Sie Tagebuch? Was schreiben Sie da hinein?«

Ich möchte so gerne sagen, daß ich nichts mehr sagen werde, und nach dem Botschafter rufen, der im fernen Moskau schläft, aber der Zug draußen pfeift schon gefährlich, und Antworten erfinden ist besser, als hier vielleicht einen ganzen Tag zu verbringen.

Ich versuche meinerseits Fragen zu stellen, damit die Zeit vergeht. Woher mein Befrager kommt? Aus Kiew. Und der Dolmetsch? Aus Lwow. Und endlich: Was sie eigentlich von mir wissen wollen? Ob ich mich für das Leben der Juden in der Sowjetunion interessiere? Wie sie darauf kommen? Ich wäre am Friedhof und im Bethaus gewesen, und außerdem hätte ich die Broschüre *Jews in the USSR* in meinem Gepäck. Dieses Lügenpamphlet, in dem Zionismus, Buddhismus und Antisemitismus als gleich nationalistisch und rassistisch bezeichnet werden, hatte Tatjana bei einem unserer unfreiwilligen Treffen »zufällig« bei sich gehabt und mir geschenkt, bevor ich sie noch richtig danach fragte. Ein Indiz mehr, ein giftiger Faden mehr in dem innerhalb von vier Tagen schon ganz beachtlich gewachsenen Netz.

Anton Antonowitsch dürfte die gleiche Schulung genossen haben wie Nikolai Iwanowitsch. Während er mir zusieht, wie ich Kleider, Waschzeug, Tagebücher und Filme wieder einpacke, sagt er, er wolle jetzt noch den entwickelten Film sehen. Er sieht sich das Negativ an und fragt mich, was man da sehe.

»Menschen, die Erdbeeren kaufen.«

»Das sind Menschen, die sich anstellen.«

»Na ja, das eine schließt das andere nicht aus.«

Ich solle ihm den Film als Geschenk dalassen.

»Nein, nein, nein.«

Dann müsse er ihn mir leider wegnehmen.

Jetzt werden keine Zeuginnen mehr aufgefahren. Jetzt nimmt er mir einfach den Film weg, den ich vor Wut schon in meiner Faust zerknüllt habe. Ich presse noch den Wunsch nach einer Konfiskationsbestätigung hervor.

»Das wird leider nicht mehr gehen, bis der Zug abfährt.«

Aber wenn ich Lust hätte, könne ich noch ein paar Tage hierbleiben, fügt der Dolmetsch mit seinem strahlendsten Lächeln hinzu.

Noch lache ich in mich hinein und denke mir, die spinnen, die Russen, und packe meine zehn anderen Filme, die sie nicht zu beunruhigen scheinen, ein.

Erst fünf Tage später, im heimatlichen Fotolabor, zeigt sich, daß die eifrigen Staatsdiener während des Frage- und Antwortspieles meine Filme den Röntgenstrahlen ausgesetzt haben, um den Spiegel, der die schiefe Fratze zeigen könnte, zu zerstören.

Bilder einer vertrauten Welt, nostalgische Bilder einer sentimentalen Reise, Abbilder des Erhaltenen, nehmen, aufgelöst in zerfließende Formen, wieder die Gestalt an, die diese

Stadt für uns hat. Ich sehe puderrosa und resedagrüne Farb-
flecken in unwirklicher Ferne, sehe die Stadt wieder hinein-
tauchen in Geschichten und Gedichte vom
vorgeschatteten Blatt-Trieb der Buche,
sehe sie wieder zum Namen werden, der keinen Ort mehr
hat,
zur Märchenstadt in Vaters Kindheitsland,
sehe sie in unerreichbarer Ferne.

Christoph Ransmayr
Die Königin von Polen
Eine politische Wallfahrt

»Brüderchen, wir haben Eile! Fahre! Fahre!« Pater Edward Lipiec richtet seinen Blick wieder auf die Überholspur. Rosig und rund glänzt sein Gesicht über dem Kragen eines schwarzen Ledermantels. Gehorsam läßt der Fahrer den Fuß am Gaspedal schwerer werden; die Beschleunigung drückt die beiden Männer sanft in ihre Sitze: ein längst bedeutungslos gewordenes Fallbeispiel für das im Übermaß bewiesene Gesetz der Trägheit.

Eine Geschwindigkeit von hundertsechzig Stundenkilometern verzaubert die von Löwenzahn dicht durchwachsenen Wiesen entlang jener Autobahn, die von Wien in Richtung Graz nach Süden führt, zu grün-gold gestreiften Flächen, die den Blickwinkel einer geradeaus gerichteten Aufmerksamkeit begrenzen. Langgezogene Pappelalleen verdichten sich zu spröden Wänden, gegen die ein schwerer, frühsommerlicher Regen fällt.

Mühsam dreht sich Pater Lipiec nach einem Stapel gefalteter Papierbögen um, der auf der Rückbank des Wagens umgekippt ist und die Form einer achtlos abgelegten Ziehharmonika angenommen hat. Lipiec zieht einen Bogen heraus und setzt sich wieder in Fahrtrichtung zurecht. Das schwach nach Spiritus riechende Blatt Papier ist mit dem polnischen Wortlaut von vier Marienliedern blaßblau bedruckt.

Lipiec blickt wieder auf seine Armbanduhr. Er muß die Lieder in spätestens dreißig Minuten an die vor der katholischen Pfarrkirche in der niederösterreichischen Gemeinde Altenmarkt wartenden polnischen Brüder und Schwestern verteilen. Man erwartet ihn sehr. Der Regen kommt jetzt schräg von vorne und klatscht im unregelmäßigen Rhythmus der Böen gegen die Windschutzscheibe. Es ist ein Samstagnachmittag im Mai. Marienmonat.

»Gut! Sehr gut! Krzysztof heißt du also« – Pater Lipiec hatte den außerordentlich christlichen Vornamen des Fahrers gleich ins Polnische übersetzt, als dieser sich ihm vor noch nicht einmal zwei Stunden als Berichterstatter im Auftrag irgendeiner Zeitschrift vorgestellt hatte. Der Name der Zeitschrift war dem Priester rasch wieder undeutlich geworden, und nach drei, vier Sätzen hatte er ihn vergessen; aber Krzysztof! Das war etwas anderes; schließlich habe dieser Name einmal »Christusträger« bedeutet. Der Fahrer war sehr höflich und Pater Lipiec sehr sicher in der holzgetäfelten Sakristei der Wiener Gardekirche zu Ehren des gekreuzigten Heilands gestanden. Ein mittlerweile in Vergessenheit geratener Barockarchitekt, der sich Nikolaus Pacassi nannte, hatte diese Kirche am Rennweg entlang der Gärten des Palais Belvedere auffädeln lassen, und Kaiser Franz Joseph hatte den Kuppelbau schließlich seinen polnischen Untertanen überlassen. Die Polen sollten auch etwas haben vom Leben. Und sei es nur vom jenseitigen.

Er freue sich über seinen Besuch, hatte Pater Lipiec dem Fahrer unter dem Ölbild eines schmunzelnden Papstes Johannes Paul II. alias Karol Wojtyla gesagt, und als der Besucher dann auch noch erklärte, er sei wegen der Schwarzen Madonna von Czenstochau und der Heiligen Maria überhaupt gekommen, hatte Pater Lipiec gleich noch einen polnischen Namen für ihn bereit: »Braciszek«. Brüderchen.

Krzysztof Braciszek hält mit unverminderter Geschwindigkeit auf das niederösterreichische Hügelland zu. Er chauffiert einen Hirten zum Einsatz. Das vom Lärm des Motors, dem Hin und Her der Scheibenwischer und sichtbehindernden Wasserfahnen gestörte Gespräch zwischen Lipiec und Braciszek führt ohne Umschweife über Krakau nach Czenstochau. Westpolen.

Nach wenigen Gesprächsminuten war klar, daß Pater Lipiec vor dreizehn Jahren von Karol Wojtyla höchstpersönlich, damals noch Metropolit von Krakau, zum Priester geweiht wurde; daß die Solidarność gegenüber eingeschleusten Kommunisten zu unvorsichtig gewesen sei und die Parteizeitung *Trybuna Ludu* eine »große, große Scheiße«. Die Russenfreunde, die das polnische Volk beherrschten, seien »hungrig« nach ihm, dem Diener Gottes, Mariens und Polens; er habe in seinen Predigten schließlich nie ein Hehl daraus gemacht, daß er den Kommunismus für eine Art Bestialismus halte.

Sechzehnmal ist er schon zur Schwarzen Madonna gepilgert, zu *Ihr*. Sechzehnmal ist er in Czenstochau gewesen, der wahren und wirklichen Hauptstadt Polens.

»Fanfarenmusik, Brüderchen! Und Chöre! Du mußt diese wunderbare Musik einmal gehört haben! Du hörst sie immer, wenn in der Basilika von Jasna Góra in Czenstochau das Bild unserer Madonna enthüllt wird; zweimal am Tag bekommst du *Sie* für ein paar Stunden zu Gesicht. Und dann weinen die Pilger. Die Pilger! An manchen Tagen kommen dreihunderttausend zu Ihr. Und Millionen im Jahr. Was für eine Kraft, Brüderchen!«

Was Braciszek im gleichmäßigen Laufgeräusch des Motors zunächst für eine melodische Nebenerscheinung gehalten hat, ist plötzlich Pater Lipiec, der nach den richtigen Tönen sucht. Und dann ist der Pater mitten im lauten Singen. Er hat das Fenster spaltbreit geöffnet. Regenwasser sprüht ins Wageninnere. Maria sei seit langem Polens Königin, singt Pater Lipiec und überstimmt das Rauschen und Dröhnen der Fahrt: »Z dawna Polski Tyś Królową, Maryjo!« Maria solle die ganze Nation in *Ihre* Obhut nehmen, denn diese Nation lebe nur für *Ihren* Ruhm: »Miejwopiece naród caly – Który zyje dla Twej chwaly!« Lipiec singt. Braciszek fährt.

Abrupt wendet sich der Pater wieder dem Fahrer zu: »Die Madonna wird uns helfen. Sie hat uns immer geholfen; gegen die Schweden, gegen die Mächte, die Polen geteilt haben, und auch gegen die Bolschewisten. Noch gibt es in Polen einen General Jaruzelski, aber die Madonna gibt es auch. Und *Sie* wird länger bleiben.«

»Und wie wird sie euch helfen? Was wird sie tun?« Braciszek zweifelt.

»Das ist noch ein Geheimnis, Brüderchen. Ein großes Geheimnis. Aber *Sie* wird uns helfen, verstehst du? Sie ist unsere einzige Hoffnung.«

Eine langgezogene Wasserlache. Während der rauschenden

Durchfahrt an der Grenze der Schleudergefahr nimmt Bra-
ciszek den Fuß vom Gaspedal. Das jähe Nachlassen des
Schubs drängt in ihm die Erinnerung an ein ähnliches Ge-
fühl im Flugzeug nach oben. Augenblicke später liegt die
Wasserlache in einer wirbelnden Wolke hinter ihnen, und
Braciszek denkt ans Fliegen.

Nach dem Aufstieg in eine Höhe von 8000 Metern hat eine
Iljuschin-Linienmaschine der polnischen Fluggesellschaft
LOT oder auch eine Douglas der Austrian Airlines die
obersten Schichten der Troposphäre und damit die Flughöhe der Route Wien-Warschau erreicht. Abgesehen von
vereinzelten Eiswolken und weitaus höher treibenden Perl-
muttwolken ist der Himmel hier oben zumeist leer. Nicht
zuletzt, um den allfälligen, zerstörerischen Widersprüchen
vorzubeugen, die zwischen dieser tiefblauen Leere und der
überlieferten christlichen Vorstellung eines von strahlenden
Heerscharen und Engelchören durchflogenen Himmels
aufplatzen könnten, sprach der glühende Marienverehrer
Papst Pius XII. in seinem Dogma von der *leiblichen* Aufnahme der Heiligen Jungfrau Maria in die ewige Herrlichkeit, nicht mehr von der bis dahin sprach- und erlösungsüb-
lichen »Aufnahme in den Himmel«, sondern vorsichtig nur
mehr von der »Aufnahme in die himmlische Glorie«. Das
Paradies über den Wolken konnte nicht das richtige sein.
Die Apostolische Konstitution »Munificentissimus Deus«,
mit der am 1. November des Jahres 1950 jene unbezweifel-
bare, weil kirchenamtliche Wahrheit der leiblichen Himmelfahrt Mariens in Kraft trat, sollte allerdings die vorläufig letzte aller bislang verkündeten zwingenden Wahrheiten
des Vatikans bleiben. Die glorreiche Jungfrau, ohnedies bereits geschützt vom Kokon einer Handvoll Dogmen, war
nun auch noch befreit von den lästigen Fragen nach den
raumzeitlichen Koordinaten ihres Verbleibs und wurde so
wieder in die Kirchen- und Weltgeschichte entlassen. Und
dort geht sie um wie keine andere Himmlische. Wer konnte
sich schließlich besser zur Tröstung einer sterblichen und
verstörten Menschheit eignen als eine Unschuldige, die das
Paradies mit Seele *und* Leib erreicht hatte?

»Die meisten Polen«, wird Pater Lipiec auf dem windverblasenen Friedhof vor der Altenmarkter Kirche zu Braciszek sagen, »vertrauen der Schwarzen Madonna mehr als den Russenfreunden.« Und dann, in der von polnischen Flüchtlingen dicht besetzten Kirche, wird Lipiec einen Hirtenbrief Józef Glemps, Primas von Polen, verlesen: »Schwestern und Brüder!... So wie eine gute Hausfrau, die ihr Brot bäckt, in den Ofen schaut, um zu prüfen, ob der Teig schon aufgegangen ist, so prüft auch die Heilige Jungfrau unser Gelübde, das wir ihr gegeben haben, und unsere Hingebung, die gebacken wird in den Mühsalen und Schmerzen der Nation...«

Lipiec schweigt. Die hochfrequenten Vibrationen des Motors pflanzen sich über das Lenkgestänge in Braciszeks Arme fort und verlieren sich irgendwo oberhalb des Ellbogens. Braciszek fliegt.

Der Flug Wien – Warschau, nordnordost durch den Himmel und die Zone der Westwinde, dauert 55 Minuten. Ein Linienticket zweiter Klasse kostet zwar knapp das Siebenfache einer Bahnfahrt über die gleiche Distanz im »Chopin-Express«, erspart dem Reisenden aber zumindest die Belästigungen tschechischer Grenzer, die mit ihren langwierigen Paß- und Gepäckkontrollen, barschen Verhören und schließlich der fallweisen Demontage des Waggonmobiliars ihren realsozialistischen Beitrag zum tristen Höhepunkt einer fünfzehnstündigen Bahnfahrt leisten.

Nach dem vom steten Rückenwind kaum beeinträchtigten Überfliegen der Niederen und Hohen Tatra in den Westkarpaten und der tschechisch-polnischen Grenze, die unsichtbar zwischen tertiären Auffaltungen verläuft, breitet sich unter den Passagieren flach und grün das Land der Schwarzen Madonna aus: Polen liegt zwischen dem 49. und 54. Grad nördlicher Breite und dem 14. und 24. Grad östlicher Länge; der erst in den Haufenwolken unterhalb der Routenflughöhe wieder spürbar werdende Übergang vom westeuropäischen Seeklima zum kontinentalen Klima Osteuropas läßt die mittlere Jahrestemperatur nur zwischen sechs und neun Grad Celsius schwanken. Wer die Lage dieses Landes innerhalb der geographischen Grenzen Europas bestimmen will, der verbinde den südlichsten Punkt der europäischen Landkarte, das sizilianische Capo Passero, mit dem Nordkap der skandinavischen Halbinsel und sodann den Punkt des äußersten Westens, das portugiesische Cabo da Roca, mit dem des äußersten Ostens, dem sowjetrussischen Swerdlowsk im Ural. Die beiden Linien werden sich im Zentrum Polens, nordwestlich von Lódź, kreuzen.

Aber was schert es Europa, daß sein Diagonalschnittpunkt in Polen liegt, wenn dort eine uniformierte Zentrifugalkraft Hunderttausende Unzufriedener aus dem Land schleudert? Unmöglich auch, die Exotik dieses Landes bei den Wisenten und Luchsen des Urwaldgebietes Puszcza Bialowieska oder den Wölfen und Bären des Bieszczady-Gebirges zu suchen, solange dieses Land zwar zu mehr als einem Viertel von Nadelwäldern bedeckt ist, aber kein Holz, kein Papier und keine Möbel für seine Bewohner mehr bereitstellen kann. Ein Land, von dem die Statistiker behaupten, es wäre auf zwei Dritteln seiner Ausdehnung landwirtschaftlich genützt, in dessen Lebensmittelläden aber gegenwärtig ein lakonisches »Nie ma – Gibt's nicht« zu den meisterteilten Bescheiden der Nachfrage gehört. Was nützen schließlich auch 9300 Seen und eine fast 700 Kilometer lange Küstenlinie, wenn auf den Märkten auch die Fische so rar wie die Freunde geworden sind, die ein tragischer General namens Jaruzelski unter seinen Landsleuten so mühsam sucht? Ein Leserbrief vom Marienmonat Mai, der an *Zycie Warszawy*, die größte Tageszeitung des Landes, geschrieben wurde, enthält die Klage darüber, daß nirgendwo mehr weiße Hemden und schon gar keine Schuhe für bevorstehende Hochzeiten vorrätig oder käuflich seien. Ein Schriftsteller gibt in der gleichen Rubrik bekannt, daß er des völligen Papiermangels wegen schon vor Monaten aufgehört habe zu schreiben. Größte Bestürzung kolportiert aber erst eine Korrespondentenmeldung aus Warschau: Zahllose Kinder seien in diesem Jahr in Pantoffeln und Turnschuhen zur Ersten Heiligen Kommunion erschienen, weil auch für die gehörigen weißen Sandalen und feineres Schuhwerk ein ausnahmsloses »Nie ma« gegolten habe. Keine Schuhe für den Gang zu Ersten Heiligen Kommunion! Und das in einem

Land, in dem etwa 34 Millionen Menschen der römisch-katholischen Kirche angehören. Polen hat knapp 36 Millionen Einwohner.

Aus der Flughöhe betrachtet, ebenso unsichtbar wie die Linie der Staatsgrenze, liegt über den 803 Städten und 2070 Landgemeinden der 49 Woiwodschaften Polens auch, und gerade im Marienmonat, noch eine Art Schnee vom vorigen Dezember: »Stan wojenny – Der Kriegszustand«.

»Standkrieg« nennt Pater Lipiec diesen ebenso dehnbaren wie haltbaren Zustand des Rechts und unterbricht nach einer Frage Braciszeks sein Schweigen nur kurz: »Natürlich beten die Polen gegen diesen Standkrieg zur Madonna; Polen gehört schließlich *Ihr*.«

O Maria, hilf! Sie beten. Sie beten unter der Anleitung von fast 70 Bischöfen, 16000 Priestern, 14000 Mönchen und 28000 Ordensschwestern in den 14000 Kirchen und Kapellen des Landes. Das Kriegsrecht, in Anwendungsfällen auch das Tränengas, treibt immer noch mehr Hilfsbedürftige in die Kirchen. Schließlich werden dort nicht bloß die Tröstungen des Evangeliums, sondern auch Kleidung, Nahrungsmittel, Emigrationshilfe und Westkontakte angeboten. Es bedarf keines Wunders mehr, um einen Parteigänger in einen Kirchgänger zu verwandeln. Nach den schwer überprüfbaren, aber glaubwürdige Proportionen spiegelnden Zahlen, die das Warschauer Freidenkerorgan *Argumenty* im Dezember 1981 seinem Publikum übergab, sind 76 Prozent der polnischen Städter und 83 Prozent der Landbewohner mittlerweile *praktizierende* Katholiken. Der Anteil der Gläubigen habe sich unter den Wehrpflichtigen auf 90 Prozent und unter den Offizieren auf 55 Prozent erhöht. Die Kirche zeige sich in einer noch nie dagewesenen Stärke.

Braciszek setzt seinen Flug fort.

Angenommen, unter den Passagieren der Linienmaschine nach Warschau befände sich ein nach Czenstochau reisender Pilger, der sich während des Fluges nach der Residenz der Schwarzen Madonna erkundigte, dann würde ihm im günstigsten Servicefall zwischen Krakau und Radom eine hundert Kilometer lange Luftlinie westlich in den Dunst gewiesen: »Czenstochau, mein Herr, liegt dort.«

Dem Pilger sei geraten, nach der Landung und der überstandenen Prüfung seiner Harmlosigkeit auf dem Warschauer Flughafen Okęcie mindestens fünf US-Dollar bereitzuhalten: Die Taxichauffeure erklären sich nur gegen diese oder gleich starke Westwährungen bereit, einen Transport ins Stadtinnere zu übernehmen. Zum Hotel »Europejski« beispielsweise, das an der durchaus melodisch auszusprechenden Krakowskie Przedmieście liegt. In unmittelbarer Nachbarschaft der Warschauer Militärkommandantur wird der Pilger dort unter Umständen den Ausblick auf das Grabmal des Unbekannten Soldaten vor dem Sachsengarten genießen können und im übrigen überrascht feststellen, daß in den Korridoren des Mittelklassehotels Prostituierte auf Kundschaft warten.

Nach einer standhaft verbrachten Nacht wird sich der Pilger zum gläsernen Bahnhof Warszawa Centralna begeben. Bei Regenwetter hätte er dort äußerst achtzugeben, um auf dem nassen, hochschlüpfrigen Marmorfußboden der Bahnhofshalle nicht auszugleiten. Bei Schlechtwetter kommen auf diesem Terrain schwere Stürze regelmäßig vor, und der Pilger würde womöglich unter Schmerzen schließlich in die Gnadenkapelle der Basilika von Czenstochau humpeln. Abgesehen davon, daß in Polen auch an Medikamenten und brauchbaren Rollstühlen Mangel herrscht, sind für Czenstochau die etwa aus Lourdes bekannten Krankenbahrenreihen und Rollstuhlkarawanen der auf ein Wunder hoffenden Bedauernswerten völlig untypisch. »Brancardiers«, hauptberufliche Krankenträger, wie in Lourdes oder Fatima, gibt es dort nicht; geht es doch in Czenstochau weniger um das persönliche Heil als vielmehr um das der polnischen Nation.

So gewarnt, wird der Pilger den Marmorboden betreten und seine Fahrkarte nach dem Nationalheiligtum endlich in Zlotys bezahlen. Er hätte natürlich auch die Möglichkeit, sich einer ebenso beliebten wie bekämpften polnischen Sitte zu bedienen – ohne Fahrkarte einzusteigen und den Schaffner mit einer erheblich unter dem Fahrpreis liegenden Privatspende zu entschädigen. Aber der Pilger wird den Eilzug ohne Sünde, nach einer vielleicht planmäßigen, dreieinhalbstündigen Reise in einem Industriebahnhof verlassen: Czenstochau.

Czenstochau oder »Tschenstochau«, wie die Verdeutschung den Zischlaut des polnischen »Częstochowa« bequemer zu machen sucht, wird in der Liste der größten Städte Polens erst an dreizehnter Stelle geführt: 228000 Einwohner, eine gutbürgerliche, von ausgedehnten Industriegebieten der Textil-, Metall- und Baumaterialienbranche bedrängte Altstadt, ansonsten die üblichen Anhäufungen von Wohnsilos im europäischen Industriemaßstab, Beton und Rauch, alles wie gewohnt, nichts Besonderes. Diese Stadt läge ebenso im verborgenen wie, nur ein Beispiel, das weitaus größere Bydgoszcz (wer kennt schon Bydgoszcz?), wenn sie nicht von diesem Kalksteinhügel »Jasna Góra«, dem »Klaren«, auch »Lichten Berg«, überragt würde. In einem immer wieder zerstörten und immer wieder aufgebauten Kloster leben dort oben seit nunmehr 600 Jahren weißgekleidete Mönche des Paulinerordens, eine von der polnischen Steuerbehörde als Privatunternehmen geführte Männergesellschaft, die einen gewissen Paulus von Theben, Ägypter und Eremit, der bis zum Jahr des Herrn 347 in der thebanischen Wüste lebte, zu ihrem Patron und Vorbild erhoben hat.

Seit dem denkwürdigen 31. August des Jahres 1384 hüten die Paulinermönche in ihrem Kloster ein Geschenk, das der hohe Wladyslaw Opolczyk alias Ladislaus von Oppeln, Herzog und Statthalter von Ruthenien, ihnen damals, zwei Jahre nach der Klostergründung auf Jasna Góra, überlassen hatte: ein Bild, das der von Opolczyk seinerseits aus den Händen seines Lehensherrn, König Ludwig I. von Ungarn, kniefällig entgegengenommen hatte. Herr Ludwig war Jahre zuvor von einer italienischen Reise, einem Beutezug vermutlich, glücklich zurückgekehrt und hatte das Bild in seinem Gepäck mitgeführt: eine auf Lindenholzbretter geklebte Leinwand, 122 Zentimeter hoch und 82 Zentimeter breit; sie wurde von einem bislang unidentifizierten, aber vermutlich süditalienischen Maler in Harztempera unter

Verwendung einer »enkaustisch« genannten Technik, die den Auftrag der mit Wachs verschmolzenen Farben mit erhitzten Bronzespachteln vorschreibt, mit Lasuren in terra di Siena bemalt. Simone Martini hat es getan, sagen die einen; Pietro Cavallini aus Siena war es, sagen andere; keiner von beiden sei es gewesen, heißt es auch. Es ist ein schönes Bild.

Sanft, ja traurig blickt daraus eine junge Frau, die in einen dunkelblauen, mit den goldenen Lilien des Hauses Anjou bestickten Kapuzenmantel gehüllt ist; die Verbrämung des Mantels in Blattgold. Auf ihrem linken Arm trägt die Schöne einen in ein langes, besticktes Hemd von dunkelroter Mischfarbe gekleideten Knaben. Angewinkelt hält er seine Rechte hoch zum Zeichen des Sieges, in seiner Linken ein Buch. Über die rechte Wange der Frau verlaufen, fast parallel, zwei Narben zum Hals: Säbelspuren eines lang verjährten Zorns, in den während des Osterfestes 1430 der böhmischen Hussitenbewegung nahestehende Landsknechte verfallen waren, als im Kloster keine Beute zu machen war. Die Narben, eine kleinere kreuzt die beiden anderen, wurden im Verlauf mehrerer Übermalungen des Antlitzes durch verschiedene Meisterschulen mit zinnoberroten Pinselstrichen immer wieder erneuert. Die Schändung sollte verziehen, aber nicht vergessen werden. Fein geschwungen die Augenbrauen, eine schmale Nase, der Mädchenmund: Das Gesicht der Frau ist dunkel; geschwärzt vom Rauch jahrhundertelang brennender Kerzen oder gemäß der Absicht des Malers – darüber werden Fachgespräche geführt. Der Schwarzen Madonna von Czenstochau ist es gleich.

»Aber sie werden dich nicht zu *Ihr* lassen«, beschließt Pater Lipiec seine Ausführung über ein politisches Wunder, das die Madonna vor mehr als dreihundert Jahren erwirkt haben soll. »Oder haben sie dir ein Visum gegeben?«

Braciszek hätte die Ausfahrt in Richtung Altenmarkt beinahe übersehen. Die beiden haben die Gradlinigkeit der Autobahn hinter sich und fahren jetzt über die Dörfer. Der Regen fällt in gleichmäßigen, geraden Schnüren. Die Böen haben aufgehört. Pater Lipiec kennt die Schwierigkeiten der Einreise nach Polen ebenso wie die der Ausreise und die damit verbundenen persönlichen Katastrophen. Schließlich erfüllt Lipiec mit seinen drei Mitbrüdern in der polnischen Kirche am Wiener Rennweg für Tausende von Emigranten auch die Funktion einer Anlaufstelle und Flüchtlingshilfeorganisation. Braciszek hatte den Palmsonntag in und um diese Kirche herum verbracht und war schon Gassen entfernt ins Gedränge gekommen. Überall Polen. Dicht umdrängt die Informationstische der Solidarność vor dem Kirchenportal: neueste Nachrichten, Zeitschriften, Plaketten, Transparente. Der schmiedeeiserne Zaun vor der Kirche gespickt mit Zetteln und Papierröllchen. Hier bietet einer seinen »Polski Fiat«, für den er in Polen das Dreißig- bis Vierzigfache eines durchschnittlichen Monatsgehaltes bezahlen mußte, zu Schleuderpreisen an, dort sind es Rückflugtickets nach Warschau, die abgestoßen werden wollen. Man fragt nach dem Verbleib von Freunden, sucht Arbeit, Wohnmöglichkeiten, Mitfahrgelegenheiten, Kleidung, bietet als Gegenwert Bücher an, Zigaretten, Schwerarbeit. Und spießt alles auf die Spitzen des Zauns, klebt es an die Außenmauer der Kirche, an die Dachrinne, hinterläßt es und geht – in die Kirche.

Drei Gottesdienste an diesem Tag. Dicht gedrängt stehen die Polen bis hinaus auf die Straße, wo das Gebet und der Chorgesang wieder übergehen in das Gerede von draußen, und eingekeilt in der Menge kniet ein Priester – Braciszek kennt ihn noch nicht, es ist Lipiec – und nimmt Beichten ab, eine nach der anderen, verfügt Bußgebete und spricht kraft des Allmächtigen von Sünden los. Vor dem Hochaltar wird gleichzeitig die Leidensgeschichte des Herrn und Erlösers, nach den Worten des Evangelisten Matthäus, mit auf den Kirchenchor verteilten Rollen vorgetragen. In einem Nebengebäude werden kostenlose Mahlzeiten gereicht. Der die Messe zelebrierende Priester – es ist Pater Georg, und Braciszek kennt auch ihn noch nicht – verkündet nach seiner Predigt, daß anstelle der für Emigranten zumeist unmöglichen Wallfahrten nach Czenstochau Ersatzwallfahrten nach Lourdes und Mariazell organisiert würden. Am 20. Mai nach Mariazell. Im Juni nach Lourdes.

»Sie werden dich nicht zu *Ihr* lassen«, wiederholt Pater Lipiec seine Einschätzung nurmehr halblaut. Aber Braciszek hat ohnedies seine Erfahrungen. Im Warten auf seine Einreisegenehmigung für Polen hat Braciszek die Magnolienbäume im vornehmen Villenviertel Hietzing, das die polnische Botschaft in Wien umgibt, aufblühen und wieder verblühen sehen. Schneegestöber bei seinem ersten Besuch in der Botschaft, einem von Polizisten und Edelhölzern umstandenen Herrenhaus, und bei seinem letzten Besuch, erst vor ein paar Tagen, war die Jahreszeit bereits so weit fortgeschritten, daß die Sicherheitsbeamten vor dem Tor ebensogut in Badehosen hätten Wache schieben können. In der Zwischenzeit hatte Braciszek sogar Gelegenheit, Details zu studieren, die Rauchgewohnheiten des polnischen Presseattachés beispielsweise, eines äußerst zuvorkommenden jungen Herrn namens Ryszard Nosek, dem es sichtlich peinlich war, immer wieder abschlägige Visabescheide erteilen zu müssen: Er rauchte preisgünstige »Hobby Filter« im diplomatischen Alltag und die Clubformate von »Kent« und »Marlboro« zu festlicheren Anlässen. Wenn etwa im polnischen Kulturinstitut der Vortrag eines Warschauer Universitätsadjunkten zur Lage der Sozialwissenschaften zu verfolgen war. Der Adjunkt begründete in der anschließenden Diskussion bei Wodka und Juice überzeugend, daß der Austritt aus der Kommunistischen Partei Polens ein schwerwiegender Denkfehler wäre. Ein gutes Dutzend Leute waren zu diesem Vortrag an einem lauen Maiabend erschienen, zur Hälfte allerdings Journalisten, die am kalten Buffet ihre kleinen Chancen einzuschätzen versuchten, doch noch rechtzeitig, bevor sich der Dieselgeruch der Panzerfahrzeuge dort wieder verflüchtigen könnte, nach Polen zu kommen.

Braciszek hatte mittlerweile aber auch gelernt, im Verhältnis zwischen den leeren Reihen des Kulturinstitutes, der gedämpften, eleganten Atmosphäre eines Hietzinger Herrenhauses und einer berstend vollen Kirche am Rennweg eine fundamentale Proportion der polnischen Wirklichkeit wiederzuerkennen. Während dieser Lernprozesse war Braciszek schon nahe daran gewesen, die Pläne des Papstes auch für die seinen zu halten. Schließlich versuchte der Papst in diesen Tagen ja auch, eine Wallfahrt nach Czenstochau zur Feier des 600jährigen Bestandsjubiläums der Pauliner zu planen. An der raschen Aufeinanderfolge der An- und Absagen dieser für den August angesetzten Papstreise, an diesem Gewirr von Hoffnungen und Dementis aus Rom, in dem sich die jeweiligen Lockerungen und Straffungen des Kriegsrechts, die Maidemonstrationen, neuerliche Verhaftungswellen, ja, die Ereignisse in Polen überhaupt spiegelten, glaubte Braciszek auch die wechselnde Wahrscheinlichkeit seiner eigenen Wallfahrt ablesen zu können.

Er wäre zwischendurch sogar bereit gewesen, die polnische Erde ebenso zu küssen, wie es der darin routiniertere Papst schon zu Beginn seiner Polenwallfahrt im Juni 1979, gleich nach dem Verlassen der Alitalia Boeing 727 »Città di Bergamo« auf der Warschauer Flugpiste, getan hatte. Die polnische Erde! Auch wenn sie schon damals nur aus Braun- und Bleicherden bestand und zudem unter einem Betonmantel verborgen lag, konnte man sie nach dem Kuß des Papstes doch sehr vernehmlich, und in den Kasernen ebenso wie in den Kirchen, knirschen hören. Die Tabernakel, die Altäre, die Meßkelche: alles voll Erde. Hatte der Papst, der den Gläubigen am besten als »Sohn Polens« gefiel, doch auf seiner Pilgerschaft durch das Land kaum eine Gelegenheit versäumt, die polnische Kirche an eine ihrer vornehmsten Aufgaben zu erinnern: die Bewahrung der polnischen, katholischen Nation, der tausendjährigen Erde Polens, zum höheren Ruhm der Schwarzen Madonna.

»Du mußt nicht erst nach Czenstochau fahren; die Schwarze Madonna findest du überall«, spricht Pater Lipiec noch einmal der allgegenwärtigen Jungfrau das Wort, zwei Kilometer vor Altenmarkt. Ein umgestürzter Traktor neben der Straße, darauf Hühner.

Braciszek nickt. Er hat die Agenturbilder der Schwarzen Madonna gesehen. Zuerst auf den Transparenten der Solidarność, später an den Rockaufschlägen der Internierten. Nachdem die streikenden Arbeiter von Danzig im August 1980 die Tore ihrer Werften mit dem Bild der Madonna versiegelt hatten, tat der greise Primas von Polen, Stefan Wyszyński, acht Monate bevor man ihn in einem hellen Eichensarg über den Warschauer Siegesplatz tragen sollte, wozu die Explosivität der polnischen Gegenwart die Kirche insgesamt verurteilt hat: Aus Czenstochau predigte er den Arbeitern Vernunft und Mäßigung – der Kopf befinde sich schließlich *über* dem Herzen und nicht unter ihm. Die störrische Antwort aus den Fabriken ist mittlerweile Legende: »Aber die Madonna streikt!«

»Aber nein, Brüderchen«, verbessert Lipiec seinen Fahrer. »*Sie* wirkt nicht nur in Polen. *Sie* ist überall, wo Polen sind!«

Die Zahl der Polen entlang der österreichischen Seelsorgerouten, die von den vier polnischen Priestern der Wiener Gardekirche befahren werden, sei schwer zu schätzen: Die hochbeschäftigten Vertreter der »Polenhilfe«, eines Dachverbandes von neun verschiedenen Hilfsorganisationen, hatten ihre Schätzungen stets mit geläufigen Absicherungsfloskeln eingeleitet und dann Zahlen zwischen 60000 und 70000 genannt. Allein in Wien müßten es mehr als 20000 sein. Nur der geringste Teil der polnischen Emigranten habe allerdings bislang versucht, sich den, ohnedies armseligen, Rechtsstatus eines Flüchtlings gemäß der Genfer Konvention von 1951 überzustreifen.

In einem etwas abgelegenen, aber sonnigen Arbeitszimmer des österreichischen Innenministeriums hatte man Braciszek die neuesten Zahlenkolonnen des Marienmonats gezeigt, und Braciszek hatte sich schwitzend die Gesamtsumme der in Österreich auf 600 »Unterbringungsstätten« verteilten polnischen »Asylanten« notiert: 16867. Alle anderen, so lautete der Beamtenkommentar dazu, seien »rechtlich Fremde«.

Aber in die Kirchen kommen sie doch. Dort verrauchen die Rechtsunterschiede. »Katholisch sind sie alle! Gott sei Dank.« Auf seiner Samstagsroute ist Pater Lipiec meistens guter Laune. Sie ist die unbeschwerlichste von allen: Beichte, Messe und Predigt in Altenmarkt, dann knapp dreißig Kilometer nach Traiskirchen, zum größten österreichischen Flüchtlingslager, dort Beichte, Messe und Predigt, und dann auch schon wieder zurück nach Wien. Dort Beichte und Andacht.

Verglichen mit der Route vom Dienstag beispielsweise ist das eine Beiläufigkeit. Am Dienstag treibt es den Hirten bis weit ins Steirische hinunter, und auch die drei Mitbrüder, vierzig bis fünfzig Emigrantengemeinden hat jeder zu versorgen, reisen bis ins Salzkammergut, hinterlassen dort die Frohbotschaft, Predigten, Briefe aus Übersee, Nachrichten aus Polen und manchmal auch Geld. Es ist ein ständiges Hin und Her zwischen den Kirchen, ein Trösten, ein Ermahnen und ein Segnen. Zweimal auf seiner Fahrt mit Braciszek hat Pater Lipiec schon von einem Porsche geträumt, der ihm seine vielen Wege schneller machen würde. Aber dann fällt ihm etwas viel Wichtigeres ein: »Der Weg nach Czenstochau ist ganz anders. Dorthin geht man zu Fuß.«

Zu Fuß. Acht Tage lang. 270 Kilometer. Von Warschau nach Czenstochau. An jedem 6. August eines Jahres bricht aus Warschau eine Prozession auf, die schließlich zu einer Länge von fünf oder sechs Kilometern anwächst. 40 000 bis 50 000 Menschen gehen unter nahezu ständigem Beten und Singen über das Land. Hölzerne Panjewagen und offene Lastautos, auf denen zumeist die Priester und Gebrechlichen sitzen, fahren nebenher. Man schläft im Freien und ißt, was man in Proviantsäcken mitträgt oder in den Dörfern und Städten, die man durchzieht, in Lódź etwa und Piotrków Trybunalski, geschenkt bekommt. Dort brennen Kerzen in den Fenstern und vor blumengeschmückten Bildern der Schwarzen Madonna und des Papstes. Das Land entlang des Prozessionsweges schließt sich zum begeisterten Spalier. Beichten am Straßenrand. Messen. Zwischen Gebeten und Litaneien will man Predigten hören. Freie Themenwahl. Zur Frage des in Polen legalen Schwangerschaftsabbruches etwa. Da wird den Pilgern über die neben Fahnen und Kreuzen mitgetragenen Megaphone auseinandergesetzt, daß die Legalisierung nicht vor der Todsünde schütze. In stets wechselnden Formen bewegt sich die Prozession vorwärts; einmal als dichte, breite Menge und dann wieder feingliedrig, langgezogen; manche Pilger gehen nur stundenlang, andere tagelang mit und bleiben dann zurück, andere kommen dazu. Man weicht nicht aus, wer vorbei will, muß durch.

Es ist längst nicht die einzige Großwallfahrt Polens, aber es ist die zu Ehren der Himmelfahrt Mariens. *Das Fest.* Es wird am 15. August gefeiert. Am Vortag, am neunten Tag der Prozession, endlich, erreichen die Pilger Czenstochau. Der 106 Meter hohe Klosterturm von Jasna Góra. Das blaue Marienbanner. Die weißrote Flagge Polens, die weißgelbe des Vatikans. In Czenstochau ist alles Empfang.

Das letzte Wegstück: eine Lindenbaumallee vom Plac Nowotki zum Kloster hinauf, die »Allee der Allerheiligsten Jungfrau«. Die Hitlerdeutschen waren die einzigen geblieben, die den Namen dieser Allee jemals zu ändern wagten: »Adolf Hitler Allee«; die Lindenbäume hatten kurz, aber schwer an diesem Namen getragen.

Am Ende der Allee, auf den Wiesen, dem einen großen Platz vor dem Kloster, erreicht die Prozession ihre größte Ausdehnung; eine hunderttausendköpfige Menschenmenge. Sie stehen, knien und liegen vor dem Kloster. Die Erschöpfung.

»Szcześć Boze! – Gott helfe dir!« Jetzt sind sie angekommen; der Ordensgeneral der Pauliner, im August dieses Jahres hieße er Konstancjusz Kunz, grüßt sie zurück. Eine Predigt. Beichtgespräche entlang der Klostermauern. Der große Gottesdienst im Freien. Und von dort allmählich der Strom durch die Tore, Portale, über Festungsgräben und zwei Brücken in die Basilika. Aber was ist der barocke Prunk der Kirche jetzt, man will zu *Ihr.* Und dann, in der von Kerzenflammen strahlenden Seitenkapelle des Kirchenschiffs, auf einem dunklen Altar aus silberbeschlagenem Eichen- und Ebenholz, bedeckt von einem Festkleid aus getriebenem Gold, Smaragden, Saphiren und Diamanten und geschmückt mit den Perlen und Korallenschnüren der polnischen Frauen, *Sie.*

Acht Tage sind sie gegangen. Jetzt liegen sie vor *Ihr,* die Stirn auf den schwarzen Marmorsteinen aus Debnik und den weißen aus Kielce; die Arme ausgebreitet, beschreiben sie mit ihren Körpern Kreuze am Boden und weinen.

»Vielleicht werden Sie diese Erschütterung nicht verstehen«, hatte Wladyslaw Dymny, Rektor der Wiener Polenkirche, in seinem Empfangszimmer zu Braciszek gesagt und Wein nachgeschenkt, »aber diese Erschütterung *ist* Polen.«

»Aber warum gerade die Schwarze Madonna?« Braciszek hatte vorsichtshalber zurückgefragt; einige Antworten vermutete er bereits aus seinen Flüchtlingsgesprächen zu kennen. »Warum findet dieses Polen so sehr in Czenstochau und nicht vor den Madonnen von Kalwaria, Piekary Śląskie oder Skalmierzyce statt?«

Rektor Dymny hatte ihm eine Zigarette angeboten und ihn auf die Geschichte der polnischen Nation verwiesen. Aber Braciszek dachte an die Gegenwart: In ihrer Wochenendausgabe vom 15. und 16. Mai 1982 veröffentlichte die Warschauer Tageszeitung *Zycie Warszawy* einen Bericht unter dem Titel »Verurteilung wegen Entweihung einer Figur der Gottesmutter«: Dank des raschen Eingreifens der Miliz sei am Abend des 13. Mai der 38jährige Ingenieur Witold Z., Angestellter eines Tarnówer Konstruktionsbüros, verhaftet worden. Witold Z. habe gestanden, um 22 Uhr 30, in betrunkenem Zustand, eine Figur der Gottesmutter zerstört zu haben. Das Regionalgericht in Tarnów habe das Urteil in einem Schnellverfahren am 14. Mai, zwölf Stunden nach der Tat, gefällt: Zehn Monate Gefängnis für Witold Z. Das Urteil sei noch nicht rechtskräftig.

Natürlich hatte Braciszek Mitleid mit dem armen Witold Z. Irgendwie konnte er ihn ja verstehen: Die Versorgungslage hatte sich zwar da und dort gebessert, dafür waren aber die Preise so gestiegen, daß bereits ein Fünftel der ausgegebenen Lebensmittelkarten unbeansprucht blieb, weil man die zugewiesenen Rationen einfach nicht mehr bezahlen konnte. Eine Halbliterflasche Wodka kostete auf dem Schwarzmarkt, und nur dort war sie überhaupt erhältlich, bereits über tausend Zloty. Das durchschnittliche Einkommen belief sich nur auf das Sechs- bis Siebenfache, und soviel Braciszek über die polnischen Trinkgewohnheiten wußte, konnte ein 38jähriger Ingenieur unmöglich schon von einer Flasche betrunken gewesen sein. Der Arme mußte also einen sehr beträchtlichen Teil seiner Einkünfte versoffen haben, bevor er der Heiligen Jungfrau Gewalt angetan hatte. Die Internierungslager waren ja auch nicht kleiner geworden, alles deutete auf neue Unruhen und ihre Niederschlagung hin, und was hatte die Jungfrau dagegen unternommen? Was mußte eigentlich noch alles geschehen, bevor *Sie* sich Polens, *Ihres* Polens endlich erinnerte?

Zwar hatte die katholische Zeitschrift *Slowo powszechne* am 3. Mai, während über den Warschauer Himmel schon wieder Tränengaswolken zogen, gemeldet, daß am Vortag »Hunderttausende polnische Frauen« in Czenstochau gewesen und der Schwarzen Madonna dort einen goldenen »Kelch des Lebens« zum Geschenk gemacht hätten. Wohl um sie wegen der vielen Abtreibungen zu besänftigen, wie?

Und dieser segelohrige Primas hatte dazu gleich wieder eine seiner besänftigenden Predigten gehalten. Aber war der Kriegszustand davon erträglicher geworden? Wem hatte, verflucht noch einmal, das alles genützt? Worauf wartete *Sie* noch?

So oder ähnlich mochte dem betrunkenen Witold Z. seine Wut berechtigt erschienen sein. Aber einer frömmeren Betrachtung konnte seine Verurteilung doch nur als ein ordinäres Belegstück dafür gelten, daß in Polen nach wie vor niemand – niemand!, und zwar in ganz Polen, dem großen katholischen ebenso wie dem kleinen kommunistischen – die Gottesmutter, die Königin des Himmels, die Zuflucht der Sünder, die Arche des ewigen Bundes, die Trösterin der Betrübten, ungestraft entweihen konnte. Ein Verbrecher, wer es dennoch versuchte. Ein Belegstück aber auch dafür, daß der kleine Teil Polens dem großen wieder einmal zeigen wollte, daß im Lande alles mit rechten Dinge zugehe: Aufgepaßt, Katholiken! Seht, wie unsere Miliz Polens Königin beschützt! Beruhigt euch! Die Königin, die Königin, die Königin!

Die Königin. Während der klirrend kalten Osterfeiertage des Jahres 1656 hatte der aus seinem Exil zurückgekehrte

Polenkönig Jan II. Kazimierz in der Kathedrale von Lemberg die Schwarze Madonna von Czenstochau rechtskräftig zur »Königin der polnischen Krone« ausgerufen. Im Namen der polnischen Nation legte Kazimierz gleichzeitig ein Gelübde ab, das der Kirchenfürst Wyszyński knapp dreihundert Jahre später, nach einer ausgiebigen Gefängnis- und Klosterhaft, die ihm das stalintreue »Urzad Bezpieczeństwo«, das Sicherheitsamt, verschafft hatte, sehr trotzig erneuern sollte: »Immer und ewig« werde Polen seiner Königin treu bleiben undsoweiter. Man kennt solche Schwüre.

Aber während die Bauern, deren Leibeigenschaft abzuschaffen Kazimierz in Lemberg ebenfalls gelobt hatte, noch lange vergeblich auf die Einlösung des Gelübdes warten konnten, trat die Jungfrau ihr Amt mit sofortiger Wirkung an: Kein Hetman, der vor Kriegszügen nicht die Königin um den Tod der Feinde gebeten hätte, kein König, der nach seiner Krönung nicht zu *Ihr* gepilgert wäre; der einzige, der es nur gelobt und nicht getan hatte, Seine Majestät Stanislaw August Poniatowski, sollte dann auch der letzte Polenkönig bleiben. »Nicht zufällig!« wie Kirchenrektor Dymny an dieser Stelle eingeworfen hatte.

Das Volk brauchte es den Großen dabei nicht erst nachzutun: Es hatte sich längst daran gewöhnt, vor der Schwarzen Madonna als der wahren Herrin Polens zu knien. Aber den Lemberger Krönungsfeierlichkeiten war das blutige Jahr 1655 vorausgegangen. Ein Jahr, dessen wunderbaren Ausgang Augustyn Kordecki, Abt von Czenstochau, in seinem 1657 in lateinischer Sprache erschienenen Tagebuch *Nova Gigantomachia* beschrieb. Kordecki selbst wiederum sollte sehr viel später zum Helden eines sehr dicken Romans werden, den der polnische Literaturnobelpreisträger von 1905, Henryk Sienkiewicz, unter dem Titel *Potop – Die Sintflut* verfaßte. Sienkiewicz erzählt darin von eben jenem Wunder, an dem Herr Kordecki und seine schwerbewaffneten Pauliner noch mitgewirkt hatten:

Die Flut hatte in Gestalt der Söldnerheere des Schwedenkönigs Karl X. Gustav Polen überspült. Im Zuge eines unaufhaltsam scheinenden Vormarsches belagerten die Landsknechte unter dem Befehl eines Generals namens Burchard Müller auch das Kloster Jasna Góra. Am 18. November 1655 waren die Haufen unter Getöse vor Czenstochau erschienen und nach vierzig Tagen unter Getöse wieder abgezogen. Erfolglos. Ein Wunder!

Zwar hatten die Pauliner im Verein mit befreundeten Kriegern auch selbst einiges zu dieser militärischen Schlappe der Schweden beigetragen. Pater Ratyński etwa, ein begnadeter Artillerist, der aus einer geradezu unglaublichen Entfernung einem schwedischen Offizier direkt in den Kopf zu schießen vermochte; aber in dem nun von Czenstochau ausgehenden Sturm gegen die schwedischen Besatzer verloren sich nach und nach alle Zweifel, daß *Sie, Sie* allein es gewesen war, die zuerst Czenstochau und dann Polen wieder einmal von dem Übel erlöst hatte.

Zugegeben, die Schwarze Madonna hatte sich während der Belagerungswochen nicht im Kloster aufgehalten, sondern war schon zuvor nach Lubliniec evakuiert worden, aber was war dieser Umstand schon gegen das Bild eines inneren Augenzeugen, das sich über eine Wand des Rittersaals von Jasna Góra breit und bunt hinzieht: die Madonna im Passepartout der Wolken über dem Kloster, über den Schlachtreihen. Aus der Flughöhe lenkt *Sie* die Artilleriegeschosse der Schweden ab oder läßt sie zu bloßen Feuerwerkskörpern werden, die rot zerplatzen. Das Wunder.

Kein Wunder, daß die Militärs verschiedenster polnischer Armeen *Ihr* allen Respekt erwiesen: Fünf überaus prunkvolle Marschallstäbe, Geschenke königlicher Hetmane, wurden der Madonna bereits zu Füßen gelegt. Haufenweise andere Militaria. Am 3. Mai 1976, Jahrestag der ersten polnischen Verfassung 1791 und Festtag der »Maria Königin von Polen«, überwiesen schließlich auch acht Generale der Volksarmee ihre sämtlichen Orden der Dunklen, der Schönen.

Daß die Madonna nach wie vor auch als Oberbefehlshaberin der polnischen Armee kniefällig verehrt wurde, erschien Braciszek längst selbstverständlich. Noch im August des Jahres 1939, zwei Wochen vor der Verwandlung Polens in ein deutsches Schlachthaus, in dem schließlich mehr als sechs Millionen Polen getötet werden sollten, war durch die Bucht von Danzig eine gigantische theophorische Kriegsschiffprozession gepflügt; allen voran ein Panzerkreuzer mit der Monstranz und einem Bild der Schwarzen Madonna an Bord. *Sie* hatte doch auch schon andere Schlachten gewonnen. *Sie* war es ja, die gemäß den Berichten innerer Augenzeugen über den Wolkenfeldern bei Chocim 1673 erschienen war und dem späteren Polenkönig Jan III. Sobieski entscheidend geholfen hatte, die heidnischen Hunde zu schlagen. Und nur zehn Jahre später war die Allianz zwischen Himmel und Erde noch einmal mächtig geworden: Jan Sobieski zog zunächst nach Czenstochau, kniete dort, und dann in Eilmärschen nach Wien, das gegen die Türken kaum mehr standzuhalten vermochte. Sobieskis Husaren, mit dem Bild der Schwarzen Madonna auf ihren Brustpanzern, sorgten für erfolgreichen Entsatz. Viele tote Türken und Jubel in Wien. Und Sobieski kniete wieder in Czenstochau.

Auch der Polenmarschall Pilsudski, er sollte sich späterhin noch zu einem Diktator auswachsen, durfte an der Weichsel sein Wunder erleben, nachdem er sich 1920 mit seiner Armee bis nach Kiew vorgewagt hatte und schließlich, gehetzt von der Roten Armee, bis vor Warschau zurückrennen mußte: In den Augustkämpfen vor Warschau, rund um den Festtag der Himmelfahrt Mariens, konnte wiederum nur *Sie* es gewesen sein, die diesmal mit den bolschewistischen Artilleriegeschossen in bewährter Manier verfuhr, Granaten ablenkte und Herrn Pilsudski zu einem völlig unerwarteten Erfolg über die Rote Armee verhalf. Mit Pilsudski kooperierende französische Offiziere unter General Weygand, darunter auch ein Herr namens Charles de Gaulle, schrieben die Niederlage der Bolschewisten unter anderem zwar russischen Strategiefehlern zu, der versäumten Sicherung des Nachschubs etwa, aber die sollten nur reden. *Das Wunder an der Weichsel – Ihr Sieg.*

»Es soll Sie nicht wundern«, hatte Rektor Dymny zu Braciszek gesagt, »wenn viele Polen fest davon überzeugt sind, daß *Sie* nun auch mit den Russenfreunden fertig werden wird, nachdem Sie mit den Schweden, Türken, Bolschewisten und allem anderen fertig geworden ist.« Aber Braciszek wunderte sich ohnedies nicht mehr. »Von *Ihr* geht eine ungeheure Kraft aus«, setzte Dymny fort, und die Windstöße, die während des immer ehrfürchtiger werdenden Gesprächs in die Kronen der Ahornbäume vor den Fenstern fuhren, waren außerordentlich geeignet, seine Worte zu illustrieren. Aber Dymny kümmerte sich schon nicht mehr um das, was draußen vorging: »Mit dieser Kraft hatte jede Regierung in Polen zu rechnen; man fürchtet sie. Aber die Schwachen haben immer Angst...« Jetzt lächelte er.

Die Weinflasche war fast leer. »Gut oder schlecht«, sagte Dymny nun wieder ernst, »die polnische Kirche hat immer auch im nationalen Interesse gekämpft. Natürlich wäre es schon immer einfacher gewesen, *nur* von der Erlösung zu reden, aber das genügt in Polen nicht. Die Menschen dort kommen nicht nur der Erlösung wegen zu uns; sie kommen, wenn sie Dinge brauchen, die sie anderswo nicht kriegen können. Daß man vor der Miliz in die Kirche flüchtet, ist ein Extremfall, aber wer sollte den Freunden oder Familien der Internierten Rechtsberatung geben, wenn nicht die Priester? Wer soll ihnen helfen? Und wo soll eine kritische Kultur stattfinden, wenn nicht in den Institutionen der Kirche? Wo sollen unbequeme Schriftsteller und Intellektuelle schreiben, wenn nicht in den Zeitschriften und Verlagen der Kirche? Diese Kirche bemüht sich doch nicht nur um die religiöse, sondern ebensosehr um die historische Wahrheit. An der katholischen Unversität in Lublin geht es schließlich nicht nur um Theologie! Was die Russenfreunde als Wahrheit ausgeben, das ist doch Wahnsinn! Wahnsinn ist das! Alle, alle Großen der Nation sollen plötzlich Kommunisten gewesen sein!« Dymny schwieg. Braciszek hatte nichts zu sagen.

»Was sagst du? Singen sie nicht schön?« Pater Lipiec hat sich längst in einen richtigen Priester verwandelt. Der schwarze Ledermantel hängt in der Sakristei der Altenmarkter Kirche. Braciszeks Citroën steht vor dem Friedhofsportal. Lipiec, im goldbestickten Ornat am Altar, hat sich den

Gläubigen, hat sich Braciszek zugewandt und ihn mit seiner Frage überrascht. Quer durch das Kirchenschiff! In der Hand einen Goldkelch, fragt ihn Lipiec plötzlich durch das Kirchenschiff, ob sie nicht schön gesungen hätten. Braciszek sitzt in der vermeintlichen Sicherheit einer Hinterbank, unter dem Bild der elften Kreuzwegstation, »Jesus wird ans Kreuz genagelt«; aber jetzt sitzt er im Schnittpunkt von etwa zweihundert Blicken, die sich nach der Frage des Priesters auf ihn gerichtet haben. Beschäftigt mit seinem Notizbuch, hat er damit nicht gerechnet. Er ist verlegen. Ja, schön hätten sie gesungen. Die Blicke schwenken wieder zum Altar.

Während Lipiec den Gläubigen begeistert erzählt, daß Jesus der ewige Baum sei, aus dessen Stamm die starken Zweige der Kirche hervorwachsen würden, denkt Braciszek an eine andere Predigt. Józef Tischner, Prälat in Krakau, Freund und Theoretiker der Solidarność und nach Wyszyńskis Tod Außenseiterkandidat für das Amt des Primas von Polen, hatte Zehntausenden Mitgliedern der Solidarność im Oktober 1980 auf dem Krakauer Wawel zunächst das Lukasevangelium empfohlen: »Sollte Gott seinen Auserwählten, die Tag und Nacht zu ihm rufen, etwa nicht zu ihrem Recht verhelfen, sondern zögern? Ich sage euch: Unverzüglich wird er ihnen Recht verschaffen.« Aber die Worte jenes Evangelisten, von dem die an ikonographischen Spekulationen nicht besonders interessierten Marienverehrer glauben, *er* hätte die Schwarze Madonna von Czenstochau gemalt, waren längst nicht alles. Tischner konnte auch konkreter werden: »Wer versteht, der herrscht. Wer nicht in der Lage ist zu verstehen, muß abtreten – sogar, wenn ihn Legionen von Soldaten schützen... Es geht nicht darum, daß die Revolution eine blutige Rache an den Tyrannen sei, sondern darum, daß unter den Menschen eine vernünftige Ordnung eingeführt wird. Wenn der Tyrann abtreten muß, dann nicht so sehr deshalb, weil er sich als zu brutal erwies, sondern eher deshalb, weil er sich als zu dumm erwies...«
Nach seiner Predigt weist Lipiec wieder auf Braciszek, aber der ist vorbereitet: Der dort hinten, das sei Krzysztof, er sei auf der Suche nach der Schwarzen Madonna; die Brüder

und Schwestern sollten nur hingehen zu ihm und ihm erzählen von Czenstochau und der Königin der Polen.

Dann steht Cyryl Rolek, ein Sportlehrer aus Warschau, neben Braciszek und erzählt, er sei noch vor jeder wichtigen Entscheidung seines Lebens nach Czenstochau gepilgert. Das täten viele Polen. Er glaube fest an den Sieg der Schwarzen Madonna und an die Solidarność, aber im Flüchtlingslager von Traiskirchen könne er nun schon seit acht Monaten nichts anderes mehr tun als warten. Auf sein Visum. Nach Las Vegas. Dort werde es vielleicht besser.

Hanna heiße sie, sagt eine Frau zu Braciszek, drückt ihm eine Ansteckschleife mit dem Bild der Madonna in die Hand und setzt sich wieder in eine der vorderen Kirchenbänke. Und er sei Roman Kubiszek, umarmt ihn ein Maschinenbauer aus Wroclaw. Dreimal habe die Schwarze Madonna seinen Vater geheilt, aber der sei vor einem Monat gestorben. Er selbst habe nicht zum Begräbnis gehen können, man hätte ihn vielleicht verhaftet. Jetzt wolle er nach Deutschland.

Braciszek schreibt. Eine Krankenheilung hier, eine Freilassung aus dem Gefängnis dort. Erhörungen.

Das Protokoll seiner Ausfahrt mit Lipiec wird aber auch das größte Wunder der Schwarzen Madonna enthalten: *Ihre* Beihilfe zur Einheit der Nation quer durch Zeiten, in denen Polen als Staat längst aufgehört hatte zu existieren. Polen war unter den Dynastien der Piasten und Jagiellonen groß, zeitweilig zu einem der größten politischen Gebilde Europas geworden, aber die von einer ebenso bestechlichen wie uneinigen Aristokratie wieder mürbe gemachte Adelsrepublik hatte sich schließlich in einem Stakkato von Teilungen verflüchtigt: 1772 zum erstenmal, 1793 zum zweiten-, 1795 zum dritten- und nach dem Wiener Kongreß 1815 faktisch zum viertenmal von den Nachbarn Preußen, Österreich und Rußland nach allen Regeln der Grenzkunst geteilt, war dieses Land aus seiner staatlichen Gestalt in die Utopie zurückgekehrt. Auch das endlich unabhängige Polen von 1918 sollte unter dem Hitler-Stalin-Pakt wieder auseinanderbrechen und seine neuen Grenzen erst über Konferenzen in Teheran, Jalta und Potsdam wiederfinden.

Zu allen Zeiten der Teilung war die Kirche als einzige überregionale, alle Teilungsgebiete umfassende nationale Institution intakt geblieben, und ihr blühendes Zentrum, Czenstochau, hielt noch die leisesten Hoffnungen auf eine polnische Auferstehung, eine zum Staat befreite Nation wach. Die Wallfahrt nach Czenstochau – eine nationale Unternehmung: die Schwarze Madonna – ein Garant für die Erfüllung politischer Sehnsüchte.

Schon eines der ältesten Belegstücke der polnischen Literatur, das »Bogurodzica-Lied«, ein Marienhymnus, der, bereits jahrhundertelang gesungen, zu Beginn des 15. Jahrhunderts aufgezeichnet wurde, enthält irdische Erwartungen:

> »Gottesgebärerin…
> Höre das Gebet, das wir empor Dir senden,
> Und gib uns gnädig, was wir erbitten,
> Auch in der Welt ein gottseliges Sein…
> Kyrie eleison«

Gleichgültig, ob sich Braciszek für das Jahr 966, Datum der beginnenden Christianisierung Polens unter seinem ersten Herrscher Mieszko I., oder ein anderes der angebotenen Geburtsdaten Polens entscheiden mochte – die Geschichte dieses Landes verlief stets auch in Richtung Czenstochau. Zur Unbesiegbaren. Aber Braciszek war sich klar darüber, daß er die Erwähnung *Ihrer* offensichtlichen Unbesiegbarkeit in der polnischen Botschaft besser unterließ. Der Presseattaché hatte angerufen. »Herr Kranzmeir«, hatte er zu Braciszek gesagt, »ich habe die Bestätigung aus Warschau. Sie können nach Czenstochau fahren; heute, morgen. Wann Sie wollen.«

Die Unbesiegbare. Drei von den zahllosen Kopien der Schwarzen Madonna verließen Czenstochau mit päpstlichem Segen: Eine wurde in die Gruft der Päpste nach Rom getragen; eine andere reist durch die Gemeinden der etwa zehn Millionen Polen auf allen Kontinenten und eine dritte durch Polen selbst. Von Pfarrei zu Pfarrei. Man empfängt *Sie* mit Prunk.

Ein Parteisekretär, Gierek, sein Name wird in Polen gerade

vergessen, hatte sich vor Jahren unterstanden, diesen Einzug der kopierten Madonna, es war in Kattowitz, zu stören. Gierek ließ das Bild von der Miliz aus dem Goldrahmen entfernen und nach Czenstochau bringen. Das Getue sollte wenigstens auf Jasna Góra beschränkt bleiben. Ausgerechnet Gierek! Wo doch jeder wußte, daß er nicht einmal seine eigene Mutter davon abhalten konnte, vor der Madonna zu knien.

Durch Kattowitz jedenfalls trug man damals den leeren Rahmen. Kniende entlang des Weges, Blumen, Kerzen. Eine riesige Prozession.

Die Ausflüge, die Braciszek nach der Niederschrift seines Protokolls unternahm, konnten nurmehr der Spurensicherung dienen. Eine Tagesreise in das niederösterreichische Aspang etwa. Hoch über dem Talboden steht Braciszek dort vor einer massiven Kapelle, die Frau John, eine pensionierte Lehrerin, um ein Bild der Schwarzen Madonna hat bauen lassen. Das Bild hätten ihr die Mönche von Jasna Góra geschenkt. Nach ihrer zwanzigsten Wallfahrt. Im Februar hätten hier vierhundert polnische Emigranten gekniet. Im Schnee. »Gaude Mater Poloniae« hätten sie gesungen.

Auf dem Kahlenberg vor Wien läßt sich Braciszek die Schlachtordnung der polnischen Husaren erklären, denen die untenliegende Stadt ihre Freiheit vom Halbmond verdankt. Der genauestens unterrichtete Priester, nach dem Türschild muß es Pater Szulhaczewicz sein, führt Braciszek dann auch noch in die Kirche, die an den Sieg erinnern soll. Vor ein Bild der Schwarzen Madonna. Auch hier viel polnischer Besuch.

Und dann das Flüchtlingslager Traiskirchen. Die meisten der 1800 Lagerinsassen sind Polen. Keiner kommt ohne Ausweisleistung durch das mit scharfer Munition bewachte Tor. Weder hinaus noch hinein. Braciszek sieht dort lange, dreckige Gänge, an denen aufgefädelt Notbetten stehen. Lysolgeruch überall. Zerbrochene Fensterscheiben. Der polnische Adler über einer Saaltür, hinter der achtzig Asylanten, Eisenbett an Eisenbett, auf die Veränderung der

Umstände warten. Eine Familie aus Warschau hat ihr Stockbettgestell mit Decken verhängt. Wände aus grobem Stoff, ein Rest von Wohnung. Mit einer Sicherheitsnadel in den Stoff gespießt: das Bild der Schwarzen Madonna. Eine Ansichtskarte.

Zurück aus dem Lager, schließt Braciszek sich der am Rennweg angekündigten Ersatzwallfahrt nach dem steirischen Mariazell an. Neunzehn Großraumbusse voller Polen. Die Kirche übernimmt die Fahrtkosten aller Pilger. Litaneien und Lieder unterwegs. Braciszek findet das Ziel der Wallfahrt erwartungsgemäß vor: Transparente und Luftballons der Solidarność, »Freiheit für Polen«, Kirchenfahnen und ein mitgebrachtes Bild der Schwarzen Madonna. Über ein Megaphon die Aufforderung zur Beichte. Auch vor der fremden Jungfrau von Mariazell liegen polnische Pilger mit weit ausgebreiteten Armen auf dem Steinboden. Eine ganze feierliche Messe lang. Im steirischen Bergland sind die Steinböden auch im Marienmonat noch sehr kalt.

In gleichmäßigen Rhythmen behindern die Fontänen des Hochstrahlbrunnens am Wiener Schwarzenbergplatz die Sicht auf das Denkmal der Roten Armee. Ein riesenhafter Soldat auf einer Säule; seine Gestalt war so unproportioniert ausgefallen, daß man ihm einen schweren, völlig anachronistischen Schild zur Seite stellen mußte, um seinen Sturz von der Säule zu verhindern. Ein flüchtiges Bild auf dem Weg zum Ostbahnhof. Dort, auf Gleis drei, der »Chopin Express«. Abfahrt 21 Uhr 40. Kurswagen nach Ostberlin und Moskau.

»Wohin?« Der Name scheint dem Schalterbeamten noch nicht untergekommen zu sein.

»Czenstochau«, sagt Braciszek noch einmal.

»Buchstabieren!«

Braciszek buchstabiert. »Polen«, versucht er dem Beamten behilflich zu sein.

Hinter einer Leuchttafel gleitet ein Zeiger langsam über die Städte Osteuropas. Der Beamte tritt wieder ans Schalterglas. »884 Schilling«, sagt er.

Spinrad. Ein Geschäftsbericht

Was blieb? Eine Phiole aus Glas mit silbernem Deckel zum Aufbewahren der Zahnbürste. Eine Haarbürste; Holz mit feinsten Borsten. Die handgeschriebene Anzeige einer Erpressung, im April 1938 an die Staatsanwaltschaft Wien adressiert. Ein ledergebundenes Gebetbuch mit Goldschnitt, gedruckt 1885 in Budapest. Drei Fotografien. Die eine, offenbar noch aus Polen, zeigt einen sehr jungen, bartlosen Mann mit dichtem Haar, mit Stehkragen, Schlips und legerem Anzug. Der Kopf ist nicht bedeckt, der Gesichtsausdruck erwachsen, selbstbewußt, vielleicht etwas herrisch. Der Mann hat auf dem nächsten Bild volle, ein wenig gedunsene Züge. Er ist um die vierzig, gut gekleidet, glatt rasiert. Ein sattes, fast triumphierendes Lächeln umspielt seine Lippen, als stände er auf dem Gipfel seines Erfolges und als genösse er das. Das dritte Abbild schließlich. Mageres Gesicht, eingefallene Wangen, Schnurrbart über einem schmalen Mund. Schreckhaft geöffnete Augen, die starr geradeaus schauen. Sie schauen in die Kamera der Gestapo.

*

Wilhelm Wolf Spinrad, geboren 1893, Jude aus Ostgalizien. Seinen hebräischen Vornamen Zeev führt er später in der deutschen Übersetzung. Er stammt aus der Kreisstadt Stryi, deren Einwohnerschaft damals nahezu zur Hälfte jüdisch ist. Stryi hat eine christliche Buchhandlung und eine israelitische, einige Fabriken und Hotels, zahlreiche Mühlen, ein Dutzend jüdischer, koscher geführter Speisehäuser, ein halbes Dutzend Cafés mit polnischen, ruthenischen, jiddischen, deutschen und ausländischen Zeitungen.
Spinrads Vater ist eher begütert, Mühlenbesitzer, und seine Frau gebiert sechs Kinder. Deren jüngstes ist Wilhelm. Man spricht polnisch und jiddisch, beides Sprachen, die Spinrad

später aufgibt zugunsten von Deutsch. Deutsch ist die Sprache, in der er arriviert. Deutsch ist Leistung, Emanzipation. Akzentfrei beherrscht er es nie.

Ein Bruder stirbt an einem Lungenleiden; die anderen Geschwister fallen später der Vernichtung anheim. Spinrads Eltern haben auf gute Schulbildung der Kinder geachtet, und nach dem Cheder, der Elementarschule für jüdische Knaben, sowie der Pflichtschule löst sich lediglich Wilhelm aus dem heimatlichen Milieu, ohne das Metier erlernt zu haben, und geht, 1914 vielleicht, vielleicht erst 1916, mit einer nicht zu großen Barschaft nach Wien, wo er niemanden kennt. Mit ihm geht Chaje Hoffnung, seine Braut.

Chaje Hoffnung war in Bolechow, einem kleinen Ort nahe von Stryi, außerehelich zur Welt gekommen und fromm aufgewachsen, überaus fromm und arm. Sie hatte ihren künftigen Mann um 1911 kennengelernt. Spinrad trug Trauer, denn beide Eltern waren binnen eines Jahres gestorben. Er war kräftig, selbstbewußt und unternehmend; sie war zart, traurig, ein halbes Jahr jünger als er. Später ergänzte sie ihren jüdischen Namen »Chaje« um »Klara«.

*

Sie sind Anfang 20, als der Erste Weltkrieg ausbricht. Aus Furcht vor der Einberufung unterläßt es Spinrad zunächst, sich in der Reichshauptstadt polizeilich zu melden. Kann sein, daß er einen Schuhhandel aufmachte, oder einen Lebensmittelhandel, und daß er an der Börse spekulierte. Jedenfalls werden am 22. Februar 1921 die im zweiten Wiener Gemeindebezirk, Rembrandtstraße 32, wohnhaften Brautleute »nach den Gesetzen des Staates und der Religion« vom Rabbiner Dr. Mayersohn im Stadttempel getraut. Im selben Jahr kommt ihr erstes Kind zur Welt und erhält zwei Vornamen, Jonas nach dem Großvater väterlicherseits und Johann, eine sozusagen bodenständige Willenserklärung. Nicht, daß Wilhelm Spinrad sein Judentum aufzugeben im Sinne hat, aus Gleichgültigkeit oder Überzeugung. Nicht, daß er mit dem Gedanken auch nur spielte, sich der christlichen Umgebung zu assimilieren, ein seine Vorteile kalkulierender Geschäftsmann ohne Bindung und Vergangenheit. Nicht, daß seine jüdische Identität sich gleichsam aufgelöst hätte, ein obsolet gewordenes Relikt. Ein neues Selbstverständnis ist ihm aber zugewachsen, das des aus eigener Kraft, Initiative und aus kreativem Geschäftsgeist reüssierenden Alleinunternehmers, der Erfolge als Ansporn versteht, Erfolge zu mehren. Siege werden nicht gefeiert, sondern sind die vorzeigbaren Attribute eines Weges in Etappen ohne Ziel.

*

1920 ist Spinrad mit dem ungarischen Grafen Paul Keglevich bekannt geworden. Keglevich will in Wien die Zweigniederlassung seiner Spirituosenfirma »Gróf Keglevich Pal« installieren. Unter dem Einfluß Spinrads gründet er statt dessen die selbständige Einzelfirma »Graf Paul Keglevich« und einigt sich schließlich, eine Woche nach dessen Hochzeit, mit dem aufstrebenden noch nicht Achtundzwanzigjährigen auf einen beiden offenbar noch dienlicheren Modus: Spinrad und ein Kompagnon übernehmen die Firma, deren Namen beizubehalten sie sich verpflichten, und zahlen dem Grafen von da weg Tantiemen. Die Marke »Keglevich« für Cognacs und Liköre ist bestens eingeführt, weshalb Spinrad rasch expandiert. Im Frühjahr ist er Firmenchef geworden. Bereits im Sommer übersiedelt er aus einem kleinen Souterrainlokal am Arenberging in das größere eines Hauses im dritten Wiener Gemeindebezirk, in Erdberg, das er bald darauf erwirbt. 1924 scheidet der Kompagnon aus, ist Spinrad Alleininhaber; wird Spinrads Tochter geboren und nach der Großmutter mütterlicherseits Mathilde genannt, ein seiner Mutter ähnelndes, schwaches, blondes Wesen; macht Spinrad die Bekanntschaft eines Notars namens Hans Bablik. Bablik hat Kinder im Alter der Kinder Spinrads, dessen enger Freund er nach und nach wird. Er verschafft ihm Entrée bei der staatlichen »Österreichischen Spiritusstelle«, die nicht de jure, aber de facto das Monopol innehat. Einzelnen Firmen gegenüber aber verzichtet sie auf diesen Anspruch, und so wird Spinrad, der Spirituosenerzeuger, zu Spinrad, dem Spirituosengrossisten. Ende der zwanziger Jahre hat sich der Umsatz verdoppelt und liegt bei nahezu einer Million. Das Firmensignet zeigt das Wort »Weinbrand« in einem ovalen Schriftbild, darunter eine Krone, klein und gezackt, darunter zwei in einem Wappen aufrecht stehende Löwen, die ein Szepter fixieren. »Gróf Keglevich Pal« und »Budapest – Wien« steht am einen Bildrand, und am anderen »Keglevich Pal – Echt«. All das in Farbe; in welcher, weiß niemand mehr.

*

Rembrandtstraße 32 in der überwiegend von Juden bewohnten Leopoldstadt. Hier leben Spinrads bis 1933. Das Haus hat Vorstadtcharakter und die Wohnung Nummer 15 im zweiten Stock des hinteren Traktes nur zweieinhalb Zimmer. Die Fenster gehen in den Garten eines Blindenheimes, weshalb der Hausarzt Wischnowitzer vom Wohnungswechsel abrät, solang die Kinder klein sind. In der Straße gibt es ein Bethaus, doch Spinrads beten woanders; wo, ist vergessen worden.
Früh steht Spinrad auf, sehr früh, und macht Licht und macht Notizen, macht Toilette und eilt davon. Ihn treiben nicht Geldgier, Machtrausch oder das Ansehen. Er ist rastlos aus Spiellust und Kampfleidenschaft. Strategien entwirft er, wie ein Feldherr Schlachten entwirft. Geschäft ist Terrain; Terrain wird gewonnen, befestigt und erweitert. Jeder Schritt ein Schachzug. Man siegt, um weiterzuspielen. Spiel ist Herausforderung, eine Prüfung des Verstandes und der Intuition. Spinrad beherrscht die Kunst des Jonglierens. Ideen, Partner, Geschäfte und Financiers verkoppelt er, ein Vorgang, an dessen Beginn und Ende nur er sich befindet, er in einem als der Sender und Empfänger. Gleich einem Omen steht im Zimmer ein Kasten voll entwertetem Geld.
Schon Mitte der zwanziger Jahre fährt Spinrad Auto; einen Buick; einen von sechs in Wien. Spinrad lenkt begeistert; anfangs hat er sich chauffieren lassen. Emotional, streitbar, optimistisch, laut redend, ja schreiend, so teilt er sich mit. Gleichmut ist ihm fremd, und wo er hinkommt, dominiert er. Er neigt zur Gläubigkeit; fromm ist er nicht. Er hält die Tradition, ohne sie je in Frage zu stellen. Er betet morgens,

legt die Gebetsriemen an, betet mittags und abends. Er hält die Feiertage, und er fastet Jom Kippur sogar, wenn er krank ist. Er legt Wert auf koscher geführte Küche; in Restaurants und auf Reisen nimmt er es nicht so genau. Er legt Wert auf die jüdische Erziehung seiner Kinder, weshalb ein Privatlehrer sie in Hebräisch und Religion unterrichtet, da sind sie erst vier. Später schickt er sie samstags zur Schule, eine Entheiligung des Schabbat. Als gälte es, die Sünde wettzumachen, nehmen sie dort die Feder nicht zur Hand und schreiben keine Zeile. »Wir sind Juden«, sagt er manchmal, »und das heißt, anders als die anderen.«

*

1931 ist Spinrad ein erfolgreicher, aber noch immer unbedeutender Unternehmer, da berichtet ihm Hans Bablik über eine in Schwierigkeiten geratene Spirituosen-Erzeugung, die »Grande Distillerie Damase Hobé & Cie. A.G.« (fortan »Hobé«). Die patentierten, in Safes verschlossenen Weinbrand-, Schnaps- und Likörrezepte hat der Firmengründer Damase Hobé eingebracht, ein Chemiker, und Niederlassungen auf seinen Namen auch in Berlin, Prag und Budapest errichtet.
Der Vorsitzende des Verwaltungsrates beantragt den Ausgleich.
Spinrad bietet an, die Aktien zu kaufen.
Schon elf Tage später, am 31. Dezember 1931, eröffnet er, auf Bachergasse 17 im fünften Wiener Gemeindebezirk, dem Firmensitz der »Hobé«, seine erste Verwaltungsratssitzung. Der Inhaber der Paul Keglevich OHG ist Hauptaktionär geworden. Von 1932 bis 1936 sei es ihm am besten gegangen, heißt es. Schon 1927 hat er das Zinshaus Wiedner Gürtel 60 gekauft, auch dürfte er mehrere Liegenschaften besessen und weiterveräußert haben, sowie das legendäre Wiener »Renaissancetheater«. Dem Grafen Keglevich zahlt er nun keine Tantiemen mehr. Er erneuert die veralteten Hobéschen Brennapparate und renoviert die Destillieranlagen. Die Kunden der Großhandelsfirma Keglevich interessiert er für die Erzeugnisse des Detaillisten Hobé. Mit Hobéschen Likördestillaten füllt ab den frühen dreißiger

Jahren die Süßwarenfabrik Viktor Schmidt & Söhne Schokoladefläschchen. Ein Teil der Fläschchen wird mit »Hobé« etikettiert und ins Ausland verkauft.

Weil der Export sich gut anläßt, plant Spinrad die Wiedereröffnung der zu Beginn der Weltwirtschaftskrise geschlossenen Hobé-Niederlassungen in Prag und Budapest, bittet den seit 1925 wieder in Frankreich lebenden Damase Hobé um Rückkehr nach Wien, kooptiert ihn in den Vorstand der »Grande Distillerie«. Er reist mit ihm und der Tochter Mathilde an die früheren Firmensitze. Durch den Vertrag mit Viktor Schmidt & Söhne überschreitet der Umsatz bereits die Million Schilling. Zwecks Forcierung des Detailhandels erwirbt Spinrad Oktober 1936 die vordem der Erzeugung und Destillation von Spirituosen, Likören und alkoholfreien Getränken dienende Firma »Fünkler & Comp.«, die sich von da an auf die Fabrikation und den Verkauf aromatisierter Weine verlegt; auch übernimmt sie den Vertrieb fast aller Hobé-Produkte. Die Spinradschen Firmen haben ab nun sämtlich ihren Sitz auf Bachergasse 17. Hierher ist die Familie 1934 übersiedelt; es ist das die letzte Adresse.

*

In dem Sommer, da die Spinrads in die Bachergasse ziehen, ist Mathilde zehn, Johann feiert Bar Mizwah, die Eltern sind vierzig und der Vater wird grau. Ein Jahr lang hat er das Haus renoviert, hatte große Räume aus kleinen gemacht, Zentralheizung installieren lassen, den Luxus eines Bades mit Bidet und Säulenwaschtisch. In allen Räumen hängen Telefone und Haustelefone. Es gibt ein »Herrenzimmer« in schwarzer Eiche mit Ledergarnitur und einem Ölgemälde des Kapischnitzer Rebben. Hier steht ein Schreibtisch, an dem Spinrad tief in der Nacht zu arbeiten pflegt. Sein Gebetbuch sowie die »Jarmulke«, ein in Ehren gehaltenes Samtkäppchen, befinden sich in der Anrichte aus schwarzer Eiche im schwarzeichenen Eßzimmer. Unter dem Eindruck eines Gesprächs mit ihm soll der Kapischnitzer Rebbe diese seine Kopfbedeckung abgenommen und Spinrad geschenkt haben. An die Privaträume schließt sich ein

Büro, das nach und nach zehn Angestellte beschäftigt. Manche haben Dienstwohnungen im Stock darüber. Ein Lastenaufzug führt ins Erdgeschoß, wo Destillierapparate und Kupferkessel stehen, wo Flaschen aufbewahrt, gewaschen, gefüllt und etikettiert werden. Das Gebäude hat zwei Höfe, im einen lagern Fässer und im anderen befindet sich eine kleine Brennerei. Zu Sukkot, dem Laubhüttenfest, steht hier eine Hütte aus Zweigen Stroh und Laub, in der man durch acht Tage ißt und schläft. Den frommen Brennereiarbeiter soll Spinrad eigens deshalb engagiert haben, damit ihn dieser vor dem Antritt einer Reise segne.

Spinrad raucht nicht, und er trinkt nicht einmal die von ihm erzeugten Liköre. Früher hat er Bälle besucht und ist ins Theater gegangen. Nun liest er flüchtig Zeitung, und kaum eine Mahlzeit findet statt, ohne daß ein Telefonat ihn wegruft. Hat er Gäste, läßt er sie warten und spricht dann nur vom Geschäft. Den Freitagabend, »Schabbat-Eingang«, wünscht er im Kreis der Familie zuzubringen, doch kommt er so spät, daß das Essen kalt ist und die Kinder schlafen. Er pflegt sich und ist eitel. Er trägt Maßanzüge, besitzt einen Stadtpelz und läßt sich täglich rasieren. Er liebt schöne Dinge, Silber, Teppiche, besticktes Bettzeug, und er trinkt aus keinem dicken Porzellan. Seiner Gattin schenkt er Schmuck, den die in sich gekehrte Frau statt zu tragen in den Tresor tut. Er wählt sozialdemokratisch, führt ein offenes Haus, und die Angestellten essen mit. Sie nennen ihn »Herr Generaldirektor«, was ihn stört. Nicht aus Bescheidenheit stört, denn er ist nicht bescheiden, sondern von sich überzeugt, und nicht aus politischem Weitblick, denn politisch ist Spinrad blind. Ängstlich ist er, der Neider wegen, und beschämt, weil Gold wird, was er anfaßt. Er will den Wohlstand verbergen, auf den er doch stolz ist. Der Familie und Gesundheit zuliebe erwirbt er im burgenländischen Ort Sauerbrunn ein Landhaus mit Grund. Vier Sommer bleiben bis zum »Anschluß«; diese Sommer verbringen Klara Spinrad und die Kinder hier. Außerhalb der Saison wird auf Spinrad endlos gewartet und schließlich ohne ihn gefahren. Spinrad kommt nach, konsultiert den Gärtner, stutzt die Rosen, oder der Buchhalter erscheint, und die Herren ziehen sich zurück. Spinrad muß sich, um in seinem Element zu sein, überfordern.

*

»Krankheitsgeschichte. Am 14. Dezember 1936 stand ich früh auf und verspürte am Zeigefinger und Daumen der rechten Hand ein Brennen und eine Gefühllosigkeit... Gegen zehn Uhr fuhr ich nach Sauerbrunn, und als ich nach Wr. Neudorf kam, bekam ich plötzlich von den Fingern ausgehend, ziemlich starke Schmerzen bis zum Rücken.... Mit schwerer Mühe verrichtete ich bei der dortigen Gemeinde meine Agenden und fuhr... darauf nach Hause. Es wurde... der Hausarzt Dr. Wischnowitzer verständigt und bis derselbe kam, hielt ich mich noch eine kurze Weile im Betrieb (angeschlossen an die Wohnung) auf. Die Schmerzen sind jedoch so stark geworden, daß der Kopf bis zu den Knien herabsank. Als Doktor Wischnowitzer kam, wurde ich sofort zu Bett gebracht, es wurde... eine starke Nervenentzündung konstatiert.«
Indem sich Spinrad in Schmerzen windet, verblaßt, was rundum geschieht. Anstelle von Allmacht ist Ohnmacht. Bestrahlungen, Packungen, Schwitzbäder, Dampfbäder, Injektionen, und das durch Monate, in denen er vor Erschöpfung weint, aber das Geschäft weiterführt, bis er es seiner Frau überläßt.

»Krankheitsgeschichte. Am 2. November 1937... habe (ich) nicht viel verspürt, doch war mir etwas kalt. Ich hatte damals eine Konferenz mit zwei Rechtsanwälten, und... bei Beginn bekam ich Schmerzen in der linken Hand, die bis zu der Achselhöhle stiegen und nicht auszuhalten waren, auch habe ich sehr geschwitzt. Ich habe wohl noch konferiert ca. ¾ Stunden, doch mußte ich die Konferenz infolge der so starken Schmerzen abbrechen.... Der Arzt konstatierte eine angina pectoris und... blieb 4½ Stunden bei mir, so lange dauerte der Anfall; während desselben habe ich immer das Gefühl gehabt, sterben zu müssen.... In der folgenden Nacht bekam ich wieder einen Anfall, der Arzt mußte geholt werden. Den darauffolgenden Tag, am Freitag, bekam ich abermals einen Anfall, der so stark war, daß ich gebeten habe, man möge für mein Seelenheil beten lassen.... Am 19. November wurde Dozent Dr. Scherf berufen, da die Schmerzen un-

beschreiblich waren, und bei dieser Gelegenheit wurde im Haus
ein Elektrokardiogramm aufgenommen, welches leider besagte,
daß Nr. 1 und 2 der Herzgefäße tief negativ sind. Bei diesem Kon-
silium veranlaßte der Dozent, daß niemand geschäftlich bei mir
vorspreche.... (und) verordnete weiters regungsloses Liegen auf
14 Tage.... Knapp vor Weihnachten gestattete Dr. Scherf, daß
ich mich einige Minuten im Tage aufsetze. ..., am 1. Jänner
durfte ich 1 Minute aufstehen und so langsam immer etwas mehr
bis zum 12. Jänner. Damals fuhr ich zu Dozent Scherf in die
Ordination und bestand er unbedingt darauf, nachdem ich zehn kg
abgenommen hatte, daß ich in ein Sanatorium müsse. Am 13. Jän-
ner verließ mich die Diplomschwester und ich wurde ins Sanato-
rium überführt.«
Hier befindet sich Spinrad noch immer und ist kaum im-
stande, einige Stufen zu nehmen, als am 12. März 1938 Hitlers Truppen in Österreich einmarschieren.

*

Sein Glaube an sich selbst hat ihn sich über Dimensionen
täuschen lassen. Nicht weggeschaut hat er, sondern nicht
wahrgenommen. Hitler heißt Krieg, nicht Nürnberger
Rassegesetze. »Nationalsozialismus«, das ist die neckisch
seit 1930 »die Nazi« genannte Angestellte in der völkischen
Tracht. Antisemitismus? Lächerlich, weil dumm. Deutschland? Deutsche Juden, die ab 1933 Österreich besuchen,
scheinen unter geringfügigen Einschränkungen nicht sonderlich zu leiden. Stillhalten empfiehlt sich, und sich nicht
auf alle Parkbänke setzen, aber wer will das schon.
Spinrad, dessen Weitblick geschäftlichen Dingen gilt, anderen nicht, hat kein Vermögen in das Ausland transferiert. Er
bleibt, statt zu gehen; ein Jude ist seßhaft geworden auf
Kosten seiner Fluchtinstinkte. Wofür auch immer sein langsam erkrankendes Herz schlägt, für Stryi, Jerusalem oder
Wien, Wien ist seine materielle Existenz, und die ist er, der
sie aus sich geschaffen hat, sie ist sein Ausweis und der
Nachweis seiner selbst.
Am 13. März trägt Damase Hobé das NSDAP-Abzeichen,
und ein Firmenauto ist mit Hakenkreuz beflaggt. Klara
Spinrad fragt den Magazineur, ob er die Familie über die

tschechoslowakische Grenze zu bringen bereit sei. Der Magazineur, auch Jude, sagt Ja und denkt für sich selbst nicht an Flucht. Nur wohlbestallte Juden seien in Gefahr, glaubt er. Wilhelm Spinrad lehnt freilich ab. Der Spuk ist in wenigen Tagen vorbei; dies seine Ansicht.

Am 15. März wird Klara Spinrad bestellt, ihre Kinder brauchten nicht mehr in die Schule zu kommen.

Am 17. März, zwölf Uhr Mittag, erscheinen unter Führung eines narbigen Mittdreißigers, des SA-Sturmbannführers Anton Puhr, Männer der SA-Standarte 24 im Parksanatorium Hütteldorf, berufen sich auf die Anzeige eines früheren Geschäftspartners Spinrads, zwingen den bestürzten Unternehmer, ein Auto zu besteigen, bringen ihn auf Bachergasse 17.

Die Straße ist schwarz vor Schaulustigen, als der Wagen eintrifft.

Denn auch hier ist die SA seit Mittag am Werk. 30 Männer sind in den Fabrikhof eingedrungen und haben sich an den Türen postiert. Johann steht blutend am Fenster und schaut hinunter in den Hof. Hier wird seine 14jährige Schwester am Fortlaufen gehindert. Klara Spinrad, zu dieser Zeit nicht daheim, wird anderswo aufgegriffen, in ein Gefängnis gesteckt, nachts entlassen. Sie läuft zu Bekannten und bleibt dort Tage.

Wilhelm Spinrad, totenblaß, im Stadtpelz, flankiert von SA, so steht er seiner Tochter Mathilde heute vor Augen. Sie nehmen ihm die Uhr ab, führen ihn zu den Tresoren, und er öffnet sie. Vier Stunden durchwühlt SA die Räume und bringt Spinrad danach ins Gefängnis. 14 Tage später, in denen die Kinder das Haus nicht verlassen dürfen, ist die Wohnung bis auf vier Betten geleert und der verschleppte Hausrat in einem »Verzeichnis zum Einlagerungsschein« aufgelistet: »*1 Speisezimmerkredenz, 6 Türen, 3 Laden, Eiche / 1 Pfeilerkasten, 3 Türen, 0 Laden, Eiche / 1 Speisezimmersockeltisch, aufklappbar, Eiche / 6 Speisezimmersessel mit Preßleder / 1 Bücheretagere, fahrbar / 1 kleiner Tisch sechseckig, geschnitzt / 2 kleine Hocker / 1 Blumentischchen / 1 ovaler Sockeltisch, klein / 1 Perserteppich 4 × 3,50 m / 1 Psyche mit rechteckigem Spiegel, 2 Türen, 2 Laden, 1 Glas gebr. / 2 Nachtkästchen mit Glas-*

platte, *1 Glasplatte gebr. / 1 Kasten Nuß, 4 Türen / 1 Persertep-*
pich 3,50 × 4 m / 1 Bronzeluster 9flammig mit Stoffschirm / 1 ver-
nickelter Luster 5flammig / 1 Luster 1flammig m. 1 gr und 5 kl
Marmorschüsseln / 1 Koffergrammophon, Elektra / 10 Schallplat-
ten / 1 Teppich 2 × 1,20 m / 2 Nachtkästchen licht mit Glasplatte /
1 Psyche m. 3teiligem Spiegel / 1 Judenbild m. schwarzem Rah-
men / 2 Stickereibilder m.   Goldrahmen / 6 versch. Vorhänge.
Netzstoff u. gestickt / 1 bunte Tischdecke 2 × 2 m / 1 blauer Tuch-
rest cca. 1,20 m / 1 grauer Tuchrest cca. 3 m / 4 weiße gestickte Vor-
hänge / 3 Stk. Goldbrokat (Vorhang) / 1 Doppelbettdecke ge-
stickt / 5 versch. Vorhangteile / 2 Rindsleder Fauteuille / 3 Bettvor-
leger / 2 Kisten,   darin   verpackt: 12 Sektgläser   geschliffen /
10 Weingläser geschliffen / 6 Weingläser geschliffen / 12 Biergläser
geschliffen / 7 Wassergläser geschliffen / 6 Glasteller / 6 grüne
Weingläser / 12 Weingläser bunt / 12 Likörgläser bunt / 4 geschl.
Glastassen / 1 Glasgefäß mit Deckel / 1 Obstschüssel geschl. /
1 Dessertteller geschl. / 1 Salatschüssel m. Löffeln u. Gabel /
1 Mokkaservice mit Tasse dazu / 6 Schalen mit Untertasse, Zuk-
kerdose mit Deckel u. Topf / 1 Teeservice, 6 Schalen u. Untertas-
sen / Zuckerdose, Milch- und Teekanne / 1 Kaffeeservice, 6 Scha-
len m. Untertasse / 1 Kaffee-, 1 Milchkanne u. 1 Zuckerdose /
1 Elektrokocher Nr. 5756 / 2 kleine Bilder mit Goldrahmen.«

*

Wien am 31. 3. 1938
Wohlg. Frau Anna Tesarik!
Ich befinde mich in Untersuchungshaft im Landesgericht I und
bitte Sie, nachdem sich bisher niemand von meinen Angehörigen
und Bekannten um mich gekümmert hat, einen Verteidiger für
mich zu bestellen und zu veranlassen, daß mir Wäsche und ein
kleiner Kopfpolster sowie Decken geschickt wird, ebenso möchte
man mir alles schicken, was ich zur Verrichtung meiner Gebete
brauche. Diese Sachen fürs Gebet befinden sich im Sanatorium.
Bitte auch zu veranlassen, daß etwas Geld für mich deponiert
wird, um mir etwas kaufen zu können. Die Medikamente, wel-
che sich im Sanatorium befinden, möchte man mir ebenfalls
schicken.
Ich bitte Sie sehr ergebenst, sich persönlich um mich zu kümmern,
sowie mich gefl. zu besuchen.

Nachdem am 31. März verschiedene Fristen ablaufen, bitte ich Sie, sogleich zu veranlassen, daß um entsprechende Fristerstreckung angesucht wird. Ich bitte Sie recht sehr, sich auch meiner armen Frau sowie Kinder anzunehmen.
Für Ihre Bemühung danke ich Ihnen recht herzlich und verbleibe mit besten Grüßen Ihr Wilhelm Spinrad, Landesgericht I, E 104.

*

Im Landesgericht bleibt Spinrad bis 14. Mai; dann kehrt er in die Bachergasse heim. Mathilde Spinrads kindliches, drängendes Bitten hat erwirkt, daß der Gefängnisarzt die Haftuntauglichkeit des Herzinfarkt-Patienten zu bescheinigen bereit ist. Im »Herrenzimmer« hängt anstelle des Kapischnitzer Rebben ein Konterfei Adolf Hitlers; im Büro residiert ein selbsternannter, später von der zur »Arisierung« und Liquidierung jüdischer Firmen eingerichteten »Vermögensverkehrsstelle« offiziell bestellter »kommissarischer Verwalter«; Heinrich Bauer. Dieser, ein ehemaliger Finanzbeamter, läßt in der Folge Spinrad mitwirken an der Liquidierung seines Betriebes, während sein Nachfolger das Zerstörungswerk allein und zu seinem eigenen Vorteil fortsetzen wird.

*

Heinrich Bauer am 13. Juli 1938 an die »Vermögensverkehrsstelle«: »*Als unser Hauptaktionär und geschäftsführender Direktor (Jude Wilhelm Spinrad) ... vom Sanatorium weg verhaftet wurde, lag infolge des Boykotts gegen jüdische Unternehmungen unser Geschäft völlig lahm. Der kommissarische Verwalter ... mußte sich erst durch die von der Wirtschaftspolizei und S. A. aufgewühlten Papiere durchfretten. Da sämtliche Kredite wie mit einem Schlag gesperrt und die Gläubiger ungeduldig wurden, war es äußerst schwierig, bis heute durchzuhalten.... Der Druck der Gläubiger ist um so intensiver, als die Leute wissen, daß der Jude Spinrad zwei Häuser und eine Villa besitzt. Diese Realitäten sind jedoch fast zur Gänze mit Hypotheken und pfandrechtlichen Sicherstellungen eingedeckt und gehören, wie es bei jüdischen Besitzungen üblich ist, nur nach außen hin dem Hausherrn. Bargeld war nie vorhanden, im Gegenteil! ... Die Verhält-*

nisse haben sich bis heute nicht gebessert; vielmehr scheint der Jude zu glauben, weiterwursteln zu können, obwohl ihm von allen Seiten der Hals zugeschnürt wird.... Das Unternehmen steuert unhaltbar dem Abgrund zu, da selbst die ›schützende Hand‹ des kommissarischen Verwalters nur beschränkte Dauer haben kann. Die jüdischen Arbeitnehmer wurden inzwischen entlassen.«

*

Zeugnis für den Dampfkesselwärter Hermann Lercher, tätig für die »Hobé« bis 30. August 1938, ausgestellt von Wilhelm Spinrad: *»Herrn Lercher, den wir infolge des Nationalen Umbruches als Jude entlassen müssen, können wir jedermann als treu, ehrlich und fleissig empfehlen und wünschen wir ihm ferner alles Gute.«*

*

Vordruck des »Amerikanischen Generalkonsulates Wien, Deutschland«: *»Herrn – Frau – Fräulein Wolf, Chaje, Johann, Mathilde Spinrad. Unter Bezugnahme auf den hier eingereichten, von Ihnen ausgefüllten Fragebogen, enthaltend Ihr Ansuchen um Vormerkung zwecks Einwanderung in die Vereinigten Staaten von Amerika, wird Ihnen mitgeteilt, daß Sie unter dem Datum des Aug 19 1938 auf der polnischen Warteliste unter Vormerknummer 2137221375 eingetragen sind. Sie werden rechtzeitig verständigt werden, wann Ihre Nummer auf der Warteliste an die Reihe gekommen ist. Dieses Schriftstück ist sorgfältig aufzubewahren. Die Vormerknummer ist nicht die Quotennummer.«*

*

Bericht der Berliner »Prüfstelle für die kommissarischen Verwalter«; 17.9.1938: *»Die Firma Damase, Hobé & Cie. A. G., die von ihrem Gründer, dem Franzosen Hobé, einen ausgezeichneten Ruf genoß..., wurde von dem Juden Spinrad vollkommen heruntergewirtschaftet. Spinrad selbst hat im Gewerbe einen sehr schlechten Ruf. Das Ansehen der Firma Hobé ist unter der Leitung von Spinrad derart zurückgegangen, daß man kaum einem Arier zumuten kann, diesen Betrieb zu übernehmen.«*

*

Wilhelm Spinrad im Herbst 1938: »*Am 17. Oktober 1938...
erschien in meinem Büro ein Herr namens Anton Puhr in Zivil-
kleidern (und) gab sich mir gegenüber als neuer kommissarischer
Verwalter aus. ...Auf Ersuchen meinerseits, sich zu legitimie-
ren, gab er mir zur Antwort: Ich hab Sie schon einmal aus der
Badewanne im Sanatorium herausgeholt und eingesperrt, ich
werde Sie abermals einsperren lassen, wenn Sie frech sind. Hie-
von teilweise eingeschüchtert, gab ich... keine Antwort. ...(Er)
befahl mir, den Betrieb zu verlassen und denselben nie mehr zu
betreten, brachte an die Türe meines Büroeingangs eine Tafel mit
der Aufschrift an: ›Juden ist der Eintritt verboten‹. ...Er gab meinem Büropersonal Auftrag, mich auch in seiner Abwesenheit
nicht mehr ins Büro zu lassen, desgleichen im Betriebe, und wurden mir die Schlüssel abgenommen.*«

*

Wilhelm Spinrad an Anton Puhr; 4. November 1938: »*Ich
bitte Sie, mir für meinen Lebensunterhalt für mich und meine Familie, um Überweisung von RM 50,–. Hochachtungsvoll.*«

*

»Prüfstelle für die kommissarischen Verwalter« an Anton
Puhr; 4. November 1938: »*Auf Ihre Anfrage teile ich Ihnen
mit, daß Sie dem Besitzer der von Ihnen kommissarisch verwalteten Firma, dem Juden Spinrad, bis auf weiteres keine Gelder
auszufolgen haben. Heil Hitler!*«

*

In diesem Monat lädt die Gestapo Spinrad per rekomman-
diertem Brief vor. Mathilde begleitet ihn bis zum Tor.
»Gott ist dein Vater, bis ich zurück bin«, sagt ihr Spinrad.
Am 8. November hat er dem Gauleiter Bürckel schriftlich
mitgeteilt, die korrekte Liquidation seiner Firmen anzustreben und für sich keine Ansprüche zu haben, »da ich ohnedies nach Durchführung das Reich verlasse«. Nun muß er,
der endlich zu emigrieren gewillt ist, unterschreiben, daß er
nicht außer Landes gehen werde. Er leidet unter Angstzu-
ständen; unter Beklemmungen. Ist früher die Vitalität sein
Motor gewesen, ist sein Motor nunmehr die Verzweiflung.

Es scheint sinnlos, auf das Visum nach Amerika zu hoffen, und den Strapazen eines heimlichen Grenzübertrittes fühlt er sich nicht gewachsen. »Soll ich denn auf der Strecke bleiben?« fragt er seine fluchtbereite Gattin. Fliehen sei der sichere Tod und Bleiben nur der mögliche, meint er noch immer. In der »Reichskristallnacht«, dem 10. November 1938, stürmt SA den Siebenbrunnentempel, in dem sein Sohn vier Jahre davor Bar Mizwah gehabt hat; zerstört ihn; auch das von Spinrads zu Feiertagen aufgesuchte Bethaus in der Wiedner Hauptstraße brennt ab.

Knapp drei Wochen später muß Spinrad ins Spital. Sein Herzleiden ist aufgeflammt. Er, dem in Wahrheit das Heft längst aus der Hand genommen ist, will noch vom Krankenbett aus retten, was er geschaffen hat, und »retten« heißt in dem Fall, »arisieren« lassen anstelle von zugrunderichten. Es sucht also Spinrad, der Jude, einen »arischen« Käufer zu finden, dem er, um eine Bagatelle, sein Lebenswerk zu überlassen bereit ist, so, wie ein Künstler sein unanbringliches Kunstwerk eher verschenkt wissen will als zerstört. Er findet zwei Herren, die als »Ariseure« zu fungieren bereit sind, aber Anton Puhr weist sie ab.

Für Mathilde und Johann Spinrad haben die Eltern einen Platz auf einem von zionistischer Seite organisierten Kindertransport nach England ergattern können. Mathilde geht das letzte Mal den Vater besuchen. In der Straßenbahn weint sie und der Schaffner fragt nach dem Grund. Auf dem Bahnhof eine Stimme durch den Lautsprecher: »Machen Sie schnell, machen Sie es Ihren Kindern nicht zu schwer.« Es ist der 10. Dezember 1938. Bis Kriegsbeginn gibt es zwei Briefe; dann nichts mehr. Ohne gesund geworden zu sein, verläßt Spinrad das Spital im Jänner. Er hat den Aufenthalt nicht länger zahlen können; Puhr hat die zur Weiterbehandlung nötigen Mittel nicht zur Verfügung gestellt; im Monat darauf ernennt die »Vermögensverkehrsstelle« den SA-Sturmbannführer zum Treuhänder der Spinradschen Firmen: *»Mit der Zustellung dieser Verfügung verliert der Eigentümer des von Ihnen verwalteten Vermögens das Recht, darüber zu verfügen.«*

*

»Vermögensverkehrsstelle« an den Reichskommissar für die Wiedervereinigung Österreichs mit dem Deutschen Reich, Abt. III / B; 23. 8. 1939: *»In dem Jammerbrief des Juden Spinrad beschwert sich dieser über die Behandlung des k.V. Hiezu möchte ich bemerken, daß der Jude aufgrund seines hohen Alters und seiner Angina pectoris mit allen möglichen Mitteln versucht, die Tätigkeit des k.V. zu unterbinden. Daß der k.V., S.A.-Sturmbannführer Anton Puhr, daraufhin mit der nötigen Energie auftrat, ist nicht zu verwundern. Der Jude Spinrad ... versuchte auch unter Zuhilfenahme arischer Revisionsgesellschaften, bzw. eines arischen Rechtsanwaltes, die Komm. Verwaltung aufzuheben. Die Firma ist in Liquidation und dürfte aller Voraussicht nach in kürzester Zeit nicht mehr bestehen.«*

*

Seit der Entlassung Spinrads aus dem Spital sind er und seine Frau weitgehend mittellos und auf die öffentliche »Notausspeisungszentrale« der Israelitischen Kultusgemeinde angewiesen. Sie führen nun »Zusatznamen«; »Israel« und »Sarah«. Sie tragen »Kennkarten« mit ihren Fingerabdrücken bei sich, in welche, in deutscher Fraktur, ein braunes J eingedruckt ist. Die der Klara Spinrad, ausgestellt am 3. Mai 1939, zeigt das ehemals schöne, nunmehr alternde, wie verstummte Gesicht einer scheinbar weit mehr als 45jährigen, die mit zwanzig nur eben melancholisch gewesen ist, und nun ist sie leer.

Puhrs Treuhandvollmacht endet im November. Aus Schlußberichten des Parteigenossen geht hervor, daß unter seiner Ägide »die Villa der Jüdin Chaje Spinrad« beschlagnahmt worden ist und »dem Land Niederdonau einverleibt«; daß die den Firmen Hobé und Keglevich gehörenden Privat- und Lastwagen »von der Gestapo beschlagnahmt und ebenfalls nicht verrechnet« worden sind; daß Spinrad »Reichsfluchtsteuer« und »Sühneabgaben« in der Höhe von RM 50 000,– bezahlt hat, sein Inventar aber um nur RM 9000,– versteigert worden ist.

Ein Konkursantrag Puhrs über die von ihm völlig heruntergewirtschafteten Firmen wird von der »Vermögensverkehrsstelle« mangels Kostendeckung abgewiesen: *»Schei-*

den die Liegenschaften aus, . . . die kein greifbares Vermögen bilden und überdies sehr stark belastet sind, . . . bleibt als Aktivum nur ein Barbetrag vom RM 337,13, ein Postsparkassenguthaben von RM 6,10 und das Inventar das blos mit Rpf 67 bewertet ist.«

Puhrs Nachfolger heißt Herbert Eggstain, ist Rechtsanwalt, Nationalsozialist und sozusagen um die Rettung, Erhaltung, Wiedergewinnung materieller Werte bemüht. »Daß meine Unternehmungen hoch aktiv waren«, schreibt ihm Spinrad, »und daß ich ein vermögender Mann war, ergibt sich aus der Tatsache, daß mir an Reichsfluchtsteuer cca. RM 60000,– vorgeschrieben wurden. Ebenso viel dürfte die Judenabgabe ausmachen. Nichts destoweniger lebe ich in großer Not, . . . weil ich seit 10 Monaten aus meinen Betrieben keinerlei Zuwendungen bekommen konnte.« Eggstain, nach sechsmonatiger Prüfung der Vermögenslage Spinrads die »bewußte Verschleuderung von Volksvermögen« durch Puhr konstatierend, sieht im Mai 1940 als einzige Maßnahme zur ». . . wenigstens teilweisen Befriedigung der Gläubiger«, die Firmen »Hobé« und »Pal Gróf Keglevich« samt Markenrechten »im Arisierungswege (zu) veräußern«. Als »Ariseurin« bietet sich Anna Tesarik an, eine Branntweinschänkerin und frühere Angestellte Spinrads. Es ist nicht auszuschließen, daß Spinrad selbst sie dazu animierte.

Mit Worten, die die Ausrottung der Juden selber meinen konnten, lehnt der »Beauftragte des Reichsnährstandes für Trinkbranntweinwirtschaft« die »Arisierung« ab: ». . . vertreten vielmehr die Auffassung, daß es höchste Zeit ist, daß diese Firma endlich und endgültig verschwindet.« Eggstain wird mit der »Abwicklung« der Hobé betraut, laut NS-Terminologie also damit, »jenen Teil der jüdischen Betriebe, welcher aufgrund der Arisierungsrichtlinien stillgelegt werden soll, einer planvollen Liquidierung zuzuführen.«

Viel bleibt nicht mehr zu tun. Angesichts der »rapiden Verschlechterung des Firmenvermögens, welche geradezu katastrophale Formen angenommen« habe, wie Eggstain feststellt, wird um RM 105000,– die Liegenschaft Bachergasse 17 der Geschäftsfrau Marie Schiesl angeboten, gegen die »auch in politischer Hinsicht keine Bedenken« bestehen. Nicht nur kann sie »mir ihre Parteimitgliedschaft nachweisen«; im Kaufvertrag vom Mai 1941 erklärt sie zudem an Eides Statt, »*rein arischer Abkunft*« zu sein und »*im Sinne der ersten Verordnung zum Reichsbürgergesetz*« auch nicht als Jüdin zu gelten, im Gegensatz zu »*Wilhelm (auch Wolf) Israel Spinrad*«, der »*der jüdischen Rasse und Religionsgemeinschaft*« angehöre, so daß die zu verkaufende Firma »Hobé« als »*jüdisches Unternehmen*« anzusehen sei. Ungeachtet dessen darf »*Wilhelm (auch Wolf) Israel Spinrad . . . in seinen bisherigen Wohnräumen verbleiben*«, solang es »*zur Auskunfterteilung im Rahmen der Abwicklung und Liquidation dieser Firma notwendig*« sei, nicht länger jedoch als bis zum 30. November 1941.

Es ist somit das Zeitlimit eingehalten worden, das im April 1938 der »Völkische Beobachter« verlautbart hat: »*Bis zum Jahre 1942 muß das jüdische Element in Wien ausgemerzt und zum Verschwinden gebracht worden sein. Kein Geschäft, kein Betrieb darf zu diesem Zeitpunkt mehr jüdisch geführt sein, kein Jude darf irgendwo mehr Gelegenheit zum Verdienen haben.*«

*

In den folgenden knapp drei Jahren, die der herzkranke, ehemals selbst- und siegessichere Selfmademan in Wien vegetiert, mag er subjektiv immer noch glauben, aus eigener Kraft davonzukommen.

Mit Klara, seiner Frau, wird er in eine überbelegte Wohnung eingewiesen, und von hier weg, der Unteren Augartenstraße 19, Tür 17 in der Leopoldstadt, taucht er im Februar 1942 unter. U-Boot sein heißt, Personen aufspüren, die aus Anstand oder gegen Geld sich zu gefährden bereit sind, indem sie Juden verstecken; heißt getrennt sein voneinander, getrennt von sich selber, heißt Existenz ohne Alltag. Identität wird verleugnet, gewechselt, aufgegeben. U-Boot sein, das ist: Gefahren wittern; ständig; allerorten.

So gräßlich sei das nächtliche Quartiersuchen gewesen, das Verborgensein, die ewige Angst vor Entdeckung, berichtet Klara Spinrad, als alles vorbei ist, daß ihr zeitweise sogar die Deportation als ein Wunschbild erschien.

Eine Police der Lebensversicherungs-Gesellschaft Phönix mit der Nummer 360477 lautend auf »Herrn Wilhelm (Wolf) Spinrad, Fabrikant in Wien«, erlischt nach 20jähriger

Laufzeit, am 15. Dezember 1942. Der »Begünstigte« sei »im Erlebensfalle der Herr Versicherte«, heißt es hier, »im Ablebensfalle unwiderruflich dessen Gattin Frau Chaje Spinrad, geb. Hoffnung.« Klara Spinrad wechselt zehnmal Quartier. Sie hat falsche Papiere. Sie heißt Hedwig Stadlbauer. Zu denen, die ihr Obdach bieten, gehören der frühere Kupferschmied und die um »Arisierung« vergeblich bemühte Anna Tesarik. Ab 1942 färbt Spinrad seinen rötlichen Schnurrbart schwarz und trägt einen Steirerhut. Er ignoriert die seit September 1941 gültige Verordnung, wonach es »*Juden, die das sechste Lebensjahr vollendet haben, ...verboten ist, sich in der Öffentlichkeit ohne einen Judenstern zu zeigen. Der Judenstern besteht aus einem handtellergroßen schwarz ausgezogenen Sechsstern aus gelbem Stoff mit der schwarzen Aufschrift ›Jude‹.*« Seit ihm seine Firmen entzogen sind, hält er sich mit Gelegenheitsgeschäften über Wasser. Er berät Leute steuerlich. Irgendwann hat er hundert Goldmünzen beiseite geschafft, und nun verkauft er sie oder tauscht sie ein. Mit Hilfe eines am Ertrag verdienenden Beamten hat er fiktive Forderungen in das Grundbuch eintragen lassen. Nach Versteigerung der Liegenschaften kassieren die Strohmänner einen Teil der Gelder; Spinrad kassiert den anderen.

Einmal wird er denunziert, kann noch von der Stadtbahn springen, stürzt und zieht sich Prellungen zu, kommt aber davon. Das zweite Mal – zu einem Geldinkasso hat er sich auf der Erdbergerlände eingefunden – erwartet ihn die Gestapo, und diesmal faßt sie ihn. Am 24. Juni 1943, dem Tag vor seinem 50. Geburtstag, deportiert man Spinrad in das Konzentrationslager Theresienstadt. Im selben Monat wird der Konkurs gegen seine Firma erfolgreich eingeleitet; Eggstain ist es gelungen, Geld dafür flüssig zu machen. Spinrads Untergang und der Untergang seines Werkes fanden synchron statt. Zusammen ist man gewachsen, sozusagen; zusammen wird man liquidiert; wenn auch von zweierlei Instanz. Mit Spinrad stirbt sein Unternehmen; dann stirbt er allein. Er wurde, mutmaßlich Juni 1944, in Theresienstadt erschlagen.

*

Klara Spinrad zögerte die Todeserklärung bis zum Herbst 1947 hinaus. Begegnete ihr jemand, der in Theresienstadt gewesen war, wechselte sie die Straßenseite. Rückstellungsverfahren betrieb sie mit geringer Kraft, später prozessierte ihre Tochter nicht viel erfolgreicher. Was die Grande Distillerie Damase Hobé & Cie. A.G. anlangte, wurde im Spätherbst 1955 entschieden, »*lediglich einige wenige Betriebsmittel von ganz geringem Werte*« seien »*dieser Firma zurückzustellen*«.

Bis zu ihrem Tod im Jahr 1953 lebte Klara Spinrad in einer Ein-Zimmer-Gemeindewohnung im neunten Wiener Gemeindebezirk von einer Hinterbliebenenrente.

Auf Bachergasse 17 stand bis 1965 eine Ruine. Sie wurde abgerissen, und seither befindet sich hier ein unkrautüberwucherter, leerer Platz. Die Bachergasse heißt heute Viktor-Christ-Gasse.

Johann Spinrad war 1940 von England nach Kanada weitergewandert und einige Jahre darauf nach England zurückgekehrt. 1946 ging er nach Südamerika, dann nach Israel und wohnt seither in Miami Beach, USA.

Mathilde Spinrad blieb bis 1948 in England und lebt heute in Wien. Sie hat einen Sohn, Michael Margules, der 1959 zur Welt kam. Aus Archiven in Wien und Jerusalem, weiters aus Dokumenten, die seine Mutter besitzt, rekonstruierte Michael Margules die Geschichte der »Grande Distillerie Damase Hobé & Cie. A.G.« in ebenjenem Alter, in welchem Wilhelm Spinrad sich in Wien etablierte. Die Rekonstruktion ist als Diplomarbeit unter dem Titel »Aufstieg und Fall eines jüdischen Unternehmers in Wien« 1984 am Institut für Wirtschafts- und Sozialgeschichte der Wirtschaftsuniversität Wien erschienen. Auf dieser Arbeit basiert der vorliegende Geschäftsbericht.

Martin Pollack
Jäger und Gejagter
Das Überleben der SS-Nr. 107136

Irgendwann Anfang der siebziger Jahre fragte ein Theologe
aus Tübingen bei den National Archives in Washington an,
ob diese ihm nicht einen Mikrofilm vom Lebenslauf eines
gewissen Rolf-Heinz Höppner, SS-Nr. 107136, der sich in
ihren Beständen befinde, senden könnten. Da die Anfrage
über den Vatikan lief, wurde sie von den bei NS-Dokumenten sonst recht pingeligen Amerikanern prompt erledigt.
Der Tübinger Theologe freilich war nur ein Strohmann,
der den Film umgehend an den eigentlichen Besteller, einen
befreundeten Historiker in Warschau namens Julian Leszczyński, weiterleitete.
Leszczyński hat nie Geschichte studiert, und er hat auch
nicht viel übrig für die Berufshistoriker, die *sine ira et studio*
Betrachtungen über historische Zusammenhänge anstellen
oder Fakten und Daten zusammentragen. Er ist parteiisch
und mit der Erregung des persönlich Betroffenen bei der
Sache, die ihn seit Jahrzehnten im Bann hält. In unermüd-
licher Arbeit hat er ein Archiv zusammengetragen, das
eigentlich nur über eine einzige Person Auskunft erteilt:
Rolf-Heinz Höppner. Ein imposantes und einmaliges
Höppner-Denkmal, Originaldokumente, Fotokopien, Mi-
krofilme, Zeitungsausschnitte usw., insgesamt mehr als
14000 Seiten, und alles in irgendeinem Bezug zur Person
Höppners und zu dessen Tätigkeit im Warthegau von 1940
bis 1944. Das Archiv füllt ein ganzes Zimmer im Haus von
Leszczyński, die Jagd nach Höppner sein ganzes Leben.
Von außen ist dem kleinen Reihenhaus in der ulica Jana
Styki im Stadtteil Saska Kępa nichts Besonderes anzumer-
ken. Saska Kępa war vor dem Krieg ein schickes Villenviertel, dem aber 35 Jahre real existierender Sozialismus viel
von der früheren Eleganz genommen haben. Heute sind die
Häuser in der ul. J. Styki und den umliegenden Straßen so

unansehnlich und verwahrlost wie überall sonst in Warschau, wo Baumaterial wie Maurerbrigaden seit Jahrzehnten Seltenheitswert besitzen. Nur im Frühjahr und Sommer, wenn die Sträucher in den Vorgärten die rostigen
Zäune und den zernagten Putz der Mauern überwachsen,
kann man sich vorstellen, wie es früher war. Vor Nummer 23 A steht violett und weiß blühender Flieder.
Ich lernte Leszczyński in den Redaktionsräumen der *Folks-
Sztyme* kennen, einer in Jiddisch erscheinenden Wochenzeitung; zusammen mit dem Warschauer Jüdischen Theater,
mit dem sie das Gebäude am Plac Grzybowski unweit des
Kulturpalastes teilt, bildet sie den staatlich subventionierten
Restposten der einst blühenden Kultur des polnischen Ju-
dentums. In der Redaktion der *Folks-Sztyme* stellte mich ein
Bekannter eines Tages einem älteren, weißhaarigen Herrn
vor, der in seinem Zimmer saß. »Herr Julian, unser bester
Übersetzer...« Klein und stämmig, den Kopf zwischen die
Schultern gezogen, hatte er etwas von einem Boxer an sich,
der im Alter Gewicht angesetzt hat. Ich war als Stipendiat in
Warschau und suchte in polnischen Archiven Materialien
über das Schicksal der österreichischen Juden, die nach 1938
nach Polen deportiert worden waren. Leszczyński lud mich
noch für den selben Abend in seinen Garten in Saska Kępa
ein, wo er ein paar Freunde mit Tee, Kuchen und selbst-
gemachtem Kompott bewirtete, auf das er nicht wenig
stolz war. Beim zweiten Glas Tee kam das Gespräch auf
Höppner.

»Höppner«, stellt sich der massige Herr im dezent gemu-
sterten grauen Sommeranzug vor. Wie vereinbart erwartet
er mich an einem der Fenstertische im Speisesaal des Hotels
»Bergischer Hof«. Dort sitze man recht angenehm, hatte er
kurz zuvor am Telefon versichert, als er dem Ortsunkundi-
gen den Treffpunkt beschrieb, man könne ungestört sprechen, und auch die Weine seien durchaus passabel.
Ich habe mich kaum hingesetzt und mein Notizbuch zu-
rechtgerückt, als auch schon ein Kellner vor uns steht.
»Kaffee oder Wein?« fragt Höppner, ganz Gastgeber; ich
bin für Wein, und er bestellt für sich eine Schorle. Von

unserem Tisch aus schauen wir auf den Münsterplatz, der, obzwar im Zentrum von Bonn, in der Nachmittagssonne fast kleinstädtisch-gemütlich anmutet. In der Mitte des schräg zur Kirche hin abfallenden Platzes sind junge Leute dabei, eine Friedensausstellung aufzubauen.

»Sie kennen mich nur von dem Foto von damals, aus meiner Akte«, sagt Höppner mit einem schmalen Lächeln, das er blitzschnell wieder aus seinem fleischigen Gesicht wischt. »Ich habe mich sehr verändert«, fügt er nach einer nachdenklichen Pause hinzu. Es klingt wie eine Entschuldigung.

Das besagte Foto ist vor vierzig Jahren aufgenommen worden und eine Kopie davon steckt in meinem grauen Notizbuch, das zwischen uns auf dem Tisch liegt. Durch den Vorgang des Fotokopierens hat das Bild fraglos an Schärfe eingebüßt, aber der mißtrauische Zug um die Augen, die mich jetzt über die Weißwein-Schorle hinweg forschend mustern, ist mir vertraut. Ich hatte das Foto in den letzten Tagen immer wieder hervorgeholt und eingehend betrachtet, als könnte es mir eine Auskunft über den darauf abgebildeten Mann geben, die sonst nirgends zu erhalten war.

Das Original befindet sich in Höppners SS-Stammrolle, die nach dem Zusammenbruch des tausendjährigen Reiches, der durch kein *letztes Aufgebot* und keine *Wunderwaffe* abgewehrt werden konnte, zusammen mit zahlreichen anderen NS-Dokumenten als Kriegsbeute der Sieger in die USA wanderte, wo sie in die Bestände der US National Archives in Washington eingereiht wurde. Beileibe kein aufregendes Dokument, halt eines unter vielen, selbst für Historiker der NS-Zeit nur von mäßigem Interesse.

Der heute 72jährige Rolf-Heinz Höppner gehörte als SS-Führer zwar der »Oberschicht des germanischen Volkes« an, die sich auf »Blut, Auslese, Härte« berief, aber er verstand es, immer im Hintergrund zu bleiben. Wen sollte es daher interessieren, daß er, wie er im Lebenslauf handschriftlich festhielt, am 24.2.1910 in Sigmar / Sachsen zur Welt kam, 1930 der NSDAP beitrat und somit Pg. Nr. 321 209 wurde? Daß er zuerst das Braunhemd der SA und dann jenes der SS anzog?

In der SS dient er sich rasch nach oben. 1934 wird er in den Geheimdienst der Partei, den *Sicherheitsdienst des Reichsführers* SS, kurz SD, übernommen, der damals nur ein paar hundert Mitglieder zählte, 1940 zum Chef des SD-Leitabschnittes Posen im Warthegau bestellt und 1944 ins Reichssicherheitshauptamt (RSHA) in Berlin berufen. Mit 34 Jahren beachtlich. Aber aufregend?

Karrieren wie die Höppners waren im Dritten Reich nicht so selten. Ich denke an die meines Vaters, den mein Gegenüber, wie er mir schon in einem Brief schrieb, trotz gleichen Alters und gleichen SS-Ranges – »Gott, wir waren so viele« – nicht gekannt hat.

Ich betrachte ihn verstohlen, wie er selbstsicher breit dasitzt. So würde heute vielleicht auch mein Vater aussehen, wenn er noch lebte, denke ich, ihre Lebensläufe waren in vielem ähnlich. Jusstudium in der Provinz, Mitgliedschaft bei einer satisfaktionsgebenden Studentenverbindung, von der sie ein gerader Weg in die Partei und die SS führt. »Für uns *schlagende* Studenten gehörte die Partei dazu wie der Fechtboden und das Bier«, hatte mir einmal ein Onkel erklärt, der es aus eigener Anschauung wissen mußte.

Nach der Machtübernahme Hitlers besteht ein großer Bedarf an jungen Juristen, die nicht weich oder gefühlsduselig sind und den Führer als oberstes Gesetz und obersten Richter anerkennen. Sie machen Blitzkarrieren, Höppner im SD, mein Vater bei der Gestapo. Bei Kriegsende sind beide SS-Obersturmbannführer.

Nach der Kapitulation stehen sie als Kriegsverbrecher auf der Fahndungsliste der Alliierten. Höppner stellt sich im Juli 1945 in Flensburg, wohin er, im Troß der Regierung Dönitz, aus dem zertrümmerten Berlin geflohen ist. Mein Vater versucht, wie Hunderte andere SS-Führer, die das Kriegsende in die »Alpenfestung« im Ausseer Land geschwemmt hat, über Südtirol nach Rom zu entkommen, wo ein Verbindungsmann im Vatikan falsche Pässe für die Flucht nach Übersee bereithalten soll. Am Brenner ist die Flucht zu Ende. Der bergkundige Führer, der ihn über die »grüne Grenze« bringen soll, legt ihn kaltblütig um. Wie er, wenig später gefaßt, vor dem Richter gesteht, hatte er gehofft, einen Zipfel vom legendären »Goldschatz der SS« zu erhaschen. Er bekommt lebenslänglich.

»Ist es für dich so etwas wie eine Fahrt zum Vater, den du nicht gekannt hast?« hatte mich meine Freundin vor der Fahrt von Wien nach Bonn gefragt. Sie hatte mich zum Westbahnhof begleitet und stand unten am Bahnsteig. »Paß auf, daß er dir nicht plötzlich sympathisch wird…«, sagte sie noch, als der Zug anrollte.

Leszczyński suchte, als ich ihn in Warschau kennenlernte, einen Untermieter für die winzige Dachwohnung in seinem Haus, das er sonst ganz allein, nur mit einem schwarzen Pudel, Bartek gerufen, bewohnt. Die Jagd nach immer neuen Hinweisen auf Höppner, die aufwendige Reisen in die Bundesrepublik und die DDR und eine weltweite Korrespondenz nötig machten, hatte seine ohnehin sehr bescheidenen finanziellen Mittel offenbar ziemlich erschöpft. Gleich alt wie Höppner, lebt er von einer kleinen Pension, die er ab und zu durch Übersetzungshonorare aufbessert.

Nach meinem Einzug in der ulica Jana Styki wurde Höppner auch für mich zur zentralen Gestalt, die unsere Gespräche beherrschte. Zum ersten Mal war Leszczyński im April 1945 auf den Namen Höppner gestoßen. Den Krieg hatte er in Warschau überlebt, mit falschen Papieren. Für einen Juden ein Wunder, wie es damals nur wenige gab.

»Aber ich hatte ein *gutes Aussehen*, wie man das nannte«, erzählte Leszczyński an einem Herbstnachmittag, den wir damit verbrachten, die Birnen im kleinen Garten hinter dem Haus zu ernten. Das Obst war sein Stolz und der Birnenbaum schwer beladen. Das machte den sonst eher schweigsamen, oft fast mürrischen Hausherrn gesprächig. Er habe sich weder durch »semitische« Gesichtszüge verraten noch Polnisch mit jenem Akzent gesprochen, der so viele »untergetauchte« Juden das Leben kostete. Neben den Deutschen hatten die polnischen Juden, die sich zu verbergen suchten, vor allem die *szmalcowniks* zu fürchten, Polen, die oft in Banden organisiert waren und mit der Zeit so etwas wie einen »zweiten Sinn« für getarnte Juden entwickelten.

»Sie durchkämmten die Straßen und lauerten in den Hauseingängen und Cafés. Oft genügte schon eine Handbewegung, ein Wort oder ein ängstlicher Blick nach hinten, und sie hatten ihr Opfer erkannt«, erzählte Leszczyński bitter. »Zuerst haben sie den Juden alles herausgepreßt, was sie nur hatten, Geld, Gold usw. Dann haben sie sie den Deutschen ausgeliefert, dafür gab es eine Belohnung.«

Im April 1945 wurde Leszczyński, wie Höppner Jurist, als Staatsanwalt mit einer Kommission nach Lódź geschickt. »Wir hatten die Aufgabe, Nazi-Dokumente sicherzustellen« – ein Auftrag, der sein Leben radikal verändern sollte. »Die meisten deutschen Dienststellen waren Hals über Kopf geflohen und hatten oft die Archive zurückgelassen.«
Mit Leszczyński arbeitete auch die Schriftstellerin Zofia Nalkowska. Von ihr erhielt er eines Nachts einen Anruf. »Sie hatte erfahren, daß eine Nazi-Dienststelle in der Piotrkowska geräumt wurde. Lastwagen führten stoßweise Dokumente weg. Wir sausten hin, um zu retten, was zu retten war...« Sie standen vor den Resten des Archivs der »Umwandererzentralstelle Litzmannstadt«, deren Leiter, SS-Obersturmbannführer Hermann Krumey, zu den engsten Mitarbeitern Adolf Eichmanns gezählt hatte. Für die Mittäterschaft an der Ermordung von mehr als 300000 ungarischen Juden sollte Krumey später in einem Prozeß in Frankfurt, der sich über Jahre hinzog, lebenslänglich bekommen.
Krumey war auch ein enger Mitarbeiter von Höppner, der noch heute über Krumey nur Gutes sagen kann. »Er ist an sich ein armes Schwein«, sagt er, und die Augen hinter den dicken Brillengläsern bekommen einen warmen Schimmer. »Er war immer ein hochanständiger Mensch und wollte nie, daß den Menschen, mit denen er zu tun hatte, irgend ein Unrecht geschah.« – »Aber so viele tausend Juden?« – »Gott, der hatte doch seine Befehle...«
Im Archiv dieses »armen Schweines« fand Leszczyński auch Schreiben der *Umwandererzentralstelle Posen*, die Höppner leitete und die mit der UWZ Litzmannstadt –

beide Städte lagen schließlich im Warthegau – Hand in
Hand arbeitete. Ein Dokument sollte den angehenden
Staatsanwalt nie mehr loslassen. Er hat es mir in seinem
Archiv mindestens fünfzigmal gezeigt, aber das erste Mal
werde ich nie vergessen.

Leszczyński hatte mich in den Archivraum im ersten Stock
geführt, der nur einen alten Schreibtisch, zwei Sessel, einen
schweren Bücherkasten und ein paar Bücherregale enthält;
die meisten Dokumente liegen am Boden, zu schwankenden Türmen gestapelt, dicke, mit Leinenbändern zusam-
mengehaltene Mappen, Ordner und Kuverts. Trotz der
heillosen Unordnung empfand ich den Moment durchaus
als feierlich. Mit sicherem Griff fischte Leszczyński – ich
sehe seine kurzsichtig zusammengekniffenen Augen heute
noch vor mir – ein gelbes Kuvert aus einem der Stapel. Es
enthielt drei Hochglanzfotografien eines Dokuments.

»Höppner war seit 1. April 1940 Chef des SD-Leitabschnittes in Posen, Leiter der Umwandererzentralstelle, die für
die Deportierung von Polen und Juden verantwortlich
zeichnete, und zugleich Dezernent für Volkstumsfragen
beim Reichsstatthalter«, zählte Leszczyński an den Fingern
der rechten Hand auf. »Damit hielt er alle Fäden an der
Volkstumspolitik im Warthegau in der Hand.«

»Posen, den 16. Juli 1941«, las ich, »Aktenvermerk. Betr.:
Lösung der Judenfrage.«

»Achten Sie auf das Datum! Ein halbes Jahr vor der Konferenz am Großen Wannsee, bei der die Endlösung der Judenfrage beschlossen wird...«

Auch von diesem Dokument habe ich eine Kopie mit nach
Bonn gebracht, die ich vor der Begegnung mit Höppner
noch einmal studiere. Bei Besprechungen in der »Reichsstatthalterei«, so heißt es da, sei von verschiedenen Seiten
die Lösung der Judenfrage im Warthegau angeschnitten
worden. Einige Vorschläge hätten sich angeboten. Es folgen sechs Punkte. Sämtliche Juden des Warthegaus (ca.
300 000) müßten in einem Lager zusammengefaßt werden,
das leicht zu bewachen sei. Soweit »arbeitseinsatzfähig«,
könnten sie zu »Arbeitskommandos« zusammengestellt
werden. Dann Punkt 4: »Es besteht in diesem Winter die

Gefahr, daß die Juden nicht mehr sämtlich ernährt werden können. Es ist ernsthaft zu erwägen, ob es nicht die humanste Lösung ist, die Juden, soweit sie nicht arbeitseinsatzfähig sind, durch irgendein schnellwirkendes Mittel zu erledigen. Auf jeden Fall wäre dies angenehmer, als sie verhungern zu lassen.« Im übrigen sei der Vorschlag aufgetaucht, heißt es weiter in Punkt 5, im Lager »sämtliche Jüdinnen, von denen noch Kinder zu erwarten sind, zu sterilisieren, damit mit dieser Generation tatsächlich das Judenproblem restlos gelöst wird«.

Adressiert wurde der Vorschlag für eine »humane Lösung der Judenfrage« an Amt IV B 4 des RSHA, das »Judenreferat« von Adolf Eichmann. In einem kurzen Begleitschreiben – »Lieber Kamerad Eichmann!« – versuchte der Absender eventuell auftauchende Bedenken, die Vorschläge könnten sich als nicht praktikabel erweisen, auszuräumen: »Die Dinge klingen teilweise phantastisch, wären aber meiner Ansicht nach durchaus durchzuführen.« Gezeichnet: SS-Sturmbannführer, Unterschrift fehlt. Nur links oben ein dürres, maschinenschriftliches Kürzel: Hö.

In meinen Aufzeichnungen von damals finde ich den Satz von Leszczyński: »Hö – das war das Kanzleikürzel von Höppner, ein Kürzel, das im Warthegau über Leben und Tod entschied.« Daß Höppner seinen Vorschlag als Ergebnis einer Besprechung darstellte, habe einer im SD üblichen Praxis entsprochen, die eigene Person möglichst in den Hintergrund treten zu lassen. Zu jener Zeit aber habe in der Reichsstatthalterei keine Besprechung stattgefunden.

Leszczyński ist sicher, daß Rolf-Heinz Höppner mit diesem Aktenvermerk in der Chronologie der *Endlösung* am Anfang steht. Er ist der Erfinder der *Formel des Vernichtungslagers*, der Konstrukteur der *Atombombe* gegen die Juden. Er setzte die Lawine in Bewegung, die innerhalb weniger Jahre sechs Millionen Juden verschlingen sollte. Ohne die Erfindung Höppners, so schreibt Leszczyński in einem seiner zahlreichen Artikel zu diesem Thema, hätten von den sechs Millionen Juden, die später ermordet wurden, zumindest viereinhalb Millionen die Chance gehabt, zu überleben.

Reichsstatthalter Greiser wollte aus dem Warthegau einen »Exerzierplatz der nationalsozialistischen Weltanschauung« machen, einen »Mustergau« der Partei. Das im Oktober 1939 durch Führererlaß dem Deutschen Reich eingegliederte Gebiet sollte durch eine »völkische Flurbereinigung« von allen »volksfremden Bevölkerungsteilen« gesäubert werden.

Der Sicherheitsdienst und die Umwandererzentralstelle machten den Warthegau zum *Exerzierplatz der Judenpolitik*. Hier wurden im Herbst 1941 die ersten Versuche unternommen, die Ermordung der Juden zu *rationalisieren*, seit Dezember 1941 entstand hier die erste Todesfabrik, das Vernichtungslager Kulmhof. Eine eindrucksvolle Beschreibung der apokalyptischen Szenen, die sich in Kulmhof abspielten, lieferte Adolf Eichmann bei seinem Prozeß in Jerusalem. Mit Schaudern gedachte er seines ersten und letzten Besuches in Kulmhof, »das Entsetzlichste, was ich in meinem Leben… gesehen hab'«.

Die Artikel von Leszczyński bleiben, wie seine übrigen Bemühungen, ohne Echo. Die meisten erscheinen in polnischer Sprache in der Zeitschrift des *Jüdisch-Historischen Institutes* in Warschau, Auflage 600 Stück. Aber er gibt nicht auf. Er ist unermüdlich, wie besessen. Er studiert minutiös den Lebenslauf Höppners, bis zurück in dessen Kindheit, als liege hier eine Erklärung für alles Spätere. »In meinem Archiv habe ich ein Kalendarium seines Lebens, für jeden Tag eine Seite, viele Seiten sind noch leer, aber andere dicht beschrieben. Ich finde immer wieder neue Quellen. Ich glaube, daß ich Höppners Leben fast besser kenne als er selbst«, sagt er mit einem Stolz, aus dem die Verzweiflung spricht.

Höppners Leben hat das von Leszczyński längst aufgefressen, dieser ist zum *Anti-Höppner* geworden, eine symbolhafte Figur, die alle Opfer verkörpert. »Ich bin ein privater Staatsanwalt, nur für eine Person«, versucht er selbst seine Aufgabe zu rationalisieren.

In immer neuen Anläufen unternimmt er es, die Geschichte des Holocaust neu zu schreiben, die mit dem Satz beginnt: *Am Anfang war Höppner*. Er sendet Kopien von Dokumenten und Briefe in die Welt, an Gerichte und Staatsanwalt-schaften in der Bundesrepublik, die er auffordert, gegen Höppner ein Verfahren einzuleiten; an Generalstaatsanwalt Gideon Hausner in Israel, an Simon Wiesenthal, von dem er will, daß er Höppner in seine Liste der Gejagten aufnimmt. Hausner habe ihm nicht einmal geantwortet, erzählt er ver-bittert. Vielleicht sei es ihm peinlich, weil er beim Eich-mann-Prozeß die historische Bedeutung Höppners nicht erkannt habe?

»Höppner, Höppner?« fragte Wiesenthal, den ich vor der Reise nach Bonn in seinem Dokumentationszentrum in der Wiener Salztorgasse aufsuchte. »Ist mir momentan kein Begriff…« Dann rief er über den schmalen Gang hin-weg in ein Zimmer, das offenbar das Archiv beherbergt: »Rosemarie! Das schwarze Buch, bitte!« Rosemarie brachte die »Dienstalterliste der Schutzstaffel«, und hier fand sich der Gesuchte. Nochmals erging eine Aufforde-rung an die Sekretärin, unter Höppner, ö, zweimal p, nachzusehen. Sie brachte eine dünne Mappe. Wiesenthal zog drei Fotografien und einen Brief heraus. »Von Lesz-czyński«, erklärte er unnötigerweise. Der Brief sei von 1967, er habe ihn gar nicht beantwortet. »Damals lief schon die anti-zionistische Kampagne in Polen, und ein Brief mit meinem Absender hätte ihm da unwahrschein-liche Scherereien gemacht.« Was Höppner angehe, Wies-enthal zuckt die Achseln: »Es hat damals mehrere gegeben, die aus ihrer Position heraus Ezzes gaben, was mit den Ju-den gemacht werden sollte.«

1968 schließlich hat Leszczyński in Verfolgung der *causa Höppner* auch Staatsanwalt Fritz Bauer in Frankfurt am Main aufgesucht, der sich als Verfolger von Kriegsverbre-chern einen Namen gemacht hatte. Die Begegnung mit Bauer erlebte Leszczyński jedesmal, wenn er davon er-zählte, von neuem als dramatischen Höhepunkt, der end-lich – so mußte es ihm damals scheinen – die ersehnte Wende bringen könnte. »Bauer griff sofort zum Telefon und gab Anweisung, unverzüglich einen Beamten nach Warschau zu schicken, der an Ort und Stelle die Vorwürfe gegen Höppner untersuchen sollte.«

Zwei Monate später war Fritz Bauer tot. Man sprach von Selbstmord. Der Beamte ist in Warschau nie eingetroffen.

Auch Höppner konnte nicht verborgen bleiben, daß in Warschau einer saß und Material über ihn sammelte und publizierte. Er schüttelte den Kopf.

Ja, er habe ein paarmal Artikel zugeschickt bekommen, die Leszczyński über ihn geschrieben hatte. Ob von Leszczyński selbst oder jemandem andern, das könne er freilich nicht sagen. Der sei ja auch hier in der Bundesrepublik gewesen, habe bei der Staatsanwaltschaft in Posen – er korrigiert sich: in Bonn – interveniert, denen Material vorgelegt, sie gedrängt, ein Verfahren gegen ihn einzuleiten…

Es habe ihn schon getroffen, versichert mir Höppner, zu erfahren, daß Leszczyński ihn so hasse. Davon habe er sich bislang keine rechte Vorstellung gemacht. Er zieht die schweren Schultern ein. »Aber«, fährt er fort, und seine Stimme bekommt wieder einen rechtfertigenden Klang, »mir scheint, er hat ganz vergessen, daß ich ja immerhin zehn Jahre in Polen gesessen habe!«

Wenn er nicht in Polen, sondern etwa in Frankreich verurteilt worden wäre, dann hätte er nach seiner Freilassung Ruhe gehabt. Ein für allemal. Aber die in Polen ergangenen Urteile, so sagt er, sind in der Bundesrepublik nicht existent, sie werden von deutschen Gerichten nicht anerkannt. Höppner sieht sich als ein Opfer widriger Umstände.

Aber die Untersuchungen, die nicht zuletzt auf Veranlassung von Leszczyński in der Bundesrepublik gegen ihn geführt wurden, haben gar nichts gebracht. Meist kam es nicht einmal zum Verfahren. »Nur in einer einzigen Sache, das war also – in Anführungsstrichen – das Belangloseste, hat die Staatsanwaltschaft ein Verfahren gegen mich eingeleitet, das Schwurgericht hat aber dann die Eröffnung abgelehnt.« – »Worum hat es sich dabei gehandelt?« – Das könne er nicht mehr sagen, das sei doch alles so lange her. »Na, warten Sie mal. Also, da war so eine Sache in Kalisch, da waren polnische Kinder angeblich zu Rassenuntersuchungen hingebracht worden, und wenn diese dann negativ ausfielen, sollten sie liquidiert werden oder so was.« Aber erstens habe er davon nichts gewußt, und zweitens habe das alles nicht stattgefunden. »Ich war nur ein kleines Rad.«

Im Warthegau freilich war Höppner mehr als das. Er leitete neben der *Umwandererzentralstelle*, der auch die »Rassische Ausmusterung« der zur »Aussiedlung« vorgesehenen Polen oblag, das *Dezernat für Volkstumsfragen* in der Reichsstatthalterei und seit März 1943 noch das *Gauamt für Volkstumsfragen* der NSDAP, von seiner Funktion als Chef des *SD-Leitabschnittes* ganz zu schweigen.

Eine solche Ämterakkumulation war keineswegs üblich und wurde auch nicht gern gesehen. Bei Höppner, der sich offenbar durch besonderen Fleiß hervortat, machte Himmler es mit einer speziell erteilten »Dispens« möglich.

Der Fachmann für Umsiedlungsfragen war aber auch außerhalb des Warthegaus gefragt. Im Juni 1941 wurden Höppner und Krumey für ein paar Wochen nach Jugoslawien beordert, um dort die eben anlaufende »Aussiedlung« von Zehntausenden Slowenen aus Krain und der Untersteiermark in Konzentrationslager in Serbien zu betreiben.

Höppner kann sich nurmehr undeutlich erinnern. Sie seien in Arandjelavac, einem Kurort in der Nähe von Belgrad, stationiert gewesen. »Da kamen dann die Slowenentransporte aus der Untersteiermark hin, da gab es ziemlich viele Probleme.« Vor allem für die Slowenen, von denen viele die »Ausssiedlung« nicht überlebten.

Die Slowenen-Aussiedlung sollte ganz nach dem Muster verlaufen, das Höppner und Krumey im Warthegau erarbeitet hatten. Die Slowenen wurden einer »rassischen Schleusung, Bewertung und Grobausdlese« unterworfen und eingeteilt in »eindeutschungsfähige« und »nichteindeutschungsfähige« Fälle. Eindeutschungsfähige Slowenen bzw. Polen wurden zunächst als billige Arbeitskräfte ins Reich geschickt, »rassisch wertvolle« Kinder den Eltern kurzerhand weggenommen. Dem »Sieg der Waffen« müsse man den »Sieg des deutschen Kindes« folgen lassen, hieß es in einer Broschüre für SS-Führer. Für den Kinderraub war die Organisation »Lebensborn« zuständig. Höppner war Mitglied.

Die moderne Völkerwanderung, die nach siegreich beendetem Krieg Europa verändern sollte, mußte gut vorbereitet und geplant werden. Höppner war einer der Theoretiker. Aber er kümmerte sich nicht nur um die Lösung von großen Fragen, er war durchaus auch im Detail zu Hause. Zum Beispiel, wenn es galt, die gewiß komplizierte Frage zu klären, wie man es denn mit der »Grußpflicht der Polen« halten solle.

In einem Schreiben vom 1. Oktober 1942 an den Stellvertretenden Gauleiter, Pg. Schmalz, klagte Höppner, daß »für den gesamten Fragenkomplex des Grüßens durch Polen allein schon im hiesigen Gaubereich in keiner Weise eine einheitliche Richtung besteht«. Es herrsche vielmehr ein heilloses Durcheinander, und das müsse aufhören. Seine Nachforschungen hätten zum Beispiel ergeben, daß »im Kreise Samter nur die wenigsten Polen trotz der bestehenden Grußpflicht grüßen, im Kreise Schrimm keine Grußpflicht besteht, im Kreise Gostingen wiederum die Grußpflicht in jeder Weise durchgeführt wird, während man wieder im Kreise Wreschen eingesehen hat, daß Grußpflicht von vornherein nicht durchgeführt werden könne. Aus dem Kreise Schroda wurde bekannt, daß gerade die Wehrmacht gegen die Grußpflicht eingestellt sei...« Besonders »bewährte Polen« – Greiser hatte für sie den Begriff »Leistungspolen« geprägt – hätten hier und da sogar die Erlaubnis erhalten, mit dem *Deutschen Gruß* zu grüßen. Eine wahrhaft babylonische Gruß-Verwirrung, die Höppner durch einen kühnen Entscheid in geordnete Bahnen zu lenken suchte. Er dekretierte: »Als allein tragbare Grußform für Polen wird angesehen, daß Polen durch das Abnehmen der Kopfbedeckung bzw. bei nicht vorhandener Kopfbedeckung durch Verbeugung grüßen...« Eine weitere Frage bleibt dabei offen, in welcher Weise Deutsche Polen gegenüber den Gruß erwidern sollen, der ihnen geboten wird. Aber auch da kann Höppner mit seinem Vorschlag dienen: »Es wäre anzustreben, Polen nicht mit dem Deutschen Gruß oder mit der militärischen Ehrenbezeigung zu grüßen – die übrigen Nichtstammesgleichen artverwandten Blutes gleichfalls –, sondern mit einem kurzen Kopfnicken zu danken.«

Auch mit Juden gab es gelegentlich Probleme, die nicht so einfach vom Schreibtisch aus zu lösen waren. Da war zum Beispiel der Fall des damals 12 oder 13 Jahre alten Georg Daube in Litzmannstadt, den Leszczyński bis ins letzte Detail recherchiert hat. Als ich ihn freilich jetzt um die Unterlagen bat, bekam ich einen abschlägigen Bescheid. »Zu meinem Bedauern«, so schrieb er, »kann ich Ihnen jetzt kein Material schicken…« Das Briefkuvert war links aufgeschlitzt und mit Heftklammern provisorisch wieder verschlossen; neben meiner Adresse prangte leuchtend rot ein Stempel: *ocenzurowano*. Aber Leszczyński hat mir die Geschichte so oft erzählt, daß ich sie auswendig kenne.

Georg Daube war der Enkel des deutschen Textilfabrikanten Oskar Daube, der sich in Lódź schon vor dem Einmarsch der Deutschen um die nationalsozialistische Bewegung verdient gemacht hatte. Der Vater des Jungen war Offizier und als solcher an der Ostfront, die Mutter längst tot. Sie war, und das machte Georg Daube zu einem Fall für Höppner, Jüdin gewesen, was aus Georg – nach den Nürnberger Gesetzen – einen Halbjuden machte. Er sollte nun dem Buchstaben des Gesetzes und dem Willen Rolf-Heinz Höppners zufolge – es ging um die Reinhaltung deutschen Blutes auch in künftigen Generationen! –, kastriert werden, wogegen sich allerdings der Großvater, zwar selber Nazi, aber in diesem Fall doch in erster Linie Großvater, heftig zur Wehr setzte. Seine großväterlichen Gefühle prallten mit dem Pflichtgefühl Höppners zusammen, der ein *getreuer Walter der befehlenden Gewalt* war, unbestechlich in der Erfüllung dessen, was er als seine Pflicht ansah. Er quälte und mahnte daher den alten Mann immer wieder, doch endlich den Enkel für den »nötigen« Eingriff abzuliefern. Es müsse nun einmal sein.

Daube? Nein, daran könne er sich nicht erinnern, sagt Höppner, als ich vorsichtig frage. Dann schweigt er verstimmt. Höppner hat inzwischen die dritte Schorle bestellt, ich den zweiten Schoppen Weißen. Der Speisesaal hat sich geleert, nur an einem Tisch ganz hinten sitzt eine würdige Damenrunde. »Im Grunde passiert in der Bundesrepublik heute doch dasselbe wie damals vor Hitler«, sagt mein Gegenüber. »Die Grünen, die Jungen, die machen nicht mehr mit. Aber die wissen nur, was sie *nicht* wollen; was sie *wollen*, das wissen sie nicht.«

Was ihn betreffe, so mische er sich nicht mehr ein in die Politik. Das habe er gelernt, als er zurückkam aus Polen: daß er nie mehr das Recht habe, sich in die Politik einzumischen oder irgendwie eine führende Rolle zu spielen. Und das sei ihm auch nicht schlecht bekommen, er könne zufrieden sein.

Er blickt an sich herunter. Mit 72 arbeite er noch, aber vor allem, weil es ihm Spaß mache. Er sei zwar pensioniert, aber trotzdem noch jeden Tag im Büro – »meistens von halb acht bis sechs«. Er müsse ja auch die zwölf Jahre nachholen, die ihm durch die Gefängnisaufenthalte verlorengingen. Er arbeitet im *Institut für Städtebau, Wohnungswirtschaft und Bausparwesen* (Arnold-Knoblauch-Institut), gegen Honorar. Wenn man in Polen glaube, er beschäftige sich mit der Sammlung und Herausgabe von Kriegserinnerungen oder noch Ärgerem, sei das ein Blödsinn. »Könnten die ja leicht nachprüfen.«

Seine Wohnung in Bad Godesberg ist, zumindest von außen, bürgerlich mittelmäßig, gewiß nicht feudal. Er wohnt in einer ruhigen Nebenstraße in einem zweistöckigen Reihenhaus, insgesamt vier Parteien, Balkon nach hinten auf eine gepflegte Grünanlage.

Wie würde er wohnen, denke ich, wenn der Krieg anders ausgegangen wäre? In einem Schloß am Ural, als Statthalter im Kaukasus, wie SS-General Stroop es sich erträumte? Meine Mutter hatte mir oft erzählt, daß mein Vater nach dem Krieg als Statthalter nach Afrika geschickt werden sollte, er habe sogar schon begonnen, eine afrikanische Sprache – sie konnte freilich nie sagen, welche – zu lernen. Himmlers treue Vasallen sollten nicht leer ausgehen.

»Über wen wollen Sie nun eigentlich schreiben?« fragt Höppner plötzlich in die Stille hinein. »Über mich oder Leszczyński...?« Der Name läßt ihm offenbar keine Ruhe. Er spricht ihn fehlerlos aus. Ja, in der Haft habe er sehr gut Polnisch gelernt, es damals fließend gesprochen, auch viel gelesen. Zehn Jahre, das reiche.

»Ich war ja fast ausschließlich mit Polen zusammen in der Zelle. Damals habe ich die Polen ja auch erst kennengelernt. Während meiner ganzen Dienstzeit in Polen kannte ich doch keinen einzigen, da bin ich nur mit Deutschen zusammengewesen.«

So hatte er es schon in seinem ersten Verhör in einem polnischen Gefängnis – im Frühjahr 1947 – gesagt, und dabei bleibt er. »Ich habe in meinem Leben keinen Polen und keinen Juden gekannt. Die einzigen Polen, mit denen ich zu tun hatte, das waren das Dienstmädchen, der Heizer und ein Mann in der Garage. Denen hab' ich nichts Böses getan, im Gegenteil, ich war gut zu ihnen«, steht in seinem Prozeßakt, der in Posen liegt.

So kam es dann auch in seinem Prozeß in Posen 1949 heraus. Das Dienstmädchen Höppners, Zofia Ruszkowska, sagt über den ehemaligen Dienstgeber nur Gutes, und das mochte durchaus dazu beigetragen haben, daß er nicht zum Tode verurteilt wurde, sondern lebenslänglich bekam. 1956 – nach dem polnischen Oktober – kam die große Amnestie, und Anfang 1957 ging Höppner frei. Von der Haushälterin, wie er sie jetzt nennt, kann Höppner nur Lobendes sagen. Vor allem aber erinnert er sich an seine eigene Güte. Zu Weihnachten 1944, als es schon nichts mehr zu kaufen gab, habe er ihr ein *silbernes Kreuz* geschenkt. »Ein silbernes Kreuz, und das war dann die große Sensation im Prozeß, nicht wahr, ein SS-Führer schenkt seinem Dienstmädchen ein silbernes Kreuz. Das hat mir vielleicht das Leben gerettet«, strahlt er.

Durchaus möglich. Wenn einer ein silbernes Kreuz schenkt, so mögen die Richter und Geschworenen vielleicht damals gedacht haben, dann kann er kein ganz schlechter Mensch sein. Sein direkter Untergebener, ein Dr. Strickner aus Innsbruck, hatte offenbar kein Kreuz verschenkt. Er wurde zum Tode verurteilt und hingerichtet.

An Posen hat Höppner nur gute Erinnerungen, obwohl ihm hier der Prozeß gemacht wurde. Im Gespräch passiert es ihm immer wieder, daß er *Posen* statt Bonn sagt, als sei er zurückversetzt an die Stätte seiner großen Karriere. Übrigens glaube er sich erinnern zu können, daß er während der Untersuchungshaft in Posen 1947 oder 1948 auch Leszczyński kennengelernt habe. Beschwören freilich könne er's nicht. »In Posen machte damals ein Staatsanwalt namens Leman – ohne h, ein n – die Kriegsverbrecherverfahren. Und der brachte eines Tages einen Freund, wie er sagte, mit in die Zelle. Der unterhielt sich dann mit mir über die Volksliste und eine ganze Reihe von Dingen, die sich in Posen zugetragen hatten.«

Er macht eine Handbewegung, als wolle er Krümel vom Tisch wischen. Die »Posener Dinge«, wie er seine Tätigkeit im Warthegau in der Erzählung gern nennt, als hätte sie mit seiner Person gar nichts zu tun, sind für ihn bewältigt. »Gott ja, Lebenslauf ist Lebenslauf, und Geschichte ist Geschichte, aber das ist doch nun lange her.«

Als ich dagegenhalte, daß manche, wie zum Beispiel Leszczyński, das nicht so sehen können, die kämen von diesen Dingen nämlich nie mehr los, die seien daran zerbrochen, wird er heftig: Gott, der Mann habe sich eben verrannt, das sei doch eindeutig. Gewiß, er habe Verständnis dafür, daß Leszczyński die Vergangenheit nicht vergessen könne, als Jude habe er damals sicher Furchtbares erlitten. Und er verstehe auch, wenn er ihn – Höppner – so negativ sehe. Aber der Urheber der Judenvernichtung? Der Erfinder der Atombombe gegen die Juden?

»Das ist doch Quatsch! Wenn der Mann Historiker ist, müßte er doch wissen, daß ein Abschnittsleiter im SD nicht so eine Bedeutung hatte. Er schiebt mich einige Stockwerke höher, als ich gesessen habe.«

Aber der Aktenvermerk an Eichmann? »Von dem behaupte ich, daß er nicht stimmt!« Höppner hebt die Stimme. »Keine Signatur, kein Geheimvermerk.« Das hatte er schon bei seinem Prozeß in Posen gesagt und dann auch bei der Vernehmung in der Bundesrepublik. Doch man habe ihm das nicht abgenommen, meint er, heute noch bitter.

Aber wer sollte 1945 ein Interesse gehabt haben, gerade dieses eine Dokument zu fingieren, um eine Person zu belasten, von der damals kaum mehr als der Name bekannt war?

Höppner ist zerrissen. Einerseits habe er Glück gehabt, daß

er nicht zum Tode verurteilt wurde. Wenn sein Prozeß in Warschau und nicht in Posen stattgefunden hätte, dann wäre er gehenkt worden, dessen sei er sicher. Andererseits hatte er auch viel Pech, wie er glaubt. »Es war mein Unglück, daß ich nach meiner Zeugenaussage in Nürnberg nicht mehr an die Engländer zurückgestellt wurde«, sagt er. Er hatte im August 1946 im Nürnberger Prozeß gegen den Sicherheitsdienst als Zeuge ausgesagt und war anschließend an die Polen ausgeliefert worden. An den Tag seiner Übergabe kann er sich genau erinnern: den 24. Februar. »Es war mein Geburtstag!«

Bei seiner ersten Vernehmung ließen die Polen durchblicken, daß Leugnen sinnlos sei, sie wüßten ohnehin alles. »Aber gewußt haben die gar nichts«, triumphiert er noch heute. Wenn er nach seiner Funktion gefragt wurde, sagte er »Oberregierungsrat«, was ja auch stimmte. »Daß ich SD-Abschnittsleiter und SS-Obersturmbannführer war, das verschwieg ich.« Er lacht, wie über einen gelungenen Streich.

Dann wird er ernst. Diese Ausrede habe freilich nur wenig geholfen, denn zumindest was Rang und Stellung anlangte, waren die Polen ausreichend informiert.

(»Wenn dich jemand fragt, was dein Vater gemacht hat«, so hatte mir meine Großmutter bis ins Mittelschulalter hinein eingeschärft, »dann sag, er war Oberregierungsrat.« Daß er daneben auch SS-Obersturmbannführer und leitender Beamter der Gestapo gewesen sei, darauf dürfe ich zwar stolz sein – sie sei es auch –, aber ich solle darüber nicht reden. Daß ich ihren Stolz nie nachzuempfinden vermochte, hat sie tief gekränkt.)

Ein Thema, das die Polen besonders interessierte, war ein Vorschlag, den Höppner im September 1941 an das RSHA in Berlin schickte, diesmal an Eichmann und Standartenführer Dr. Ehlich. Es war ein Memorandum über die »Organisation der Umwandererzentralstelle«. Höppner schlug die Schaffung einer zentralen UWZ in Berlin vor, der auch ein *Referat für rassische Ausmusterung* angegliedert werden müsse. Diese neue UWZ solle nach siegreicher Beendigung des Krieges die Vertreibung aller *unerwünschten Volksteile* aus den für die Ansiedlung Deutschstämmiger vorgesehenen Gebieten in den fernen, unwirtlichen Osten organisieren.

Wieder war Höppner besorgt, man könnte in Berlin seine Pläne als Hirngespinst abtun. Es wäre »Phantasterei«, räumte er ein, die Organisation dieser »Räume«, die der Aufsicht der SS unterstellt werden müßten, jetzt schon im Detail zu planen. Nur eines sei wesentlich, nämlich, »daß von Anfang an völlige Klarheit darüber herrscht, was nun mit diesen ausgesiedelten, für die großdeutschen Siedlungsräume unerwünschten Volksteilen endgültig geschehen soll, ob das Ziel darin besteht, ihnen ein gewisses Leben für dauernd zu sichern, oder ob sie völlig ausgemerzt werden sollen«. Auch dieser Vorschlag fiel in Berlin auf fruchtbaren Boden. Standartenführer Dr. Ehlich war einer der Verantwortlichen für den geheimnisumrankten »Generalplan Ost«, von dem nur Fragmente bekanntgeworden sind. Sicher ist, daß der Plan Anfang 1942 ausgearbeitet wurde und die *Aussiedlung* von mehr als 30 Millionen Slawen aus Polen, der Ukraine und Weißrußland nach Sibirien vorsah.

Wie bei der *Endlösung* taucht also auch beim *Generalplan Ost* am Anfang der Name Höppner auf. Zufall?

Dieses Dokument sei authentisch, kein Zweifel, ja, stamme von ihm. Höppner ist selbst erstaunt, daß er solches formuliert hat. »Ja, das ist das einzige, wo ich über mich selbst betroffen war, als ich es später wieder gelesen habe.« Aber wenn er sich heute etwas vorwerfe, dann vor allem eines: »Wir haben die Polen immer falsch eingeschätzt, sie leider nie begriffen. Wir haben nie verstanden, was diese Nation für den Westen geleistet hat, gegen die Moskowiter, die Tataren, die Türken...« Damit sind wir in der Gegenwart. Er verfolge die Ereignisse in Polen mit großer Sympathie und Anteilnahme, versichert er. Was sich heute abspiele, das habe sich ja schon damals in den Herzen der Polen, mit denen er die Gefängniszelle teilte, abgespielt. Die politische Entwicklung sei ja schon damals im Gefängnis so besprochen worden, wie sie jetzt ablaufe.

Gleich vielen deutschen Kriegsverbrechern war Höppner

mit Polen zusammengesperrt, die kurz zuvor noch gegen ihn gekämpft hatten. Zu ihrem Pech allerdings auf der falschen Seite, in der Armia Krajowa, die der Londoner Exilregierung gehorchte. Ein Mann ist ihm bis heute unvergeßlich. Er stammte aus dem Hochadel und war unter Pilsudski Landwirtschaftsminister gewesen.

Dieser Lechnicki habe ihm eine Geschichte erzählt, die charakterisiere das ganze Polen. Seit 1830, so berichtete Lechnicki, ist noch jedes männliche Familienmitglied zumindest einmal ins Gefängnis gewandert. Daraus entwikkelte sich ein Familienbrauch. Bei den Lechnickis stand neben der Tür immer ein fertig gepackter Koffer, der alles Nötige für das Gefängnis enthielt. Wurde einer abgeholt, brauchte er nur den Koffer zu nehmen. Natürlich hatte der Diener Befehl, gleich einen neuen zu richten. Höppner schüttelt sich vor Lachen.

Mit Lechnicki habe er leider nur ein paar Wochen zusammengesessen. Die Gesellschaft wechselte. Es gab auch Häftlinge, die ihre Frau zerstückelt hatten. Aber die meisten waren doch politisch. 1949 kam ein ganzer Schub von jungen Leuten, »aus dem Wald«, wie es hieß. Partisanen, die gegen die Kommunisten gekämpft hatten. Viele wurden auch zum Tode verurteilt. »Einmal war ich in einer Zelle der einzige mit lebenslänglich. Alle anderen hatten Todesurteile. Alles Polen. Da waren so vierzig Mann drin.«

Als Deutscher sei er eigentlich in den polnischen Gefängnissen immer gut behandelt worden. Wenn man schon sitzen müsse, so glaubt er, sei es besser in Polen als in Deutschland. »Obwohl ich hier – Gott sei Dank – nie gesessen habe.« Die Deutschen wurden nicht schlechter behandelt als die Polen. Eher besser.

Besonders gut hat er das Gefängnis in Posen in Erinnerung. Da waren noch viele Aufseher, die in Preußen gedient hatten. Als er 1955 zum zweiten Mal nach Posen kam, wurde er wie ein verlorener Sohn behandelt. Nein, gegen die Polen verspüre er keinerlei Ressentiments. Ganz im Gegenteil.

»Wenn Sie mich fragen, ich mag die Polen. Ich schicke

jetzt auch Pakete dorthin. Ich habe mir sogar schon über-
legt, ob ich nicht ein Paket an *mein* Gefängnis in Posen
schicken soll. Die würden Augen machen…«
Ob er die Pakete unter seinem Namen schicke?
»Selbstverständlich.«
»Und die kommen nie zurück, mit *Ihrem* Absender…?«
Höppner ist fast beleidigt. Also so was? Warum denn? Das
liege doch alles so weit zurück. Er sei der Meinung, daß
zwölf Jahre Gefängnis Buße genug sind. Natürlich, was
die Deutschen in Polen getan haben, das verlange nach
Buße. Er für seinen Teil habe sie geleistet.
Er schaut auf die Uhr. Es ist zehn Minuten vor vier. Um
vier Uhr, so hatte er mir vorher am Telefon gesagt, erwarte er jemanden bei sich im Büro.
»Jetzt muß ich aber gehen. Ober, zahlen!«
Bis der Ober kommt, hält er mir noch einen kurzen Vortrag. Ja, er habe viel Glück gehabt. Mit den Kindern, die
hätten's alle zu was gebracht. Und irgendwie habe er das ja
auch den Polen zu verdanken, die hätten ihn ja ebenso aufhängen können. Oder 1957 in die DDR zurückschicken, er
stamme doch aus Sachsen. Die Rechnung kommt, und er
zahlt. »Nein, hier in Bonn bin ich der Gastgeber, in Wien
vielleicht Sie!« Wir schütteln einander die Hand, er geht
hinaus, rasch, elastisch, aufrecht. Immer noch so, wie
sich's für einen »schneidigen Offizier« gehört. Durchs
Fenster sehe ich, wie er sich, eine bullige Gestalt, den Weg
durch die Passanten bahnt. Ich denke an die kleine Gestalt
von Julian Leszczyński, seine Trainingshose, den Plastik-
mantel, die Pullmankappe und die provisorisch geflickten
Brillen.

Als ich nach Wien zurückkomme, wartet schon ein Brief
aus Warschau. Er freue sich, schreibt Leszczyński, daß ich
versuchen wolle, dieses für die Geschichte der Hitlerverbre-
chen so wichtige Fragment, das leider bislang nie entsprechende Berücksichtigung fand, näher zu beleuchten. Was
freilich meine Absicht betreffe, mit Höppner zu sprechen,
sei er vom Scheitern dieses Bemühens überzeugt. Höppner
sei ein »wytrawny i cwany lis SD-mański«, schreibt Leszc-

zyński, ein erfahrener und gefinkelter SD-männischer Fuchs, der jedem Gespräch aus dem Weg geht.

Was seine eigenen Nachforschungen in der Sache Höppner betreffe, habe er diese leider vernachlässigen müssen, wegen seiner sich ständig verschlechternden Gesundheit, »vom fehlenden Echo auf meine Bemühungen ganz zu schweigen«.

Marie Luise Kaltenegger
Aus dem Familienalbum der Revolution
Wer hat Angst vor Béla Kun?

Der Notizblock ist mit konzentrischen Kreisen vollgekritzelt. Ich sitze seit zwei Stunden vor einem kleinen Mokka und weiche den vorwurfsvollen Blicken der Kellnerin aus, die mit einer gewissen Nachdrücklichkeit das fünfte Glas Wasser auf die schön geäderte Marmorplatte des Jugendstiltischchens stellt. Die Tapeten im Café Vörösmarty sind aus grüner Seide, die hohen Spiegel werfen das Bild hutbewehrter Damen in den Raum zurück, und draußen ist Budapest. Ich beginne wieder Kreise zu zeichnen. Der alte Herr am Nebentisch räuspert sich und stellt sich als Tisza Tibor vor, bitte sehr. Ich möge ihm seine Neugier verzeihen, aber er gehe seit über fünfzig Jahren ins Kaffeehaus, und das stundenlange Zeichnen von Kreisen deute seiner Erfahrung nach auf heftige Seelenpein hin.

»Ich denke über Kun Béla nach«, sage ich und schaue hinaus auf den Dichter Vörösmarty, der geduldig auf seinem Steinsockel sitzt und nichts dagegen hat, daß ihm die Tauben auf den Kopf steigen. »Ich habe den Kun einmal gesehen«, sagt der alte Herr. »Es war zur Zeit der Räterepublik. Er stand auf einer Tribüne und sah ganz unscheinbar aus. Meine Gouvernante mochte ihn nicht. Sie trug eine Federboa um die Schultern und war ein düsteres Frauenzimmer.« Für den damals siebenjährigen Tisza Tibor war der Führer der ungarischen Kommune eine mythologische Figur, denn aus unerforschlichen Gründen gab es vornehmlich Vanilleeis zu essen. Kohl und Runkelrüben hingegen waren rationiert. Es war eine surrealistische Zeit. Alle Denkmäler verschwanden unter rotbespannten Holzgerüsten in Kugelform, die den Erdball darstellen sollten. Immerhin stand die Weltrevolution unmittelbar bevor. Lenin hatte es so und nicht anders gesagt. Unbeholfene Leute sangen die Internationale und die Marseillaise. Die Arbeiterkinder von Budapest bekamen Schuhe. Die Villenbesitzer begannen Hühner zu halten. Kun Béla verlas Grußadressen von Lenin. Die Maler malten kubistisch, futuristisch und expressionistisch. Die Lehrlinge brauchten nurmehr 36 Stunden pro Woche zu arbeiten. Die Leute wählten Arbeiter-, Bauern- und Soldatenräte. Die Dichter schrieben flammende Oden an den »Roten Gott«, der gekommen war, um die Welt endlich reinzuwaschen. Im Café Hungaria wurde zum kleinen Mokka das Tintenfaß gleich mitserviert. Die Pfandleiher mußten das »von den Armen verpfändete Eigentum« ohne Entgelt zurückerstatten. Die Proletarier gingen ins Theater, weil der Volkskommissar Georg Lukács für ermäßigte Eintrittskarten sorgte. Die Gouvernante bat um ihre Entlassung und kehrte ins heimatliche Paris zurück. Mama Tisza hatte häufig Migräne und las ausschließlich die österreichischen Hofnachrichten vom Vorjahr. Papa Tisza hatte keine Fabrik mehr. Sohn Tisza aß mittags und abends Vanilleeis.

Die Kastanienbäume blühten noch, als die Truppentransporte Richtung Osten und Norden zu rollen begannen. Auf den Mützen der Arbeiterregimenter prangte der fünfzakkige Stern der Kommune. Nach 133 Tagen war alles vorbei. Am 4. August marschierte die königliche rumänische Armee in Budapest ein. Herr Tisza sagt, daß das schon ein sehr trauriger Sommer gewesen war. Kein Mensch hat mehr gesungen, nicht einmal »Gott segne den Ungarn«. Dann kam der Konteradmiral Horthy und mit ihm der weiße Herbst. Eine Ernte der Trauer kam über das Land. Mama Tisza zog eine grün-schwarze Taffetrobe an und fuhr auf Kur. Un, deux, trois, pâté de foie. Es gab wieder Weißbrot, aber kein Gefrorenes. Sept, huit, neuf, rôti de bœuf. Die Bürgerkinder spielten »Wer hat Angst vor Béla Kun?« Aufgeschoben ist nicht aufgehoben. Ein Gespenst ging um in Europa. Gelegentlich hieß es Szabó Mihály und wurde als solches in den Wiener und Berliner Polizeiakten geführt. Einen Kun Béla gab es nur in Sowjetrußland. Und zwar sehr nachdrücklich, wie die Mitgliederkartei der Kommunistischen Allunionspartei (Bolschewiki) vom 1. Juli 1921 dokumentiert.

Evidenzblatt Nr. 232.811
Familienname: Kun
Vorname: Béla
Geburtsjahr: 1886
Nationalität: ungarisch
Klassenherkunft: bürgerlich
Militärdienst: Soldat der österreichisch-ungarischen
    Armee, Angehöriger der Roten Garde und der Roten
    Armee Sowjetrußlands
Parteizugehörigkeit: Seit 1916 Mitglied der Kommu-
    nistischen Partei Rußlands (Bolschewiki) / Sektion
    Tomsk, Gründer der Kommunistischen Partei
    Ungarns, Mitglied der Kommunistischen Partei
    Österreichs, Mitglied der Kommunistischen
    Partei Deutschlands.

Lenin nannte den gepflegten und wohlgerundeten Genossen Kun aus Ungarn seinen »lieben Béla«, nicht ohne ihn
des öfteren von links oder rechts zu rügen.

Als Führer der Räterepublik war der liebe Béla nach rechts
ausgerutscht. Eine wahre Diktatur des Proletariats schließt
keine Verträge mit Sozialdemokraten. Überhaupt war das
Ganze zu sehr von unten nach oben als von oben nach unten
bestimmt. In Deutschland wiederum legte der Komintern-
Abgesandte Kun betrübliche Linksabweichungen an den
Tag. Er riet der KPD zum Putsch. »Linker als die Linke«,
tadelte Lenin beim III. Weltkongreß der Kommunistischen
Internationale.
In der Sowjetunion machte der rechtslinke / linksrechte
Kun Béla seine fremdländischen Patzer wieder gut. Da er in
Ungarn zu humanistisch gewesen war, produzierte er als
Politkommissar auf dem Krimfeldzug üppige Exekutions-
listen. Untadelig auch seine Linientreue in Petrograd. Mit
revolutionärer Gewaltanwendung untermauerte er das
Dogma von der Alleinherrschaft der Partei. Sowjetrußland
war bolschewistisch. Nichts da mit Menschewiki, Sozialre-
volutionären, Anarchisten und Fabrikkomitees. Du sollst
keinen Gott haben neben mir. Kun gehorchte. Sechzehn
Jahre später wurde der treue Diener hinweggesäubert.

Die konzentrischen Kreise auf meinem Notizblock enden im sternförmig angelegten Lefortowo-Gefängnis, wo viele Altbolschewiken in die Hinrichtungskeller geführt wurden. Seither ist der liebe Béla eine einzige Peinlichkeit.

Am Kerepesi-Friedhof blüht der Flieder in Weiß und Violett. Unter den alten Platanen ruhen nur bedeutsame Leute, keine Köchinnen, Flickschuster oder Werkelmänner. Die in Stein gehauenen Engel tragen feierliche Trauer. In den Grabkapellen stehen Herren im Gehrock und weisen elegisch auf die am Boden eingelassene Steinplatte mit ihrem Namenszug. Es ist ganz still.

Ein verwitterter Husarenleutnant betrachtet melancholisch den ebenfalls verwitterten Lorbeerkranz in seiner Hand.

> Kein seliger Tod ist in der Welt
> als wer, vorm Feind ein frommer Held
> auf grüner Heid ohn Klag und Leid
> gewinnt den Totenkranz.
> Ta-ram-ta-ta, taramta…

»Das haben wir anno siebzehn gesungen«, sagt Miklós Szinai, der Historiker. Er ist sehr dünn und trägt gestreifte Altherrenhosen. Seine schlohweiße Mähne kann er nur mit Hilfe eines schwarzen Filzhutes bändigen. Nimmt er den Hut ab, strebt das Haar in eigensinnigen Büscheln himmelwärts. Seine Schuhsohlen sind mit Metallplättchen versehen, die auf den Steinplatten des Nobelfriedhofs ein schabendes Geräusch von sich geben.

»Kun war schon eine Legende, als er noch am Leben war. Aber wer mag schon Legenden? Keiner hat ihn gemocht.« Breit und mächtig erhebt sich das Pantheon der für die gerechte Sache Gestorbenen aus dem feierlichen Dunkelgrün der Buchsbaumhecken. »Der Freiheit Morgenrot bricht an, doch dunkle Nacht liegt noch auf unsrer Bahn«, deklamiert Szinai.

Nach dieser beinahe ketzerischen Abschweifung erläutert er die Gesetzmäßigkeiten des kategorialen Seins. Die Märtyrer der ungarischen Arbeiterbewegung sind in drei Kategorien unterteilt.

Kategorie Nummer eins steht als Urnenphalanx im Inneren

der zweigeschossigen Gedenkstätte aus weißen Steinblök-
ken. Die zweite Kategorie ist auf Marmortafeln verewigt,
die zu jeweils dreißig Stück an zehn freistehenden Beton-
wänden angebracht sind. Kategorie Nummer drei ruht in
schmalen Gräbern, die den schnurgeraden Weg zu den Stufen des Urnentempels säumen.

> Leute wie Leo Frankel haben eine Urne.
> Leute wie Béla Kun haben eine Marmortafel.
> Leute wie László Rajk haben ein Grab.

Die Urneninhaber sind niemandem peinlich. Marmortafeln
und Gräber erinnern gelegentlich an nicht ganz geklärte –
wenn auch rehabilitierte – Seinsformen.
»Die Wahrheit liegt eine Etage höher oder tiefer, ganz wie
man es nimmt«, sagt Szinai. Er ist ein boshafter alter Herr.
Während er die trüben Geschichten von Attila József, Pa-
taky István und Szönyi Tibor erzählt, an deren engen Grab-
stätten wir vorbeidefilieren, nimmt er den Hut ab. Selbstmord 1937. Erschlagen 1944. Hingerichtet 1949. Beim
nächsten Grab setzt Szinai seinen Hut wieder auf. Dort liegt
ein Rákosi-Mann.
»Es mag schon sein, daß alles veränderbar ist«, sagt er, »aber
gelegentlich ist es sehr ermüdend.« Sein Herr Vater habe
auch gemeint, er solle sich lieber dem Tuchhandel widmen
als den Geschichtswissenschaften. Recht hat er gehabt.
»Nehmen Sie den Fall Kun Béla. Ich sage ›Fall‹, weil er uns
noch immer weh tut. Haben wir uns mit ihm beschäftigen
dürfen? Nein. Gibt es eine Diskussion? Nein. Was bleibt?
Die fatale Kontinuität der Glasglocke.«
Szinai riecht nach Lavendelwasser. Am Grab von Lukács
meint er vergnügt, daß der Genosse Lukács den Genossen
Kun partout nicht leiden konnte. Der liebe Béla hatte nämlich eine furchtbar energische Art.
Es beginnt zu nieseln. Szinai stellt den Mantelkragen hoch
und zitiert unverdrossen Marx via Lukács. »Ein ungegen-
ständliches Wesen ist ein Unwesen.« Richtig? Richtig.
»Alás – die entfleuchte Gegenständlichkeit des Kun Béla:
Die Archive sind nicht zugänglich, die von Borsányi geschriebene Biographie ist unter Verschluß. Genosse Kun ist

ins Leere gefallen. Eine Marmortafel allein bringt noch lange keinen Sommer.« Es beginnt zu regnen, zu gießen, zu schütten. Die sich enthusiastisch entladenen Niederschlags-mengen klatschen auf die Logik von Gegenständlichkeit versus Ungegenständlichkeit. Während wir im Laufschritt dem Ausgang zuhasten, deklamiert Szinai einen Shake-speare-Vers frei nach Szinai:

> Die Zeit reiset in verschiedenem Schritt
> je nach Person, du meine Güt'
> Ich will euch sagen, mit wem sie geht
> mit wem sie trabt
> mit wem sie galoppiert
> und mit wem sie stillesteht.

Er findet, das sei doch eine passable Schlußbemerkung für einen Friedhofsbesuch.

Im Arbeitszimmer von Professor András Hegedüs wird Kaffee serviert. Der Professor ist massiv, der Bücher-schrank gediegen, das Ledersofa geräumig, der Schreib-tisch weitausholend. Vor dem Fenster steht ein Feigenbaum aus Italien, der im Jahr zwei Ernten bringt.
Hegedüs schlüpft aus den Pantoffeln und läßt die Zehen kreisen, während er über die Errungenschaften des Kádár-Sozialismus spricht. Privateigentum ist schon etwas Rüh-rendes, etwas Verführendes.
Unter Rákosi durfte ein ungarischer Bauer zwei Schweine und eine Kuh halten. Das hat niemandem gefallen. Heute ist der Besitz von zweihundert Schweinen und zwanzig Kü-hen gestattet. Davon gehen belebende Impulse aus. Essen war übrigens immer schon eine transleithanische Leiden-schaft. »In das Ferkel füllst du einen Hasen, in den Hasen einen Krammetsvogel, in den Krammetsvogel eine Trüf-fel...«
Hegedüs ist ein Mann mit Vergangenheit. Unter Rákosi saß er im Politbüro und wurde kurzfristig mit dem Amt des Ministerpräsidenten betraut. Es war eine anstrengende Zeit. Die Parteilinie hüpfte wie ein Ziegenbock einmal vor-wärts, einmal rückwärts, einmal seitwärts. Rákosi irrlich-

terte immerzu hinter Stalin drein. Als der Werktätigste aller Werktätigen beim XX. Parteikongreß der KPdSU zur schrecklichsten Sonnenfinsternis aller Zeiten avancierte, entschwand auch Rákosi. Jahre später wurde er in einer zentralasiatischen Sowjetrepublik gesehen. Er trug Pantoffel an den Füßen und eine Milchkanne in der Hand. Hegedüs, dem die neugefestigte ungarische sozialistische Arbeiterpartei bescheinigte, nur ein Pappteufel gewesen zu sein, widmete sich der Soziologie. Seit er ein Faible für antibürokratische Reformen an den Tag legt, redet niemand mehr mit ihm.

Für Hegedüs gibt es zwei Kuns. Den Kun vor dem 4. August 1919 und den Kun danach. Als Führer der Kommune war er eine Himmelsgabe, als Komintern-Mann eine Katastrophe. Der liebe Béla ist in Moskau ein furchtbar unduldsamer Mensch geworden. Daß er sehr couragiert war, kann ihm ja niemand absprechen. Aber sein Linksradikalismus war schrecklich unsympathisch. Hegedüs blickt sinnend auf seinen Feigenbaum und meint, daß das schon eigenartig ist mit dem Kun. Er hat es doch nie recht machen können. Als die Räterepublik futsch war, ist er viel gescholten worden. Mangelnde Begabung für hartes Durchgreifen wurde ihm zur Last gelegt. Und als der Sozialismus schon längst auf ein Land beschränkt war, galoppierte er immer noch auf dem feurigen Roß der Weltrevolution. Das war schon sehr daneben. Stalin gegenüber hat er sich ausgesprochen pietätlos verhalten. Wer verteidigt schon öffentlich einen Sinowjew, der gerade als Parteifeind entlarvt wird? Als Konspirativer machte er auch keine gute Figur. Der liebe Béla hat doch glatt die Namenslisten der ungarischen Genossen in einem Wiener Taxi liegenlassen. Der Herr Horthy hat sich sehr gefreut. Überhaupt nicht gefreut hat sich der Rákosi, als aus Moskau die Meldung von der erfolgten Rehabilitierung des Kun Béla kam. Das war der Anfang vom Ende des Rákosi. Wenn auch Unpersonen wieder Genossen werden, stürzen Genossen in die Kategorie von Unpersonen. Hinauf, hinab. Pardon. Pardauz.

Nein, der Kun war nie kommod. Auch wenn einer rehabilitiert wird, bleibt immer ein Gran von Unbehagen. Hegedüs blättert im *Uj Magyar*-Lexikon, herausgegeben 1961. Achtzehn Zeilen über Kun Béla, bitteschön. Parteigründer, Führer der Räteregierung, 1928 in Wien vor Gericht gestellt, Horthy-Regime verlangt Auslieferung, großer internationaler Protest, Kun nach drei Monaten in die Sowjetunion abgeschoben, hält 1930 das Hauptreferat beim II. Kongreß der illegalen kommunistischen Partei Ungarns.

Hegedüs klappt das gewichtige Nachschlagewerk wieder zu. Das war's. Tapferer hält sich das Lexikon des Instituts für ungarische Parteigeschichte. Demnach wurde Kun 1937 unter falschen Anschuldigungen verhaftet und fiel in der Atmosphäre des Personenkults begangenen Ungerechtigkeiten zum Opfer. Nach dem Tode Stalins wurde er rehabilitiert. Sein Andenken wird – trotz seiner Fehler – vom ungarischen Volk und von der internationalen Arbeiterbewegung in Ehren bewahrt. Dixit.

Ich zeichne schon wieder konzentrische Kreise. Das »trotz seiner Fehler« irritiert mich. Hegedüs zwinkert und meint, daß das ehrwürdige Institut für ungarische Parteigeschichte damit zum Ausdruck bringt, daß sich Genosse Béla Kun geweigert habe, die Linie des VII. Komintern-Kongresses anzuwenden und auf seinen früheren sektiererischen Ansichten beharrte. Das war schon sehr blasphemisch von ihm.

Dann hört Hegedüs auf mit der Zwinkerei und sagt, daß auch Kun nicht sehr zimperlich gewesen ist. Es klebe viel Blut an seinen Händen. Näheres wolle er nicht sagen. Viktor Serge jedenfalls hat ihn der autoritären Korruption bezichtigt. Kun soll mit seinen Fraktionsgegnern sehr unbarmherzig verfahren sein. Hegedüs sieht müde aus, als er einen Vers von Bálint Balassi zitiert: O Herr, wie könntest du ihnen vergeben, sündigten sie nicht? Diese Worte müßten sich viele auf den Grabstein oder in Ermangelung eines solchen auf die Gedenktafel schreiben lassen.

Ein lauteres Beispiel hingegen ist der Jenö Landler gewesen. Der freundlich-nüchterne Gegenspieler des Béla Kun hat die Rosa Luxemburg sehr geschätzt und von Lenin nicht viel gehalten. Der war ihm zu jakobinisch. La terreur. Le malheur. Mit dem heutigen Ungarn wäre der liebe Béla sicherlich nicht zufrieden. Viel zu salopp und flott trotz Leistungsdruck und Bürokratie. Aber das mit den Schweinen und Kühen gefiele ihm zweifellos. Er hat immer darunter gelitten, daß die Kommune den Boden nicht an die Bauern verteilt hat. Deshalb gab es ja auch in Budapest nichts zu essen. Ach ja, inzwischen ist viel Wasser die Donau hinabgeflossen. Und der liebe Béla ist auch nur wie eine Träne im Schwarzen Meer. Große Schmerzen, kleine Lieder. Letztendlich bleibt zu sagen, daß ein Kádár für die Ungarn viel besser ist als ein Kun. Wenn nur die acht Milliarden Dollar Auslandsschulden nicht wären. Jetzt blickt der Professor Hegedüs wieder ganz verschmitzt drein. Ob ich Lust auf eine Partie Domino hätte?

Wie ein appetitliches Frühstückskipfel sitzt der goldene Halbmond auf der Kuppel des Dampfbades. Dienstag ist Damentag. Die im heißen Wasser hockenden und ziemlich ausladenden Gestalten verbreiten den Gleichmut des Ostens. Gelegentlich wird die verschlafene Stille durch ein sanftes Plätschern unterbrochen. Dann erhebt sich eine der Badenden, um mit nacktem Hinterteil der Dampfkammer zuzustreben. Die vorderen Regionen sind mit einem Schürzchen bedeckt. Graugrünes Dämmerlicht fällt in den hohen Raum, und von irgendwoher ist das Klatschen kräftiger Masseusenhände auf einem zu rundlich gewordenen Bauch zu vernehmen.

Ich blättere in meinen Wiener Notizen, die in den Dampfschwaden des türkischen Bades zunehmend an Adrettheit verlieren. In Wien gibt es ein paar Leute, die auf den Kun seit genau 65 Jahren böse sind. Ende April (oder war es Anfang Mai?) hatte der Revolutionsführer einen Emissär namens Bettelheim nach Wien geschickt. Dieser Ernö (oder hieß er Ervin?) forderte die österreichische Bruderpartei auf, doch nicht so lange herumzubrodeln und endlich auch in Sachen Weltrevolution tätig zu werden. Leider saß ein Polizeispitzel in der hastig einberufenen Versammlung. Aus der Weltrevolution ist dann nichts geworden, aber es gab eine Menge Tote in der Hörlgasse. Die Sozialdemokraten waren auch verärgert und schickten dem Kun Béla einen Brief. Zwar seien Budapest und Wien schicksalhaft miteinander verbunden, aber der werte Genosse möge doch einsehen, daß eine Rätediktatur diesseits der Leitha derzeit leider nicht möglich sei. Ein bolschewistisches Deutsch-Österreich würde von den Siegermächten keine Kredite mehr bekommen, und womit solle man dann Lebensmittel und Hausbrandkohle bezahlen?

Das Schreiben des Otto Bauer aus Wien an den Béla Kun in Budapest endete »mit bestem Gruße«. In der alten Kaiserstadt zu Wien gab es keinen Kaiser mehr und nichts zu essen. Es gab auch keine Rationierungskarten, weil man sie wegen Papiermangels nicht drucken konnte. Die Leute wuschen sich mit Ersatzseife, trugen Kleider aus Nesselstoff und tranken Gerstenkaffee. Es wurde viel über das Dilemma von fruchtbarer und unfruchtbarer Ungeduld diskutiert. Der junge Leo Rothziegel ging mit 1200 Mann über die Grenze. 60 Steirer taten dasselbe und nahmen 18 Maschinengewehre mit. Sie alle kamen bis Drebrecen und starben dort den Rotarmistentod. Es wurde viel gestorben. Lenin konnte auch nicht helfen. Die allrussische Sowjetmacht führte selber Krieg.

Der Poldi Grünwald erinnert sich noch an den Leo Rothziegel. Der hochgewachsene Revolutionär konnte mitreißende Reden halten, und fesch war er auch. Die Ungeduld hat in ihm sehr stark gebrannt. Grünwald hatte auch mit dem Gedanken gespielt, sich den roten Internationalisten anzuschließen, aber dann ist er doch im Grinzinger Studentenheim geblieben. Ein paar Monate später wurde dort selbst fast nur noch ungarisch gesprochen. Was heißt gesprochen. Die nach Wien geflüchteten Anhänger der gestürzten Räteregierung haben furchtbar miteinander gestritten. Es war richtig botokudisch.

Ich lege meinen Notizblock auf den steinernen Rand des achteckigen Bassins und lasse mich tiefer in das heiße Wasser gleiten. Mein Schürzchen macht sich selbständig und treibt unter den türkischen Gewölben. Eine Dicke lacht, während ich unter den sauertöpfischen Blicken der Bademeisterin nach dem aufgeweichten Ding angle. Die Julischkas, die Julischkas aus Buda-Budapest haben ein Herz aus Stein.

Die Sonne hat bereits mit ihrer üblichen Abendvorstellung über der Donau begonnen. Rot, röter, am rötesten. Die Budapester promenieren über die Brücken. Von Buda nach Pest, von Pest nach Buda. Das Panorama ist unerhört toll. Aus jedem Blickwinkel ergibt sich eine perfekte Ansichtskarte. Der alte Szinai hat die Schachfiguren schon aufgestellt und braut einen pechschwarzen Kaffee. Er eröffnet mit einem Damengambit. Heute ist er noch skurriler als sonst. Nach fünfzehn Zügen bin ich matt, und Szinai freut sich sehr. Sorgfältig schneidet er die Spitze einer Monte Cristo ab und erläutert die Theorien des Partisanen Dubowoj. Der Altbolschewik suchte eine Antwort auf den schlichten Zweisilber »Sa tschto – Warum?«. Dieses Wörtchen fand sich an Zellenwänden und Barackenbrettern, in Gefangenenwagen und Durchgangslagern. Dubowoj kam zu dem Schluß, daß die großen Säuberungen das Resultat einer außergewöhnlichen Zunahme der Sonnenflecken sein müssen. Warum sonst fräße die Revolution ihre eigenen Kinder und die Sonne gleich mit dazu.

Es wird kein entspannter Abend. Ich eröffne sizilianisch und erwähne en passant, daß ich in genau einundzwanzig Stunden bei den Kuns zum Nachmittagskaffee eingeladen sei. Szinai kriegt ein verknurrtes Gesicht und meint, ich solle es doch lassen, die Wahrheit nachbilden zu wollen. Sie zu erfinden sei besser, viel besser. Das habe schon der weise Maestro Verdi gesagt.

»Zepp, zepp, Zeppelin, komm doch nach Wien!« murmle ich und stelle meine Dame auf e5. Schach.

»Sie haben eine starrsinnige Seele«, meint Szinai freundlich und fegt die Königin mit einem perfide plazierten Läufer vom Brett.

»Und ich gehe doch zu den Kuns«, beharre ich.

»Sa tschto?« fragt Szinai, eingehüllt in Zigarrenqualm.

Als ich vor dem Gittertor in der Sólyom utca stehe, überfällt mich scheue Beklommenheit. Ich habe Lust, mich zu bekreuzigen. Mein Gott, hatte die Hilde Koplenig gesagt, es ist ein wahres Wunder, daß der Miklós und die Agnés noch am Leben sind. Stalins schwere Hand hat oft genug auch die Kinder der als Volksfeinde Entlarvten zerquetscht.

Die Koplenigs waren mit den Kuns gut bekannt. Es war eine flammend schöne Zeit damals im Moskau der zwanziger Jahre. Der Kern des Notwendigen schälte sich klar aus dem wirren Strom der Ereignisse. Übersichtlich waren Vergangenheit und Gegenwart, und die Konturen des Zukünftigen hoffnungsvoll. Das russische Proletariat hatte ehern in die Speichen der Geschichte gegriffen und schickte sich an, den goldenen Traum von der besseren Welt hartschöne Wirklichkeit werden zu lassen. Miklós war noch ein kleiner Junge, ein süßer Backfisch die Agnés. Die Beziehungen zu Irene Kun waren besonders herzlich. Eine liebenswerte Frau, die so gar nicht zu dem verschlossenen Béla Kun zu passen schien. Er hatte frostige Augen und lächelte nie. Die Kuns hatten eine Vierzimmerwohnung für sich allein, ein imposantes Faktum in Anbetracht der damals sehr beengten Verhältnisse. Béla war ein mächtiger Mann. Genossen von kleinerer Statur haben im Hotel Lux gewohnt. Ich drücke auf den Klingelknopf. Ein Schäferhund trabt kläffend heran und macht knurrend vor dem Gittertor halt. Aus der Villa tritt ein eleganter, etwas fülliger alter Herr.

»Guten Tag«, sagt er. »Ich bin Miklós Kun. Wir haben Sie schon erwartet.« Béla Kuns Sohn ist Professor für Chirurgie.

Die Dame im roten Kostüm lächelt verhalten. Agnés Kun. Ich habe das Bedürfnis, einen Knicks zu machen.

Der Tisch im Salon ist sorgfältig gedeckt. Ich muß Kuchen essen und von Wien erzählen.

»Sie rauchen zuviel, Kindchen«, sagt Agnés Kun. »Das ist nicht gut für den Teint.«

Sie hat die Haut eines jungen Mädchens. Ihr glänzendes Haar ist straff zurückgekämmt und zu einem schmalen Dutt hochgesteckt. Die Fotos sind in Hüllen aus Transparentpapier verwahrt. Behutsam nimmt Agnés Kun die leise raschelnden Umschläge aus dem Karton. Ein Gruppenbild mit Béla Kun im heimatlichen Kolozsvar. »Das war 1907«, sagt sie, »auf einer Tagung der Sozialdemokraten.« Feierlich erstarrt blicken die Genossen in die Kamera. Kun, in der ersten Reihe links, hat die Beine lässig übereinandergeschlagen.

Er war gerade aus dem Gefängnis entlassen worden. Der Journalist Kun hatte wegen ungebührlicher Berichterstattung über die k.k.-Amtsgewalt eine sechsmonatige Haftstrafe absitzen müssen. Sieben Jahre später trägt er die Uniform der österreichisch-ungarischen Armee. Die junge Frau neben dem Infanteristen Kun ist schwanger und sieht sehr glücklich aus. Vom Zaren aller Reußen zum Kriegsgefangenen gemacht, schließt Kun nähere Bekanntschaft mit Sibirien und den Bolschewiki. Im Dezember 1918 kommt er in ein Ungarn zurück, das keinen König mehr hat. Dann folgen 133 sturmbewegte Tage.

»Wir hatten eine aufregende Kindheit«, sagt Miklós und zündet sich an einer noch glimmenden Zigarette eine neue an. »Eine Kindheit in ungarisch, deutsch und russisch.« Schiwoj Internazjonal. Die lebende Internationale.

»Unsere Eltern haben sich sehr geliebt«, sagt Agnés und umfaßt mit ihren Altdamenhänden, an denen die Adern scharf hervortreten, ein vergilbtes Foto aus dem Jahre 1925. Zwei Kinder sitzen im Gras. Irene und Béla halten sich an den Händen. Auf der Veranda der Datscha steht ein hochgewachsener Mann. Michail Wassiljewitsch Frunse, der Oberkommandierende der Roten Armee.

Eingeklemmt zwischen zwei Kuverts ein kleines Bild mit Büttenrand. Das melancholische Gesicht gehört Moises Kun, dem Vater Bélas. Der Notariatsschreiber hat nicht an Gott geglaubt. Er las die Schriften von Darwin und Spinoza. Den Sabbat hat er nicht geehrt. Er war sehr arm. Daß sein Sohn ein mächtiger Mann geworden ist, hat ihn bekümmert. Revolution ja. Macht nein.

Kun am Schreibtisch, Kun bei Kongressen, Kun am Rednerpult. »Er ist nie zu Hause gewesen«, sagt Agnés. »Er hatte ein großes revolutionäres Herz.« Geld hat ihn nicht interessiert. Er war sehr belesen und mit dem Theaterregisseur Karl Theodor Meyerhold befreundet. Vom Theater war er fasziniert. Die Kuns hatten 24 Zeitungen und Zeitschriften abonniert.

»Unser Vater war vielseitig wie Julius Cäsar«, sagt Miklós. »Er konnte gleichzeitig schreiben, telefonieren und Radio hören.« Er wußte die lateinischen Namen unzähliger Pflanzen und hatte Heimweh nach Ungarn. Die Geschwister Kun sind im Jahre 1959 auf Einladung von János Kádár nach Budapest zurückgekommen. Aber zu Hause sind sie hier nicht. Moskau ist zu Hause. Agnés fährt jedes Jahr für ein paar Monate in die Sowjetunion. »Ich esse Blinschki für mein Leben gern«, sagt sie und fügt maliziös hinzu: »Den Funktionären gehe ich aus dem Weg, hier wie dort.«

Mit plötzlich fahrigen Händen blättert sie im letzten Drittel des Kartoninhalts. Béla Kun sieht von Foto zu Foto erschöpfter aus. Da ist nichts Wehendes, Flatterndes, Weitausgreifendes mehr. Die untersetzte, kräftige Gestalt sackt rundrückig vornüber. Die Anzüge passen nicht mehr. Unter den angestrengten Augen hängen tiefe Tränensäcke. Auf dem VII. Kongreß der Komintern sitzt er mit verstörtem Gesicht zwischen Dimitrow und Manuilski.

»Wie ein phosphoreszierender Leichnam«, sagt Miklós unvermittelt. Sachte ordnet Agnés die Fotos wieder ein. Im Mai 1937 hält Manuilski eine Rede vor dem Exekutivkomitee der Komintern. Pieck, Kuusinen, Togliatti, Gottwald und Wang Ming senken schweigend den Blick, während heftiger Tadel auf den Genossen Kun niederprasselt. Als er mit kalkweißem Gesicht den Versammlungssaal verläßt, begleiten ihn zwei NKWD-Männer. Sie liefern ihn in seiner Wohnung ab.

Es wird still um Béla Kun. Im Treppenhaus wird sein Gruß nicht mehr erwidert. Auf der Straße wechseln die Bekannten auf die andere Seite. Kun ist immer noch Direktor eines Buchverlages, aber auf seinen Schreibtisch werden keine Manuskripte mehr gelegt. Um drei Uhr nachts klingelt das Telefon. Stalin erkundigt sich munter nach dem Befinden des lieben Béla und ersucht ihn, doch einen französischen Reporter zu empfangen. In den kapitalistischen Ländern ginge das Gerücht um, Kun sei verhaftet worden. Stalin wünscht ein Dementi.

Am 29. Juni feiern Irene und Béla Kun silberne Hochzeit.

Sie sind allein. Von den geladenen Gästen ist niemand gekommen. Miklós ist in der Kadettenschule, Agnés verbringt mit ihrem Mann, dem ungarischen Dichter Hidás Antál, ein paar Ferientage in der Umgebung von Moskau.

Das Klopfen an der Wohnungstür ist diskret. Einige Männer in Zivil eröffnen dem Genossen Kun Béla, daß er verhaftet sei. »Das muß ein Mißverständnis sein«, sagt er und zu seiner Frau gewendet: »In einer halben Stunde bin ich wieder zurück.«

Er geht ohne Mantel, ohne Hut.

Irene Kun wird als sozial gefährliches Element für zehn Jahre nach Kolyma geschickt. Dort, jenseits der Lena und nördlich des Aldan, breitet sich das riesige Reich der Sträflinge aus. Miklós wird aus der Kadettenschule ausgestoßen und arbeitet als Dreher in einer Fabrik. Agnés und Antál kommen ins Lager. Marussja, die Wirtschafterin der Kuns, verschwindet spurlos. »Und jeder Tag erschlug sechs-, siebentausend«, sagt Miklós. Es ist jammervoll, ihm beim Anzünden der Zigarette zuzusehen. Ich wende den Blick von dem zitternden Flämmchen ab.

In der kleingedruckten Notiz, die Béla Kuns Rehabilitierung kundtut, ist sein Todestag angegeben: der 30. November 1939. Neunundzwanzig Monate bestritt Béla Kun, ein »verabscheuungswürdiger Agent des Klassenfeindes« und ein »schmutziger Parteigänger der trotzkistisch-sinowjewistischen Verschwörung« zu sein.

Er mußte bis zu zwanzig Stunden auf einem Bein stehen. Er wurde mit Sandsäcken in den Bauch geschlagen. Die Vernehmungen dauerten fünf, sieben, elf Tage ohne jede Unterbrechung. Er mußte dabei auf einem Stuhl sitzen, aus dem der Sitz entfernt worden war.

Béla Kun hat kein Geständnis abgelegt.

Für die Ereignisse am 30. November 1939 gibt es zwei Wahrheiten. Die eine ist offiziell und steht in der *Iswestija*. Die andere ist inoffiziell und stammt von einem Mitgefangenen des Béla Kun.

Wahrheit Nummer eins: Kun ist im Gefängnis an einer Krankheit gestorben.

Wahrheit Nummer zwei: Als er zur Hinrichtung geführt wurde, hing er schlaff zwischen zwei Männern in Uniform. Seine Beine waren unförmig angeschwollen und schleiften hinten nach.

Der Karton mit den Fotos steht auf dem Tisch. Es ist ganz still. »Sa tschto?« frage ich, weil ich fragen muß.

»Kindchen, ach Kindchen«, sagt Agnés Kun vorwurfsvoll.

Richard Wagner
Unter Brüdern
Ein osteuropäisches Haßregister

1

Als ich ein Kind war, lebte meine Familie in einem Dorf im
RUMÄNISCHEN Banat im Dreiländereck RUMÄNIEN, JUGO-
SLAWIEN, UNGARN. Wir gehörten zur DEUTSCHEN Minderheit, den Banater Schwaben. Fleiß, Sauberkeit, Ordnung,
Anstand. So das Selbstverständnis dieser Leute. Alles andere war Unglück und Schicksal. Wir hatten den Krieg verloren, und die RUSSEN waren gekommen und hatten uns
alles weggenommen. Unsere Nachbarn waren RUMÄNEN.
Walachen, sagten die Schwaben und verzogen den Mund.
Haben sich hier nach dem Krieg eingenistet in den leerge-
bliebenen Häusern. Die Nachbarn hatten viele Kinder. Sieben. Und Jahr für Jahr kam noch eines hinzu. Sie sind drek-
kig, sagte Mutter. Sie waschen sich nicht. Ich spielte mit
ihnen auf der Straße. Ins Haus ging ich nicht. Bei denen drin
stinkt's, sagte Mutter. Ich nahm auch kein Essen von den
Kindern an. Ich lernte ihre Sprache. Sie meine nicht. Die
wissen doch gar nicht, was ein Kuchen ist, sagte Mutter und
reichte sonntags dem flachsblonden Nachbarmädchen mit
den dicken Brillengläsern, das uns die Milch ans Fenster
brachte, ein Stück Torte hinaus.

2

Der erste RUMÄNE kam vor dem Ersten Weltkrieg ins Dorf,
erzählte Großmutter. Er ging barfuß, und weil er immer
einen Esel mit sich führte, nannte man ihn im Dorf den
Esel-Gyuri. In seinem Haus hielt er auch das Vieh. In dem
einen Zimmer wohnte er, in dem anderen waren die Schafe
und der Esel. 1918 kamen die RUMÄNISCHEN Soldaten. Hier,

nicht weit von unserem Haus, bauten sie eine Straßensperre auf. Sie hatten alte Flinten umhängen, und an den Füßen trugen sie Opanken. Sie schliefen in der Scheune, im Stroh. Früher sprachen auch die RUMÄNEN im Dorf schwäbisch. Sie verdingten sich als Knechte bei den Bauern. Fünf Familien. Jetzt hört man nur noch RUMÄNISCH auf der Straße, sagte meine Großmutter. Sie ist tot. In der Schule hat sie UNGARISCH gelernt. Damals die Staatssprache.

3

Der Schwager meines Großvaters war in Temesvar Schuhmacher geworden und in den zwanziger Jahren Kommunist. Die kämpften damals für eine bessere Welt. Zum Beispiel für den Achtstundentag. Der Schwager hatte Arbeitskollegen, die waren in Budapest gewesen, während der Räterepublik. Sie redeten DEUTSCH, und wenn sie von der Arbeitersache redeten, sprachen sie UNGARISCH. Sie sagten Béla Kun*, und die gerechte Sache. Das sagten sie. Der Schwager meines Großvaters mußte gleich nach der Gründung Groß-RUMÄNIENS zum Militär. Zum RUMÄNISCHEN. Er kam ins Altreich. Noch in den sechziger Jahren erzählte er öfter eine Episode aus seiner Militärzeit. Ihre Kolonne marschierte auf einer staubigen Landstraße. Es war Sommer. Die Bauern bewegten sich träge auf dem heißen Feld. Da hörte man Lärm und Rufe. Die Bauern rannten an den Wegrand, knieten sich hin und senkten die Köpfe. Von Peitschenknallen begleitet sauste die Kutsche des Bojaren vorbei. Der Schwager meines Großvaters war eingeschriebenes Mitglied der RUMÄNISCHEN Kommunistischen Partei. Er las die Zeitung *Népszabadság*, Organ des ZK der UNGARISCHEN Sozialistischen Arbeiterpartei, die er im Abonnement bezog, was damals in Rumänien noch möglich war, und Abend für Abend sah er sich das Programm des Budapester Fernsehens an. Im

---

* Ungarischer Arbeiterführer, proklamierte 1919 die Räterepublik in Budapest, später in der Komintern, 1939 in Moskau erschossen.

August '68, als unser Staatschef die Rede gegen den Einmarsch der Warschauer-Pakt-Staaten in der TSCHECHOSLO-
WAKEI hielt, sagte er: Der nimmt das schon noch zurück.
Für den Schwager meines Großvaters war '68 der Sozialismus in der TSCHECHOSLOWAKEI in Gefahr, denn er war
auch '56 in UNGARN in Gefahr gewesen, so wie die Räterepublik 1919 in Gefahr gewesen war, die dann von RUMÄ-
NISCHEN Truppen zusammengeschossen wurde.

4

Als ich zwölf war, sollte ich, was damals in unsren Dörfern
Mode war, Akkordeon spielen lernen. Im Familienbesitz
befand sich ein Zwölf-Baß-Hohner, auf dem der Onkel, der
jetzt in Brasilien lebt, bevor er mit siebzehn bei Nacht und
Nebel zur SS durchbrannte, der Großmutter ein letztes
Mal, herzzerreißend, wie sie sich ausdrückte, La Paloma
vorgespielt hat. Ich hatte ein Handwägelchen, auf dem
zog ich das Akkordeon durch die Heidegasse zu der Frau,
der ein Granatsplitter kurz vor Kriegsende, als auch bei
uns Krieg war, den Fuß verletzt hat, und die, unverheiratet
geblieben, ihren Lebensunterhalt mit Musikunterricht
verdiente. Einmal trat auf der Heidegasse ein breitschul-
triger Mann aus einem hohen Tor und schrie auf RUMÄ-
NISCH: Faschistenbankert, daß ich dich nicht mehr vor
meinem Haus erwische. Geh auf der andren Straßenseite.
Dort, wo deine Hitleristen wohnen.

5

Die haben, sagt er schwer atmend, er hat gerade den kaput-
ten Reifen gewechselt, die haben sich doch ganz Siebenbürgen unter den Nagel gerissen durch ihr Lavieren. Immer auf
der Siegerseite. Im richtigen Augenblick. Die haben ihre
Weltkriege an der Diplomatenbörse und an den Konferenz-
tischen geführt. Jetzt haben sie unser Siebenbürgen, und
was haben sie draus gemacht? Nicht mal eine Cola haben

sie. Wenn du nach RUMÄNIEN kommst, merkst du's sofort. Gleich hinter Gyula wird's stockfinster. Kein Licht, keine Heizung. Die Klos verdreckt. Da kannst du gar nicht rein. Ich sag dir, Europa hört in Budapest auf. Schau dir diese Tische an. Das will eine Raststätte sein. Und das kostet alles ein Geld! Das sind ZIGEUNER, und wenn sie was gelernt haben, dann eventuell von den Türken. Die wissen ja nicht mal, wo sie herkommen. Römer! Haben doch keine Spur von einer Architektur und zu essen schon längst nichts. Zu uns kommen sie rüber. Im kleinen Grenzverkehr. Schokolade einkaufen, für die Kinder. Unsre Zöllner sagen, nehmt nur, ihr habt ja doch nichts. Die reden! Wer hat uns denn den Horthy, den kleinen Faschisten, beschert? Hinter ihrer Invasionsarmee ist er 1919 auf dem Schimmel geritten gekommen. Jetzt wettern sie, er habe ihnen Nordsiebenbürgen genommen, und wir hätten das auch im Sinn, weil wir den Horthy neuerdings nicht mehr als ausgemachten Bösewicht betrachten. Die mit ihrem Antonescu*. Angeekelt schiebt er die Flasche mit dem trüben Saft, in dem ein paar Fäden schwimmen, beiseite. Zeug! Aber so ist das hier. Alle schweigen und klatschen. Der Maisbrei** explodiert ja nicht. Er macht eine wegwerfende Handbewegung. Zahlen, ruft er der Kellnerin auf UNGARISCH zu.

6

Das östliche Europa ist ein kleines Land. Seine Grenzen sehen aus, als seien sie mit unsicherem Bleistift gezogen. Das osteuropäische Land ist unbequem. Das Leben im osteuropäischen Land ist wie Zweite-Klasse-Fahren. Das osteuropäische Land ist jung. Es hat kaum ein Menschenalter hinter sich. Als das Imperium zusammenbrach, hat es Fragmente von dessen Infrastruktur übernommen. Das osteuropäische Land ist in seiner kapitalistischen Entwicklung über die An-

---

* Rumänisches Pendant zu Horthy. Diktator in Rumänien von 1940–1944.
** Grundbestandteil der rumänischen Alltagsküche. Zugleich Schimpfwort für die Rumänen (wie früher »Kraut« für die Deutschen).

fänge kaum hinausgekommen. Sie wurde vom Weltkrieg gebremst und durch den stalinistischen Schnitt abgebrochen. Der ignorante Eingriff des Stalinismus in die Identität, die sich erst zu festigen begann, ließ eine Sehnsucht nach dem Status quo ante entstehen, die bis heute anhält und an Intensität eher zunimmt. So erscheint, was 1918 aus dem Schoß des Imperiums gefallen ist, als Realisierung eines jahrhundertealten Traums und Jalta als die Annullierung des Jahres 1918.

7

Im *Neuen Deutschland*, das man immer seltener am Zeitungsstand bekommt, war unlängst die Schlagzeile zu lesen: »Mit der Präzision von Zeiss«. Zwei junge Leute gehn vorbei. Der eine sagt ganz aufgeregt auf RUMÄNISCH: Du, die hatte ein paar Hosen an, Zeiss! Und Beine hatte die, Zeiss! Schau sie dir an, diese Zweite-Klasse-DEUTSCHEN, sagt einer. Du weißt schon wer. Schau dir bloß ihre Wagen an. Trabant. Er sagt's mit Nachdruck. Kartonschachteln. Imitationen von Autos. Die stopfen sie voll mit ihrem Unrat. Und ab auf den Balkan. Oder einfach mit dem Rucksack. Sport ist bei denen ja Staatsideologie. Verrenkung der Glieder, bis die Nationalhymne erklingt. Alles, was sie noch von ihrem Hitler haben. Die dürfen ja reisen. Zu uns. Kommen, besetzen uns die Strände. Machen uns die Strände fertig, und dann ziehn sie weiter zu den BULGAREN. Besetzen dort die Strände, mit den BULGAREN können sie ja RUSSISCH reden, machen sie fertig und kommen dann zu uns, ziehen auch sogenanntes Geld aus der Tasche, Mark, geh mal in den Shop und kauf was damit.

8

Ich erinnere alte, dünne Männer. Sie sitzen in Großvaters Wagnerei. Großvater hobelt und schlägt mit dem Hammer die Felgen ins Rad. Die alten, nach Tabak riechenden Männer sagen mit brüchiger Stimme und wässrig glänzenden Augen: s'gibt Krieg. Die DEUTSCHEN raffen sich wieder auf. Der Adenauer. Draußen schlägt manchmal der Hund an. Das Tor ist verriegelt. Großvater arbeitet schwarz. Es ist dunkel in der Werkstatt. Die Stimmen im Hintergrund, und sie sind leise. Die RUMÄNEN drehn sich ja doch nur nach dem Wind, sagt jemand, ein verschwommenes Gesicht, da hinten. Wie haben sie's denn im Zweiten gemacht. Großvater schlägt eine Felge ins Rad.

9

Am Fluß, in dem wir als Kinder immer badeten, ist ein Gartenlokal. So ein heruntergekommenes mit dreckigen, flatternden Tischtüchern und Stühlen, aus deren Sitzflächen man Latten herausgerissen hat. An den Tischen sitzt ein fröhliches, saufendes Volk. Ich schaue auf den Fluß. Ein breit grinsendes Gesicht kommt auf mich zu. Eines dieser angestrengt verschmitzten Pfuscharbeitergesichter. Begrüßt mich mit Schulterschlag. Na, Alter. Es ist der Nachbarjunge, mit dem ich damals auf der Wiese vor unsren Häusern Fußball gespielt habe. Er setzt sich, zieht aus den sehr engen Jeans, original, vom Schwarzmarkt, sehr langsam ein Päckchen Kent. Sagt, die lange weiße Zigarette zwischen den Zähnen drehend wie ein Fernsehdetektiv, er sei mit dem Laster da. Er ist Chauffeur. Einen eigenen Wagen hat er auch. Sie machen ein paar Extratouren. Kies. Der Chef, dieser überkorrekte DEUTSCHE, ist heute bei einer Sitzung. Er lacht. Dann sagt er: Bist immer noch da. Lächelt nachsichtig. Ich an deiner Stelle. Wenn ich ein DEUTSCHER wär.

10

Ein UNGAR schlendert über die Straße. Du kennst ihn an seinem großen Schnurrbart. Die Enden stehn nach oben. Der UNGAR trägt tiefblaue Jeans und redet mit niemandem.

Er steuert die Telefonzelle an, wirft die Münze ein, dann redet er lange UNGARISCH. Sicher mit einer Frau. Er ist am Meer, und es ist heiß. Am Strand steigst du über die Leiber. Du gehst weiter, dorthin, wo ein Schild vor Erdrutschgefahr warnt, dahinter ist der FKK-Strand. Hinter dem Schild hört der Staat auf. Badet nackt, aber wir übernehmen keine Verantwortung. Der UNGAR zieht sich im Gehen aus und steuert auf eine nackte Gruppe zu, die ihn sehr laut auf UNGARISCH begrüßt. Die UNGARN wollen überall unter sich sein. Und Sprachen lernen sie überhaupt keine. Sie sind einfach unfähig, Sprachen zu lernen. Dabei ist ihnen dauernd ihr Land zu klein. Den Zusammenbruch des Imperiums begreifen sie als Kleinermachen ihres Landes. Und was war ihre erste Sorge? Es wieder zu vergrößern. Auf unsere Kosten. Schon der Béla Kun hatte nichts anderes im Sinn als Siebenbürgen. Ein schöner Kommunist. Den haben wir ja dann nach Moskau gejagt. Dort ist er zur Komintern, und was hat er gemacht? Unsere Partei mit unrealistischen Direktiven terrorisiert. Dabei haben wir ihnen die Türken vom Halse gehalten. Und sie konnten in aller Ruhe ihre Kirchen bauen. Und ihr Parlament. Alles in Wien abgeguckt. Hör nur, wie sie schreien. Als ob die ganze Welt UNGARISCH verstehen müßte. Diese Halbwilden. Sind doch mit dem Pökelfleisch unter'm Sattel angeritten gekommen. Jetzt reden sie von legitimen Gebietsansprüchen. Sag, würdest du mir dolmetschen? Ich will den DEUTSCHEN fragen, ob er Mark verkauft.

11

Die osteuropäischen Nationen sind unsicher. Die osteuropäischen Nationen stehen am Zaun und schauen in den Westen. Es ist, als stehe einer hinter ihnen und rede auf sie ein, aber sie werfen ihm nur launische Seitenblicke zu. Er scheint das zu wissen, denn nach einiger Zeit beginnt er seinen Worten mit Stößen und Schüben Nachdruck zu verleihen. Doch die osteuropäischen Nationen blicken weiterhin über den Zaun in den Westen, sie sehen die Waren im

Nebel aufleuchten und zucken zusammen. Die osteuropäischen Nationen lieben sich nicht. Sehen sie einander an, packt sie das Grauen. Als würden sie sich selber sehen, als packe sie das Grauen über sich selbst.

12

Auf dem Stadtmarkt drehn sich ZIGEUNER herum, in bunten, schmuddeligen Röcken, mit fettigen Zöpfchen und Kindern im Bündel. Bilderbuch-ZIGEUNERINNEN, alterslos. Sie reden laut miteinander, in einer geräuschartigen Sprache, und tasten das Geflügel ab. Sie fuchteln mit Hunderterpäckchen und kaufen den gleichmütigen Bäuerinnen die schnatternden, fetten Gänse ab. Die stoßen aufgeregt mit den Schnäbeln in die Luft. Dann sagt eine der ZIGEUNERINNEN auf RUMÄNISCH zu den Gaffern, die da stehen, zu den ehrbaren Hausfrauen, die soviel Geld nicht haben: Glotzt nur, früher haben wir das Aas gefressen, jetzt kriegt ihr's im Staatshandel, und steht auch noch Schlange dafür.

13

Nach dem Krieg, sagt der Typ, es ist einer dieser pensionierten Werkmeister, waren die SERBEN die ersten, die hier im Banat auf ihren Leiterwagen herumgefahren sind und gerufen haben: Živio Stalin. Es lebe Stalin. Der hat's ihnen ja dann gelohnt. Diesen kommunistischen Funktionären. Die waren immer schon gegen die DEUTSCHEN. '14 haben sie den Thronfolger umgebracht. Heimtückisch. Und im letzten Krieg haben sie die DEUTSCHEN Soldaten hinterrücks erschossen. Der Hans liegt bei Mostar. Diese Partisanen. Jetzt fahren sie nach DEUTSCHLAND. Arbeiten. Und uns hier kaufen sie alles weg. Jedes Wochenende kommen sie mit ihrem Zeugs daher: Super-Zigaretten und Vegeta-Suppe und Eurocrem-Schokolade und Strumpfhosen und Aspirin, und dann fahren sie mit vollgestopftem Zastava wieder heim. Diese Pendler zwischen Italien und RUMÄNIEN. Wie die das bloß alles über die Grenze bringen. Das Geschirr, die Textilien. Die Verkäuferinnen in den Läden schauen einen als Einheimischen schon gar nicht mehr an. Der Sohn des Werkmeisters kommt rein. Gleich beginnt das Spiel, sagt er. Die SERBEN zeigen das Derby im Fernsehen. Und heute abend soll ein Film sein. Mit der mit den großen Titten. Bei denen sieht man ja noch was. Die schneiden nicht gleich die Szenen raus, wie die unseren.

14

Der osteuropäische Nationalist blickt tief in die Geschichte seines Volkes. Der osteuropäische Nationalist ist traurig. Überall sieht er jahrhundertealte Demütigungen und Spuren der Unabänderlichkeit und des Schicksals. Der osteuropäische Nationalist ist ständig der Verzweiflung nahe. Der bevorzugte Ort, an dem er seinem Herzen Luft macht, ist die Kneipe am Abend. Wie durch einen Schleier sieht er sie alle, diese unzurechnungsfähigen, aufgeblasenen Nachbarvölker, die nichts im Kopf haben als Grenzkorrekturen und so tun, als ob sie etwas Besseres wären. Er sieht sie deutlich im Nebel, und sie sehen ihn. Und weil er ihnen nichts anhaben kann, wirft er mit Wörtern um sich, und weil sie ihm nichts anhaben können, werfen sie mit Wörtern zurück, mit einem Repertoire, dessen Impetus sich in der Geschichte verliert, das einfach so alt ist, daß es wahr sein muß.

15

Bukarest in einem Mai. Zwei junge Leute, osteuropäisch gekleidet, warten geduldig auf den Bus. Der eine hat, das Bild nach innen, ein großformatiges Gemälde unter dem Arm. Eines mit kitschigem breiten Rahmen. Kleinbürgerwohlstandsimitation. Die beiden reden eine andere Sprache. POLNISCH. Ihre Ungeduld wächst. Da kommt ein Bus. Hält, wie das hier üblich ist, weiter vorn, schon außerhalb der Haltestelle. Die Leute drängen nach, auch die beiden Po-

LEN. Der mit dem Gemälde dreht das Bild aus irgendeinem Grund jetzt um, und man sieht in schlechten Farben den schlecht gemalten General. Denen ihren General. Die haben ja immer schon das Unwahrscheinlichste hervorgebracht. Erst die Kirche, dann die Gewerkschaften. Gehen mit dem Bild da herum. Diese Möchtegern-Aristokraten des Ostens. Die haben sich doch immer aushalten lassen. Und einen richtigen Staat haben sie nie gehabt. Die wandern doch bloß hin und her, zwischen den RUSSEN und den DEUTSCHEN. Und was die denken, ist wie Zelte abbrechen und wieder aufbauen. Die ganzen siebziger Jahre haben sie gestreikt. Wer hat denn das bezahlt? Mein verdammter Bus ist immer noch nicht da. In POLEN wäre das nicht möglich, aber hier ist nicht POLEN. Und jetzt fängt's auch noch an zu regnen. Gleich beginnt das Europameisterschaftsspiel. Im BULGARISCHEN Fernsehen. Unsere zeigen ja nur die unseren. Und auch die nur ab und zu. Diese Rosenölhändler, diese sogenannten Gemüsebauern zeigen alles. Kriegen ja auch ihr Geld von den RUSSEN. Wollen Sowjetrepublik werden. Dazu brauchen sie unsere Dobrudscha und nachher halb JUGOSLAWIEN. Einmal pro Woche haben sie eine Sendung direkt aus Moskau. Selbst ihr Geheimdienst arbeitet für die RUSSEN. Wenn der Bus jetzt kommt, erreich ich noch das Match.

16

Nach dem Bankrott der stalinistischen Kürzel von der Zuspitzung des Klassenkampfs und vom Sieg des Proletariats ging der Weg plötzlich zurück ins Chaos der real existierenden Gesellschaft. Als der Marxismus endgültig zum »Verhaltenskodex« (Djilas) heruntergekommen war, griff die einheimische Nomenklatura zurück auf das, was diese kleinen Völker immer schon emotional aktiviert hat, den Nationalismus. Das ideologische Ergebnis war die Okkupation des Nationalbewußtseins durch die ratlos Herrschenden. Deren zweite Generation hat sich bloß noch an Kaderschulen einen Verbalsozialismus angeeignet, mit dem sie selber nicht viel anzufangen weiß. Sie taucht ins

Gesellschaftsganze und merkt, die Macht läßt sich besser mit den Wörtern der Großväter halten. Auf in den Verbalaufstand gegen die Nachbarn. Die Nachbarn warten schon.

17

Die DDR ist eine Kolonie. Die POLEN saufen. Die TSCHECHIN ist blond. Der TSCHECHE trinkt den ganzen Tag sein Bier. Die UNGARIN ist scharf auf den UNGARN. Die RUMÄNEN haben den Ceaușescu. Die BULGAREN sind MAZEDONIER. Die MAZEDONIER sind eigentlich BULGAREN. Die JUGOSLAWEN sehen jugoslawisches Fernsehen. Am Stalinismus sind die JUDEN schuld. Die ALBANER können sich freuen: Enver Hodscha ist tot. Bald werden die ZIGEUNER in der Mehrheit sein. Ach, kämen doch endlich die RUSSEN.

Titos verstoßene Enkel
New Wave in Ljubljana

Die Karpfen von Trbovlje sind fetter als irgendwelche, die ich je zuvor gesehen habe. Man kann sie förmlich schnaufen hören, wenn sie sich schwerfällig im seichten Wasser bis an den Teichrand wälzen und ihre runden Mäuler nach der Hand mit dem Futter recken. Mein Begleiter hat kaum das Zellophansäckchen mit den Soletti aufgerissen und die ersten Stücke des salzigen Gebäcks ins Wasser geworfen, da beginnt die grünliche Oberfläche auch schon zu brodeln. Die verfressene Meute lauert offenbar immer gerade vor dieser Stelle des Ufers, wo ein paar roh gezimmerte Tische und Bänke um eine kleine Bude mit Erfrischungen stehen.

Die solettisüchtigen Karpfen sind sehenswert, kein Zweifel, aber sonst hat Trbovlje, eine aus den Nähten geplatzte Bergarbeitersiedlung, die ihre bäuerliche Vergangenheit nicht verleugnen kann, nicht viel zu bieten. »Es ist eine trostlose Gegend, aber ich liebe sie«, sagt Janez, mein Führer, mit einem Blick auf die steilen, bewaldeten Hänge ringsum, die den 20 000-Seelen-Ort, Zentrum des slowenischen Kohlenreviers, tief in das Nebental der Save gedrückt haben. Janez ist Sozialarbeiter in einem der Kohlenbergwerke, und alle Menschen, die uns begegnen, grüßen ihn freundlich. Der Teich sei ein Treffpunkt der Grubenarbeiter, die hier gern nach der Schicht bei ein paar ruhigen Bieren säßen, erklärt er. »Die Arbeiter sind ganz vernarrt in die Fische«, fügt er dann hinzu, fast entschuldigend, und wirft eine letzte Handvoll Soletti unter die Karpfen.

Der Weg zum Karpfenteich hatte uns bergan durch eine alte, denkmalgeschützte Knappensiedlung – ebenerdige, langgestreckte Ziegelbauten, davor kleine Gemüsegärten – geführt, in der jetzt Gastarbeiter aus Kroatien, Serbien und Makedonien wohnen. Von der Anhöhe fällt der Blick auf eine qualmende Industrielandschaft, umstellt von schroffen Bergrücken, den Ausläufern der Steiner Alpen, die aus dem Save-Tal aufsteigen, als hätte jemand zwei Bilder – eins vom Ruhrgebiet und eins von den Alpen – übereinanderkopiert. Den Ort zerschneidet eine staubige Hauptstraße, die zur Erinnerung an den Überfall benannt worden ist, den am 1. Juni 1924 slowenische Faschisten auf streikende Bergarbeiter in Trbovlje verübt hatten; ein proletarisches Mahnmal gibt Auskunft, daß bei dem Anschlag fünf Bergleute ihr Leben verloren.

Einen Vormittag brachte ich damit zu, allein durch die Stadt zu traben, hauptstraßeauf, hauptstraßeab. Als ich schließlich zum vierten oder fünften Mal an der Figurengruppe der Opfer vom 1. Juni vorbeikam, spürte ich Sand in den Schuhen; ich hatte das Gefühl, Trbovlje gründlich zu kennen, und lenkte meine Schritte in die Gostilna Rudar, das Gasthaus »Zum Bergmann«, ein bescheidenes, aber sauberes Etablissement, wo ich mit meinem Führer verabredet war, und bestellte eine Flasche Laški Rizling; der Weißwein war trocken, und die Kellnerin hieß Julija und trug die blondgefärbten Haare hochgesteckt.

Als Janez auftauchte, eilte er schnurstracks auf mich zu; das ausgemachte Kennzeichen, eine Zeitschrift, hatte ich zwar in dem Zug liegenlassen, der mich von Laibach nach Trbovlje gebracht hatte – aber wir waren die einzigen Gäste. Ob ich mich für die Gruppe *Laibach* interessiere, wollte Janez wissen. Ja, die habe hier in Trbovlje begonnen, sei ein Produkt dieser Stadt. »Hast du den Fernsehauftritt gesehen?« fragte er dann leise und schaute sich vorsichtig um, als hätten die leeren Tische Ohren. Der Ort gleiche einem Hornissennest, in das man einen Stock gestoßen habe; die Leute seien ungeheuer aufgebracht und redeten nurmehr von *Laibach*. »Komm, gehen wir zum Teich, dort kann man in Ruhe reden«, sagte er, als wir auf die Hauptstraße traten. Mit Kohle beladene Lkws donnerten an uns vorüber, lange Staubfahnen nachziehend.

Es begann im selben Jahr, als Tito starb. 1980 gründen vier Jugendliche – Arbeitersöhne, werden sie später von sich sagen – in der kleinen Bergbaustadt eine Rock-Gruppe, wie es in Jugoslawien viele gibt. Die Musik ist vielleicht ein bißchen ausgefallen: Mit selbstgebauten Instrumenten, einem Oszillator, einem Modulator, zwei alten Plattenspielern und anderem technischen Kram erzeugen sie Klangbilder, von denen Kritiker später schreiben werden, sie seien »die modernen Stammesrhythmen urbanisierter und industrialisierter Mitglieder der menschlichen Rasse«, »radikal subversiv«, »bewußt entmenschlicht«. Die Eltern schütteln die Köpfe, haben aber sonst nichts einzuwenden. Hauptsache, die Buben kommen auf keine dummen Gedanken.

Zum erstenmal wird die Gruppe im September 1980 auffällig. In einer Nacht-und-Nebel-Aktion schlagen die jungen Rockmusiker, der älteste ist 22, überall in Trbovlje Plakate an, die eine künstlerische Aktion anmelden. Die Poster erinnern an Nazi-Kunst, und auch der Name, unter dem die Gruppe an die Öffentlichkeit tritt – *Laibach* –, weckt keine grenzenlose Begeisterung. Wie können slowenische Jugendliche, Partisanenkinder, sich nur *Laibach* nennen, fragen die Menschen in Trbovlje, die mit dem deutschen Namen der siebzig Kilometer entfernt liegenden Hauptstadt keine schönen Erinnerungen verbinden.

Auch in der Bergarbeiterstadt hatten die Deutschen nach dem Abzug der italienischen Besatzungstruppen Ende 1943, Anfang 1944 ein Regime aufgezogen, das die Älteren so bald nicht vergessen werden. Das Dritte Reich brauchte Rohstoffe, Trbovlje hatte Zement und rüstungswichtige Kohle; die slowenischen Bergleute wurden zur Zwangsarbeit gepreßt, manche starben im Gefängnis oder Lager, ganze Familien wurden ausgesiedelt. Und *die* nennen sich *Laibach* und machen Nazi-Kunst! Die Menschen in Trbovlje verstehen die Welt nicht mehr.

»Es war phantastisch«, erinnert sich Dejan Knez, einer der Initiatoren der damaligen Aktion, und seine Augen leuchten stolz. »Wir haben die ganze Stadt, alle Fabriken und Gruben, das ganze verdammte Tal mit unseren schwarzen Plakaten zugepflastert; ein wüster Anblick.«

Das fanden auch die Behörden; sie argwöhnten, der Auftritt der jungen Gruppe mit dem suspekten Namen könnte

Ruhe und Ordnung gefährden und den heroischen Befreiungskampf der jugoslawischen Nationalität gegen den Faschismus, ein Fundament der Staatsräson, verächtlich machen – und das in einer Stadt, die ohnehin als heikler Boden galt, seit hier 1958 unzufriedene Bergarbeiter den ersten Streik im sozialistischen Jugoslawien ausgerufen hatten. Der Auftritt wurde verboten und Trbovlje amtlicherseits und mit gebotener Eile von den Plakaten gesäubert. Die staatlichen Organe verhielten sich, wie man es erwarten konnte: Ihre Gegenaktion war einkalkuliert gewesen und Teil des Planes.

Die Plakataktion hätte keinen anderen Zweck gehabt, als Effizienz und Verteidigungsbereitschaft der Organe der Staatssicherheit und der »roten Bezirke« – man wolle nur an das Unglück im Jahre '24 erinnern, als die Faschisten die Arbeiter unvorbereitet trafen! – auf die Probe zu stellen, ließen die *Laibacher* wissen. Sie hätten die Aufgabe zufriedenstellend erfüllt; *Laibach* dankt. Noch im selben Jahr verließ die Gruppe Trbovlje und zog in die Stadt, deren Namen sie trägt.

Dejan Knez und Janez Novak, *Laibacher* der ersten Stunde, treffe ich im Haus von Freunden in Kodelevo, einem Villenviertel der slowenischen Hauptstadt. Beide sind Anfang Zwanzig, kahlgeschoren, erschreckend dünn und zunächst gehemmt; Knez ist Kunststudent, Novak Fabrikarbeiter, doch der Beruf habe nichts zu sagen; auf Fragen beginnen sie eilig in einem Bündel Zettel zu kramen, die Novak aus einer grünen Armee-Umhängetasche, wie Meldegänger sie tragen, gezogen hat, dann antwortet einer – er liest vom Blatt. Ein ziemlich ermüdender Vorgang, den sie damit erklären, daß sie im Verlauf der Zeit endgültige Antworten gefunden hätten, die nun keiner weiteren Veränderung oder Diskussion mehr bedürften. Ich fühle, wie meine Beine schwer werden, es war ein langer und heißer Tag.

Die Tasche aus grünem Leinen, an den Ecken mit Leder verstärkt, enthält das Archiv der Gruppe, das sie ständig begleitet. Fotokopien von Artikeln über und Gesprächen mit *Laibach*, das Organisationsprinzip, Fanzines, xerographierte Fan-Magazine, alles sorgsam geheftet und beschriftet. Bei manchen Antworten haben sie, wie in Bühnentexten, Pausen und Betonungen angezeichnet; um unerwünschte Abweichungen und Variationen nach Möglichkeit auszuschließen, erklärt Knez und zitiert Punkt eins des zehn Punkte umfassenden Aktionsprogrammes: »*Laibach*« *arbeitet im Team (kollektiver Geist), nach dem Muster der industriellen Produktion und des Totalitarismus, das bedeutet: Es spricht nicht das Individuum, es spricht die Organisation. Unser Werk ist industriell, die Sprache politisch.*

Warum man sie eigentlich Punker nenne, versuche ich sie aus der Reserve zu locken, auch vom Aussehen her hätte ich sie auf den ersten Blick eher für frischeingezogene Rekruten, auf den zweiten vielleicht für Skinheads gehalten. Und dann diese Ordnung. »Das hat keine Bedeutung«, erwidert Knez irritiert, »wir machen Punk oder Rock, weil wir so ein Publikum finden, das sich manipulieren läßt.« Es sei ein kurioses Mißverständnis, wenn man sie als Protestgruppe bezeichne – nichts liege ihnen ferner. Ihre Konzerte seien eine einzige Apologie des Regimes, dessen Sprache sie auch verwenden. »Wir singen das Loblied des Totalitarismus«, sagt er, und das könne man doch gewiß nicht als regimefeindlich auslegen. Wenn überhaupt, dann kritisieren sie nur, daß das jugoslawische Regime zu lasch sei, zu wenig totalitär, daß es die Illusion der individuellen Freiheit nicht mit Nachdruck zerstöre. Eine Kritik, die kaum jemand teilt; die meisten, mit denen ich darüber spreche, meinen, Regierung und Partei täten ihr Bestes und beschnitten die Freiheit, wo sie nur könnten: Journalisten würden gefeuert, Autoren verhaftet, Theaterstücke verboten...
Nein, nein, über zu wenig Druck und Repression wollten *sie* nicht klagen; ihnen genüge es vollauf.
Während des Gesprächs ist die Dämmerung hereingebrochen, und meine Freunde stellen, berührt von der Magerkeit der beiden, einen großen Teller mit Aufschnitt und Käse auf den Tisch; der Riesling kommt aus der Gegend von Jeruzalem, einem kleinen slowenischen Weinort, der seinen Namen Kreuzfahrern verdankt, die hier auf dem Weg ins Heilige Land hängenblieben.

Wie sie ihre Mitglieder rekrutieren, möchte ich wissen, das Organisationsprinzip – vor mir liegt ein kompliziertes Schema von Räten und Organen, aufgebaut um einen Konvent – stelle doch große personelle Anforderungen. Das Schema an sich sei bedeutend, wendet Knez ein, die Mitgliederzahl nicht so wichtig. »*Laibach Kunst* ist ein alles umfassendes Prinzip; wer sich mit der industriellen Produktionsweise identifiziert, wird automatisch zum Mitglied«, kommt Novak dem Freund zu Hilfe; er kaut an einem Schinkenbrot. Knez ist Vegetarier und hält sich an den Käse. Die siebenjährigen Zwillinge meiner Freunde lugen vorsichtig ums Eck und stieben dann quiekend davon: »Pankovci! Pankovci!« hört man sie draußen kreischen; sie schütten sich aus vor Lachen, es scheint ihnen zu komisch. Die beiden sind durch die kindlichen Heiterkeitsausbrüche sichtlich aus der Fassung gebracht, bemühen sich aber, nichts merken zu lassen. Sie tragen grüne, verblichene Militäruniformen – aus jugoslawischen Armeebeständen – und hohe, schwere Schnürschuhe; an der grauen Bluse einen selbstgemachten Anstecker mit einem schwarzen Kreuz in der Mitte, das mich an den Verein für Kriegsgräberfürsorge erinnert. Es ist das Zeichen von *Laibach*, das sie, mit einem stilisierten Zahnrad herum, auch als Stempel verwenden.

In der Anfangsphase, in Trbovlje, hätten sie schwarze Monturen getragen und auffallendere Haartrachten, einen Irokesen etwa – Novak erinnert sich voll Nostalgie an die frühe Kampfzeit; diese billigen Provokationen hätten ihnen Schwierigkeiten mit der Polizei eingetragen; heute hätten sie das nicht mehr nötig, ihr Image sei streng militärisch. »Freilich, auch das gibt Anlaß zu Mißverständnissen. Immer wieder schreiben Journalisten, daß wir Nazi-Uniformen tragen.«

Ungefähr zur selben Zeit, als die Gruppe von Trbovlje nach Laibach übersiedelt, taucht hier eine andere Punker-Band auf, die sich *Viertes Reich* nennt – an Laibacher Hauswänden erscheinen Hakenkreuze und entsprechende Parolen. Die Medien schäumen. Schande, Provokation, Beleidigung der Opfer des Faschismus. Drei Mitglieder der obskuren Gruppe, alle blutjung, werden verhaftet, dann verliert sich ihre Spur, der Rest ist Legende. Die einen meinen, es wäre nie zum Prozeß gekommen, andere sagen, die Punker säßen heute noch hinter Gittern.

Sicher ist nur, daß dieselben Leute damals auch andere Parolen sprayten – manche glauben sich zu erinnern, »Bullen sind Schweine« und »Nieder mit der roten Bourgeoisie« gelesen zu haben. Titos Enkel haben von der ritualisierten Partisanenverehrung, mit der sie bis zum Überdruß gefüttert wurden, die Nase voll; es drückt sie aber auch Zukunftsangst vor Arbeitslosigkeit und Akademikerschwemme – selbst in Slowenien, der reichsten Republik mit den niedrigsten Arbeitslosenziffern, ist mehr als die Hälfte der Jobsuchenden unter 26.

Von Laibach breitet sich die Plage epidemisch aus. Zuerst werden befremdliche Vorfälle aus Svetozarev gemeldet, dann aus Ivangrad, schließlich aus Subotica in der autonomen Provinz Vojvodina. Im März 1983 werden hier der 29jährige Arbeitslose Dragan Čović und der 21jährige Arbeiter Gabor Kukla vor Gericht gestellt und zu ein paar Wochen Haft verurteilt. In ihrer gemeinsamen Wohnung entdecken die Sicherheitsorgane Nazi-Andenken, selbstgefertigte Hakenkreuze, Hitler-Poster; ein dritter Mitbewohner, von den Freunden *Himmler* genannt, ist minderjährig und geht straffrei aus.

Das Trio hatte versucht, in Subotica, wo neben Serben und Magyaren auch viele Zigeuner leben, eine Art Hitlerjugend aufzubauen. In flammenden Reden wird der Tod Hitlers beklagt, der schon gewußt hätte, wie man mit Juden und Zigeunern verfahren müßte; bei Ausmärschen in die Umgebung kommt es vor, daß die Anhänger – junge Arbeiter und Schüler – vor den Führern in aller Öffentlichkeit die Hacken zusammenschlagen und »Heil Hitler!« brüllen oder auch »Smrt narodu, sloboda fašizmu« (Tod der Nation, Freiheit für den Faschismus) – umgedreht war das die traditionelle Parole der Partisanen.

Ungarische Touristen, die nach Subotica kommen, werden mit Zurufen in ihrer Muttersprache – Kukla ist Ungar – geschockt: »Es lebe Horthy Miklós!« Die Hochrufe auf den ungarischen Reichsverweser und Verbündeten Hitlers in einem sozialistischen Staat lassen die Ungarn zweifeln, ob sie im richtigen Land sind.

Es ist paradox, aber das Dritte Reich ist heute bei manchen Jugendlichen in dem Land, das sich, neben der Sowjetunion, als einziges aus eigener Kraft vom Faschismus zu befreien vermochte, in Mode. Ein junger Soziologe, den ich zufällig kennenlerne, erklärt das schwer begreifliche Phänomen: Zum einen komme darin ein Jugendprotest zum Ausdruck, wie er sich überall finde, zum anderen suche aber die Jugend des Vielvölkerstaates, geschockt durch den Tod von Übervater Tito, vielleicht auch unbewußt, nach einem neuen, starken Führer.

Sei dem, wie es sei, die deutsche Mode treibt jedenfalls seltsame Blüten. Eine bekannte Rock-Gruppe in Maribor nennt sich *Berliner Mauer*; in der Laibacher Disco »FV« läuft gerade ein Videoprogramm mit dem für Deutschunkundige schwer verständlichen Titel *Ein bißchen Krieg*; die Gruppe *Ofenziva* begeistert ihre Fans mit einer eigenwilligen Version der Wehrmachtsschnulze *Lili Marleen* – zu dem bekannten Ohrwurm, der oft sangesfreudige deutsche Jugoslawienurlauber in Schwierigkeiten gebracht hat (das Absingen wurde von der Polizei mit saftigen Geldstrafen geahndet), kreischen die Jungen den Text eines populären slowenischen Partisanenliedes.

Als die Sicherheitskräfte dem Nazi-Spuk im Subotica schließlich ein Ende bereiten, geht die große Suche nach den Verantwortlichen los; die Zagreber Wochenzeitung *Danas* stellt die bange Frage, warum sich Hitler ausgerechnet »in unsere Gasse verirrt« und wo die Partei gesteckt habe – habe die geschlafen, oder was? Es gelte, die Wachsamkeit zu verdoppeln, denn Punk und Hitler gingen leicht Hand in Hand.

»Wir sind hier in einem Bezirk, wo es mehr Punker pro Quadratkilometer gibt als sonstwo in Jugoslawien«, sagt Alenka Puhar, eine dunkelhaarige, aparte Schriftstellerin mit rauchiger Stimme, und läßt den Arm einen Bogen beschreiben, der imaginär das Villenviertel Kodelevo einschließt. Wir sitzen im Garten meiner Freunde und schauen entspannt in einen friedlichen Abendhimmel, über den ein paar späte Schwalben flitzen. Stille. Friede. Eine Gegend mit dichter Punker-Population hatte ich mir immer ganz anders vorgestellt. Doch, ja, nur ein paar Häuser weiter übe eine Gruppe, beharrt Alenka, der Name sei ihr leider entfallen, aber ihr Bruder könne mir helfen, der kenne sich aus bei den Laibacher Punkern. »Er schreibt Texte für die Gruppe Pankrti.« *Pankrt* sei ein deutsches Lehnwort und bedeute Bankert, fügt sie hinzu, als ich frage, wie man das schreibt.

Am nächsten Nachmittag bin ich bei ihrem Bruder, der ganz in der Nähe wohnt. Wir haben am Küchentisch Platz genommen, und er kocht Kaffee, obwohl alle versichern, daß es seit Monaten keine Bohne zu kaufen gab. Trotzdem trinken alle Kaffee, früh, mittags und abends. Unmengen. Die jugoslawische Krise sei voller Geheimnisse, kommentiert Gregory (der hauptberuflich in einem städtischen Forschungsinstitut arbeitet) gelassen die wunderbare Genußmittelvermehrung. Wer Fragen stellt, erfährt bald, daß der Krisenalltag ein reiches Feld für Anekdoten und Legenden ist, die von Unmöglichkeiten berichten. »Laibach hat eine lebhafte Scene«, beginnt Gregory dann die Beschreibung einer Situation. Die Jugend habe mit der offiziellen Politik nichts im Sinn und glaube, im Punk eine autonome Selbstverwirklichung zu finden. Er führt mich behutsam durch die lokale Scene und nennt Namen, die im farbigen Underground der slowenischen Hauptstadt etwas gelten. Von *Novi rock* ist die Rede, von der Gruppe *Okult*, die so etwas wie einen soz-realistischen Punk zu machen versuche, von den *Pankrti* und immer wieder von *Laibach*, die Gregory nicht zum Punk rechnen will. »Die sind nicht einzuordnen.«

Er steht auf und holt aus dem Kühlschrank ein Bier. Ob ich auch ein Glas möchte? *Laibach* habe ein totales Image des Auftretens entwickelt, fährt er fort und wischt sich den Schaum von der Lippe, in enger Verbindung zur Conceptart, ein bißchen Dadaismus, ein wenig Duchamp; das habe auch das Interesse der Intellektuellen geweckt, die ja für gewöhnlich der Jugendkultur eher mit höflichem Desinteresse gegenüberstünden. Er lächelt ein bißchen unglücklich.

»Aber für die Gedichte von *Laibach* haben sich die Kritiker richtig begeistert; sie loben ihre Schlichtheit, ihren Mut.« Erst kürzlich habe sogar die Kulturzeitschrift *nova revija* der Gruppe eine drittel Nummer gewidmet, das sei schon etwas; niemand Geringerer als Taras Kermauner, den viele für den größten slowenischen Kritiker überhaupt, manche freilich für einen notorischen Vielschreiber und Schnittlauch auf allen Suppen hielten, habe dort über das Phänomen *Laibach* geschrieben.

Ich finde später ohne große Mühe in einer Buchhandlung im Zentrum das Heft. Die ersten Nummern seien immer sofort vergriffen gewesen, sagt eine freundliche Verkäuferin mit blondem Roßschwanz und Sommersprossen, als ich meine Bitte in stockendem Slowenisch vortrage, aber die Aufregung sei vorbei, und jetzt blieben die Hefte liegen. Sie holt die gesuchte Nummer. Was mich denn interessiere? Was? *Lai-bach?* Ungläubig dehnt sie das Wort. Die seien doch nicht normal, gefährliche Spinner; ja, sie habe einen Auftritt gesehen, »Konzert« hätten sie es genannt – sie spricht es aus, als handle es sich um Schweinkram –, das habe ihr gereicht. Narren seien das!
»Hab' ich nicht recht, Herr Tone?« wendet sie sich an ein schmalbrüstiges, grauhaariges Männchen in einem altmodisch geschnittenen Anzug, das aufmerksam unserem Gespräch gefolgt ist. Es sei in der Tat eine Schande, bestätigt das Männchen, eine Beleidigung für die zahllosen Opfer. »Ich habe selbst bei den Partisanen gekämpft«, sagt es dann nicht ohne Pathos, »ich begreife nicht, wie jemand das, wofür seine Eltern geblutet haben, so beleidigen kann.« Herr Tone fällt wieder in einen normalen Gesprächston zurück und erkundigt sich, woher ich komme. Ach, aus Wien?! Er strahlt und spricht plötzlich ein perfektes, etwas knarrendes Deutsch. »Ich kenne den Artikel von Kermauner«, greift er das Thema wieder auf, »intelligent, aber ein Schmarren.« Ob er mich zu einem Kaffee einladen könne?
Wir gehen über einen mit holprigem Kopfsteinpflaster bedeckten Platz und treten in eine schmale Bar, die ganz mit

Holz vertäfelt ist. Herr Tone grüßt höflich nach allen Seiten und bestellt zwei kleine Schwarze und Vinjak. An den Tresen gelehnt, läßt er seinem Zorn freien Lauf.

Er habe gewiß Verständnis für die Jugend und selbst Kinder, aber was die sogenannten *Laibacher* trieben, nein, das gehe zu weit. Und Kermauner, dieser Esel, rühme sie noch, ihre provokanten Lieder, die, scheinbar geschrieben im Geist eines Nazi-Stalinismus – »was heißt da scheinbar?« –, die offiziellen politischen Parolen ironisierten. Herr Tone blättert in dem Heft und sucht die entsprechende Stelle. Da, Kermauner schreibe, daß ja schließlich nicht die *Laibacher* oder andere Künstler, wenn sie auch noch so provozierten, im Lande Unordnung säten – das besorgten vielmehr die lokalen Machthaber mit ihrem kleinlichen Gezänk. Das sei schon richtig, er nickt heftig, aber das gebe niemandem das Recht, den Faschismus zu verherrlichen. Und da, ein Gedicht, in dem diese Lausbuben dem polnischen General mit der dunklen Brille ihre Reverenz erwiesen.

Er liest es slowenisch, so laut, daß ein paar Umstehende aufmerksam werden. »Jaruzelski: General Jaruzelski hat den 31. August zum Tag der Arbeit und des Friedens ernannt / Er betont: / Die Macht / ist vielleicht nicht sympathisch / aber sie ist der einzige unsterbliche Weg / um Frieden und Stabilisierung zu sichern.« Sei das nicht eine Aufforderung an einen jugoslawischen Jaruzelski, die Macht zu übernehmen und Ordnung zu schaffen? Er ist richtig wütend und knallt das Heft auf den eichenen Tresen.

»Wir brauchen keinen Jaruzelski«, mischt sich ein stämmiger Arbeiter in blauer Latzhose ein; der Wirt, der bis jetzt stumm hinter seiner Kaffeemaschine gestanden ist, lächelt säuerlich. Er sei sich da nicht so sicher.

Über die Möglichkeiten einer polnischen Option wird in diesen Tagen in Jugoslawien viel gesprochen; die Armee, so bekomme ich immer wieder zu hören, ist vielleicht die einzige Kraft, die dem schleichenden Chaos gegensteuern und die verschiedenen Nationalismen – Serben gegen Kroaten, Albaner gegen Serben, Moslems gegen nichtmoslemische Jugoslawen –, die das Land zu zerreißen drohen, bändigen kann. Auf den Einwand, daß mehr Armee auch weniger

Freiheit bedeute, nicken die Leute bekümmert, als sei die
Rede von einer Krankheit mit sicherem letalem Ausgang.
Das Selbstverwaltungssystem, einst stolzes Vorzeigemo-
dell und eine große Hoffnung für westeuropäische Linke,
ist verknöchert und unansehnlich geworden; Pessimisten
meinen sogar, es stecke dem Land wie ein Knochen im Hals.
Nichts geht mehr. No future.

»Hast du vielleicht etwas Süßes?« – Ein blechernes Schep-
pern im Vorgarten und dann schwere Tritte auf dem Beton-
weg haben die Ankunft der beiden *Laibacher* gemeldet; sie
sind mit Fahrrädern gekommen, die sie ans Gitter neben der
Einfahrt gelehnt und mit einer soliden Kette gegen Dieb-
stahl gesichert haben. Ja, mit der Ehrlichkeit der Menschen
sei es nicht weit her – Dejan Knez schüttelt betrübt den
Kopf.
Beim ersten Besuch hatten sie dem Farbfernseher meiner
Freunde, einem japanischen Modell, wortreich Bewunderung gezollt und dann, schon im Aufbrechen, die Bitte
vorgetragen, ob sie hier die Aufzeichnung ihres ersten
Fernsehauftritts, eines zwanzigminütigen Gesprächs, das
ein Journalist mit ihnen im Studio geführt habe, sehen
könnten; es sei sehr wichtig, vielleicht bedeute es sogar
den Durchbruch.
Jetzt haben sie Lust auf etwas Süßes. Ich bin ratlos. Meine
Freunde haben wieder belegte Brote gerichtet, Wein einge-
kühlt und sind dann ins Theater verschwunden – an Süßigkeiten hat niemand gedacht. Ich krame in allen Küchenkä-
sten; dunkel glaube ich mich zu erinnern, erst heute die
Zwillinge Schokolade essen gesehen zu haben; wo kann das
Zeug stecken – vielleicht oben, bei den Kindern? Aber die
schlafen. Schließlich entdecke ich hinten im Eisschrank
einen Krug mit Heidelbeeren. Ob sie die vielleicht, mit
etwas Zucker…?
Genußvoll süße Beeren löffelnd, sitzen die beiden artig ne-
beneinander auf der Wohnzimmercouch und warten auf
ihre Sendung. »Wir sind die erste Fernsehgeneration Jugo-
slawiens«, sagt Knez, und es klingt wie ein Glaubenssatz;
das elektronische Medium biete jede nur erdenkliche Mög-

lichkeit, durch geschickt gesteuerte Manipulation die Massen zu beeinflussen und den schönen neuen Menschen zu schaffen, ein Fließbandprodukt, ohne individuelle Merkmale. Knez hat seine Heidelbeeren aufgegessen und gerät ins Schwärmen. »Auch *Laibach* bedient sich aller Mittel und Wege der Manipulation und Propaganda, die uns offenstehen, daher ist das heute ein historisches Datum«, triumphiert er, »*Laibach* erstmals auf dem Bildschirm.«

Musik. Signation: *Tednik* (Wochenschau). Zwei verwandte Themen. Slowenische Minderheit in Triest, schutzlos den Angriffen neofaschistischer Fanatiker ausgesetzt, und ideologische Wühlarbeit zu Hause: *Laibach Kunst*. Die beiden *Laibacher* auf der Couch neben mir können eine gewisse Befriedigung nicht verhehlen: daß ihr Beitrag nach einem Film über Neofaschisten gegen Slowenen in Triest gesendet werde, sei eine klare Manipulation und lasse auf die Bedeutung, die man ihnen zumesse, schließen. Zuerst die bösen Faschisten jenseits der Grenze, die die slowenische Minderheit am liebsten aus dem Lande würfen, und dann die schlimmen *Laibacher*, die zu Hause Wühlarbeit leisteten. Eines stört sie: Sie nehmen als selbstverständlich hin, daß manipuliert wird – »das geht in Ordnung, wer die Macht hat, der hat das Sagen« –, aber daß es so plump geschieht, kränkt sie. Irgendwie sind sie von dem Medium enttäuscht. Die kochen auch nur mit Wasser.

Mit den Triestiner Slowenenfressern ist auch nicht viel los. Dünne Reihen, schlaffe Bäuche, kreischende Stimmen, mehr Polizisten als Neofaschisten. Nicht einmal eine geschickte Kameraführung und ein beschwörender Kommentar des slowenischen Sprechers können eine bedrohliche Stimmung herbeizaubern.

Schnitt. Wieder Signation. Die gute Stube meiner Freunde füllt sich mit der besorgten Stimme eines Interviewers, ein Insert nennt ihn Jure Pengov, der Ratlosigkeit ausstrahlt und nur mit dem Rücken ins Bild kommt. Ihm gegenüber fünf reglose, kahlgeschorene Gestalten in Uniform, in einer Reihe sitzend, bemüht dämonische Blicke; im Hintergrund eine Wand mit schwarzen Plakaten, die an Nazi-Kunst erinnern. *Laibach Kunst*.

Was denn dieses Geschwätz vom erstrebenswerten Totalitarismus solle, fragt Jure Pengov im Verlauf dieses Gesprächs, das sich monoton hinzieht, sei das nur eine kindische Pose, oder bereite es ihnen vielleicht ein masochistisches Vergnügen, die Menschen in Slowenien mit ihrer sogenannten Kunst zu provozieren und den Staatsfeind Nummer eins zu spielen? »Die Kunst ist eine erhabene Berufung, die des Fanatismus bedarf«, weist ihn der Gruppensprecher zurecht, der wie üblich die Antworten vom Zettel liest. *Laibach* sei ein Organismus, dessen Leben und Ziel um vieles wertvoller sei als Leben und Ziel der einzelnen Mitglieder. Was *Laibach Kunst* betreffe – diese verabscheue Pose, Provokation und Ironie, sie wolle die Wahrheit zeigen, wie sie ist. Echte Kunst sei nun einmal totalitär. Die Kamera schwenkt auf den kahlen Schädel von Janez Novak, der aufgeregt auf der Couch neben mir hin und her wetzt.

Und die Freiheit der Kunst, wo bleibe die ab im Totalitarismus? Die Stimme des Interviewers wird zunehmend schriller, man glaubt die Verzweiflung über den entnervenden Verlauf des Gesprächs herauszuhören. (Und was, wenn man am Ende ihm, dem Gestalter der Sendung, Vorwürfe machen wird, weil er zwanzig kostbare Fernsehminuten für diesen organisierten Wahnsinn verschleudert hat?) Die künstlerische Freiheit sei ein frommes Märchen, läßt ihn der Gruppensprecher abblitzen, damit müsse Schluß gemacht werden.

Der Interviewer ist ratlos und äußert schließlich – die Sendezeit neigt sich dem Ende zu – nurmehr den Wunsch, es möge sich bald jemand finden, der diesem gefährlichen Unfug ein Ende bereite und ehrliche Menschen vor dieser Bande schütze. Noch einmal die reglosen *Laibacher* in der Totale; der Rücken Pengovs. Schnitt. Eine hübsche Sprecherin kündigt den Abendfilm an.

»Der letzte Satz war nicht abgesprochen«, erregt sich Novak, der wie aus Trance erwacht, »den hat der Gauner später dazugeschnitten, um sich abzusichern.« Aber gleich ist er wieder versöhnt und beglückwünscht mich. Ich sei heute Zeuge einer einmaligen, unwiederholbaren Darbietung geworden, die, er sei sicher, in keinem anderen sozialistischen

Land möglich gewesen wäre – *Laibach Kunst* eben; Knez und Novak stehen wie Gratulanten vor mir. Beim nächsten öffentlichen Auftritt, in einer Woche, wollten sie diesen letzten Satz ins Programm einbauen; ich müsse unbedingt kommen, nach der heutigen Sendung würde das Konzert zwar ausverkauft sein, doch er verspreche, eine Karte wegzulegen.

Aufgekratzt laden sie mich ein, in einem privaten Videostudio noch rasch ein paar Bänder von früheren Auftritten anzuschauen. Die Nacht ist warm, und über Kodelevo steht ein rotgelber Mond; als wir ins Freie treten, fallen Gelsen über uns her.

Das Studio liegt im zweiten Stock eines Wohnblocks aus den dreißiger Jahren mitten im Zentrum; ein kahles Vorzimmer, dann ein großer Raum, vollgestellt mit Arbeitstischen und Regalen, darauf verschiedene komplizierte Apparate, Kassetten, sechs Fernsehgeräte verschiedener Marken. Mitten im Raum eine Kamera auf einem Stativ, aufnahmebereit auf einen Bildschirm gerichtet, daneben zwei Filmlampen auf eisernen Füßen. Ein junger, hochaufgeschossener Mann, den sie Maks nennen, begrüßt uns.

Ob er die Sendung aufgenommen habe, wollen die *Laibacher*, noch in der Tür, wissen; er nickt und schiebt eine Kassette in einen Videorecorder. Es läuft die Sendung ab, die wir gerade gesehen haben. Novak und Knez sind von neuem begeistert und quittieren jetzt den letzten Satz, der sie vorher kurz verstimmt hatte, mit schallendem Gelächter, in das Maks einstimmt.

»Hast du verstanden?« fragen sie, und Novak schreibt den Satz, den er inzwischen memoriert hat, in mein Notizbuch, um der Dokumentation willen, wie er sagt.

Maks schiebt eine neue Kassette ein. »Vom Konzert in Zagreb im April dieses Jahres«, sagt Knez nach den ersten Kadern, auf denen außer Wellenlinien nichts zu erkennen ist. Dann erscheint ein uniformierter Typ am Bildschirm, in unverkennbarer Duce-Pose, das massige Kinn trotzig vorgereckt; eine Bühne; Großaufnahme Gesicht: über die linke Wange läuft ein dünner Faden Blut. »Stark!«, »Schön!«, die

Laibacher äußern Begeisterung. Der Sänger der Gruppe, Ivo Saliger, informieren sie mich, sei während des Konzerts durch einen Flaschenwurf aus dem Publikum verletzt worden, er habe jedoch weitergesungen.

Ich rufe mir die Kritiken des Zagreber Konzerts in Erinnerung, die ich in Zeitungen und Zeitschriften gefunden habe. Da ist von frechen Provokationen die Rede, von Angriffen auf die Freiheit der Kunst, von Anklängen an den Nazi-Faschismus, aber auch von einer Rauferei und unerhörten Pornoszenen. Die Gruppe *Laibach*, urteilte ein Gewerkschaftspräsidium, habe eine anarchische Hoffnungslosigkeit zum Ausdruck gebracht, die es in einer sozialistischen selbstverwalteten Gesellschaft nicht geben dürfe. Auftritte wie dieser wären zu verbieten.

Besonderen Anstoß erregte, daß während des Konzerts ein paar sich wiederholende Kader aus einem Pornostreifen an die Wand projiziert wurden, dazu tönten Ausschnitte aus Reden von Tito. In der Videoaufzeichnung sieht die Szene – ein weit geöffneter Frauenmund, dem sich ein erigierter Penis nähert – harmlos aus, die unterlegte Stimme ist auf Grund der schlechten Wiedergabequalität nicht zu verstehen.

Als wir das Studio verlassen, ist es kurz vor Mitternacht. Janez läuft ausgelassen mit knallenden Stiefeln die Stiege hinunter – plötzlich setzt er mit langen Sprüngen wieder herauf und geht hinter uns in Deckung. »Pes! pes!« ruft er, ein Hund! und packt Dejan schutzsuchend am Ärmel. Auf halber Höhe ist ihm ein braunschwarzer Schäferhund entgegengekommen, der, kurzatmig, vor zwei alten Damen die Treppe heraufsteigt. Auch das Tier scheint über die Begegnung mächtig erschrocken und saust mit eingeklemmtem Schwanz die Stufen hinunter, um hinter den Frauen Schutz zu finden. Sie beruhigen den Hasenfuß, streicheln und tätscheln ihn, während sie uns grimmige Blicke zuwerfen. Das arme Tier so zu ängstigen. Janez und der Hund schleichen mit abgewandten Blicken aneinander vorbei. Als ich später den Vorfall und das Haus meinen Freunden schildere, wissen sie gleich, von wem die Rede ist. Die ältere der beiden Damen sei eine geschätzte Theaterkritikerin, die

ihren Hund überallhin mitnehme, selbst ins Theater oder Konzert, das er wohlerzogen und still über sich ergehen lasse. Vielleicht habe der ständige, für einen Vierbeiner doch ungewohnte Kunstgenuß ihn verweichlicht und besonders sensibel gemacht. Der Hund heiße übrigens Oki.
Am nächsten Tag kehre ich nach Wien zurück.

Bevor wir uns trennten, hatte Dejan Knez mir seinen Anstecker mit dem Kreuz von *Laibach* geschenkt; ich dürfe diesen nur auf Weiß, Schwarz oder Grau tragen, niemals auf einem bunten Hemd, hatte er mir eingeschärft, dann hatten sie mir die Hand geschüttelt und auf die Schulter geklopft und waren mit fröhlichen Rufen auf ihren Rädern im Dunkeln verschwunden.
Für die Fahrt hole ich mein letztes sauberes weißes T-Shirt aus dem Koffer. Der jugoslawische Beamte am Grenzübergang schaut flüchtig in meinen Paß, dann bleibt sein Blick auf dem Anstecker hängen; er verlangt nochmals den Paß und zieht ein dickes, abgegriffenes Buch hervor, in dem er zu blättern beginnt. Nach fünf Minuten vergeblichen Suchens bedeutet er mir, weiterzufahren.
Zurück in Wien, erhalte ich Nachricht von meinen Freunden. Das angekündigte Konzert von *Laibach* sei ohne Angabe von Gründen abgesagt worden. Vielleicht werde es später nachgeholt, das sei aber keineswegs sicher. Sie hätten auch Oki gesehen, und dem gehe es prächtig.

Hans Weiss
Stimmen aus den Alpen
Materialien für ein deutschösterreichisches Volksstück

Handelnde Personen:

Anna Felder: 64 Jahre alt, verheiratet, Hausfrau. Lebt im Bregenzerwald. Von 1938 bis Anfang 1944 in Bregenz als Lohnbuchhalterin. Dann bis Kriegsende zu Hause im Dorf. Die Eltern von Anna Felder hatten eine Landwirtschaft, eine Bäckerei und ein Lebensmittelgeschäft.

Anna Felder hat sieben Geschwister. Sechs davon werden in ihrem Bericht erwähnt:

Peter Felder: 66 Jahre alt, verheiratet, Kaufmann. 1939 zur Wehrmacht eingezogen. Unteroffizier. Anfang 1945 ins Dorf zurückgekommen. Versteckte sich. In allen schriftlichen Dokumenten und von Zeitzeugen als Leiter des militärischen Widerstandes bezeichnet.

Albert Felder: 1926 geboren, 1982 gestorben. 1938 bis 1940 zu Hause im Dorf, dann Handelsakademie in Bregenz. Bei Kriegsende zu Hause im Dorf.

Sepp Felder: 1909 geboren, 1977 gestorben. Landwirt. Von Herbst 1944 bis Jänner 1945 zur Wehrmacht eingezogen. Wohnte bis zu seinem Tod im Elternhaus.

Konrad Felder: 1923 geboren. 1941 zur Wehrmacht eingezogen worden. 1943 in Rußland gefallen.

Franz Felder: 1914 geboren. 1941 zur Wehrmacht eingezogen. 1944 in Polen gefallen.

Hubert Felder: 74 Jahre alt, verheiratet. Mittelschulprofessor in Pension. Lebt im Bregenzerwald. 1942 bis Kriegsende zur Wehrmacht eingezogen.

Robert Bazaille: 65 Jahre alt, verheiratet, Bäcker. Franzose. Anfang 1943 von der deutschen Besatzung in Elsaß-Lothringen als Zwangsarbeiter dienstverpflichtet. Im Sommer 1943 in den Bregenzerwald zur Familie Felder gekommen. 1945 nach Frankreich zurück. Lebt in Lassus / Le Clerjus.

Sepptone Mahler: 75 Jahre alt, verheiratet, Landwirt und

Gastwirt. Lebt im Bregenzerwald. Anfang 1945 kurze Zeit zum Volkssturm eingezogen.

Heinrich Nenning, ehemaliger Ortsgruppenleiter: 85 Jahre alt, verheiratet, Landwirt, lebt im Bregenzerwald.

Maria Wild: 75 Jahre alt, verwitwet. Lebt in Bregenz. Der Vater war SA-Führer im Dorf. Der Mann war »Legionär«. Der Bruder war HJ-Führer im Ort.

Adelheid Felder, geb. Steurer: 74 Jahre alt, verheiratet mit Hubert Felder, Hausfrau. Lebt im Bregenzerwald.

Ignaz Rett: 60 Jahre alt, verheiratet, Landwirt. Lebt im Bregenzerwald.

Josefpeter Hammerer: 62 Jahre alt, verheiratet. Lebt in Nüziders / Vorarlberg. Gendarmeriekommandant in Pension. 1942 zur Wehrmacht eingezogen. März 1945 desertiert. Inhaftiert. Ende April 1945 nach Hause geflüchtet.

Anna Felder: Es war ein Freitag, als der Hitler in Österreich einmarschiert ist. Wir sind zu einem Nachbarn hinuntergegangen. Er war einer der wenigen, die ein Radio gehabt haben. Wir sind um den Tisch gesessen, haben die Ansprachen gehört und wie »Heil Hitler« geschrien wurde. Immer wieder »Heil Hitler«. Meine Mutter hat geweint und die Hände über dem Kopf zusammengeschlagen: »Jesus, Maria und Josef, was kommt jetzt auf uns zu.«

Am nächsten Tag ist der Ortsgruppenleiter am Haus vorbeigekommen – er hat gehinkt, ist am Stock gegangen – und hat befohlen: »Die Fahne heraus!« Wir hatten keine Hakenkreuzfahne, nur eine rotweiße von Vorarlberg. Die haben wir herausgehängt. Wir haben uns die ganzen Jahre geweigert, eine Hakenkreuzfahne aufzuhängen.

Wegen dem Anschluß an Deutschland mußte die Dorfmusik ausrücken und den »langen Spettel«, den Legionär, am Bahnhof abholen. Als Legionäre hat man die österreichischen Nazis bezeichnet, die ab 1934 aus politischer Überzeugung in Deutschland gelebt haben.

Manchmal hat es im Dorf Fackelumzüge der Hitlerischen gegeben. Sie sind in Uniformen marschiert. Wir haben sie Scheißdreckuniformen genannt, wegen der braunen Farbe. Sie sind marschiert und haben Nazi-Lieder gesungen.

Damals hat es bei uns im Dorf nur Schwarze und Braune gegeben. Rote gab's nicht. Wer gegen die Nazis war, war schwarz.

Unsere Familie hat sich immer erfolgreich geweigert, bei Nazi-Feiern oder Ordensverleihungen mitzumachen. Meiner Mutter ist das »Goldene Mutterkreuz« verliehen worden, weil wir acht Kinder waren. Sie hat sich geweigert, es abzuholen: »Von diesen Verbrechern nehme ich nichts«, hat sie gesagt. Die Frau des SA-Führers hat es uns dann ins Haus gebracht. Meine Mutter hat es nachher in den Abfall geworfen.

1943 waren bereits vier Brüder von mir an der Front: Peter in Norwegen, Konrad bei Leningrad, Franz im Mittelabschnitt, Herbert in Frankreich. Im August 43 ist der erste gefallen, Konrad. 14 Tage später haben die Nazis eine »Heldenehrung« geplant. Sie hätte nach dem Gottesdienst stattfinden sollen. Wir haben gewußt, daß es eine Anweisung gab, die Uniformierten den Zutritt in die Kirche verbot. Wir vereinbarten deshalb, daß unsere ganze Familie so lange in der Kirche bleibt, bis die Nazis wieder abrücken.

So ist es dann auch gewesen.

Wir wurden bei der Kreisleitung angezeigt. Vater wurde vorgeladen. Zufällig kam an diesem Tag mein Bruder Franz von der Front auf Urlaub. Er ging mit meinem Vater in Uniform zur Kreisleitung und beschwerte sich: Was das für eine Sauerei ist, daß er an der Front fürs Vaterland kämpfen muß und daheim schikaniert man seine Eltern. Außerdem hat die Familie nicht einmal eine schriftliche Einladung zur Feier bekommen.

Die Sache ist eingestellt worden.

Einige Monate später ist Franz gefallen.

Diesmal wurden wir schriftlich zur Heldenehrung eingeladen. Zwei von uns sind ins Nachbardorf zur Frühmesse gegangen. Uns hat der Hausarzt – er war ein Schwarzer – krank geschrieben. Infektiöse Grippe war seine Diagnose. Niemand ist zur Feier gegangen.

Meine Mutter war immer unvorsichtig. Schimpfte im Geschäft gegen den Hitler. Wir hatten Glück. Die Anzeigen kamen alle zum Gendarm Bargetz im Nachbarort. Dort sind sie in den Papierkorb gewandert. Dieser Gendarm hat vielen Leuten geholfen, hat Leute gewarnt, wenn bei ihnen eine Hausdurchsuchung angesetzt war.

Wir hatten die einzige Bäckerei im Dorf. Unser Bäckergeselle war schon sehr alt, er konnte einfach nicht mehr. Ohne unser Wissen ist er zum Arbeitsamt nach Bregenz gegangen und hat um einen Ersatz angesucht.

Eines Tages dann, im Sommer 1943, beim Mittagessen, klopft es an der Tür. Draußen steht ein junger Mann, spricht kein Wort Deutsch, hat einen Zettel in der Hand. Es war ein französischer Zwangsarbeiter. Mein Vater war abweisend, wollte ihn nicht nehmen. Aber meine Mutter sagte: Er hat sicher Hunger, er soll einmal hereinkommen und etwas essen. Ich erinnere mich, Spätzle gab es. Der hat gegessen... Dann hat er dem Vater doch gefallen, und er ist geblieben. Hat gleich die Bäckerei übernommen. Er war für alles verantwortlich. Wir hatten vollkommenes Vertrauen zu ihm. Robert Bazaille, so hieß er, ist der engste Freund meines Bruders Albert geworden.

Robert Bazaille: Ich bin Anfang 1943 in den Vogesen durch die deutsche Besatzung zwangsverpflichtet worden. Anfangs mußte ich bei Cherbourg an den Blockadelinien arbeiten. Im Sommer 1943 bin ich dann bei der Familie Felder in Vorarlberg gelandet. Man hat mich behandelt wie ein Familienmitglied. Ich habe mit Albert in einem Zimmer geschlafen. Wenn Albert einen Anzug bekommen hat, habe ich auch einen bekommen. Wenn Albert Ski bekommen hat, habe ich auch welche bekommen.

Ich durfte abends immer Feindsender hören, im Wohnzimmer. Manchmal kam ein anderer Franzose aus Bregenz auf Besuch. Ich war mächtig stolz, wenn ich ohne zu fragen einfach in den Keller gehen konnte und ihm Most auftischen durfte. Offiziell war ich ja ein Feind, und hier wurde ich behandelt wie ein Familienmitglied. Sogar der Pfarrer im Dorf hat mich gegrüßt.

Anna Felder: Der Ortsgruppenleiter war ein kleiner Bauer. Kriegsinvalide aus dem 1. Weltkrieg, mit einem Holzfuß.

Der Pfarrer hat ihm vor der Nazizeit oft und oft ein paar Schillinge zugesteckt oder einen Wecken Brot vorbeigebracht, weil er so arm war. Nach dem Umsturz hat der Ortsgruppenleiter das alles »vergessen«. Der Pfarrer hat sich über die Nazis im Dorf so gegrämt, daß er ins Nachbardorf gezogen ist. Dort ist er vor Heimweh ein halbes Jahr später gestorben.

Von den Hitlerischen sind während dieser Zeit viele aus der Kirche ausgetreten. Nach Kriegsende sind sie alle wieder fromm geworden und in die Kirche gerannt.

So ab 1942/43 habe ich keinen Pudding mehr gegessen. Es ist das Gerücht gegangen, im Pudding ist Knochenmehl von Juden aus den Konzentrationslagern enthalten. Noch lange nach dem Krieg hat mir davor gegraust, Pudding zu essen.

Was in den Konzentrationslagern wirklich alles passiert ist und welches Ausmaß die Vernichtungsaktionen angenommen haben, das wußte man bei uns im Dorf nicht. Aber daß da schreckliche Dinge vor sich gehen, das konnte jeder ahnen, der nicht ein fanatischer Hitler-Anhänger war.

Nach dem Krieg habe ich beispielsweise erfahren, daß man in einem Nachbardorf eine Unterschriftensammlung durchgeführt hat, um einen als Kommunisten bekannten Bauern ins KZ zu bringen. Der ist dann auch dorthin gebracht worden.

In jedem Ort hat es drei oder vier Männer gegeben, die sich der Einberufung zum Militär entzogen haben. Wer nicht hitlerisch war, hat gewußt, wo sie versteckt sind. »Die haben auch eine ›Täfermaus‹«, hat man zum Beispiel gesagt. Das heißt, der Deserteur war hinter dem Täfer an der Wand versteckt. Oder im Nachbardorf gab es eine »Kirchenmaus«, da war einer jahrelang im Kirchturm.

Man hat aufgepaßt, daß sie nicht erwischt werden. In der Familie Spettel war einer der Söhne ein fanatischer Nazi. Der andere Sohn, Julius Spettel, ist im Frühjahr 1944 von einer Strafkompanie in Bayern geflohen und hat sich im Wald versteckt, in der Nähe seines Elternhauses.

Eines Tages haben die Nazis eine Suchaktion angeordnet. Mein Bruder Sepp – er ist daheim gewesen – ist dazu auch

abkommandiert worden. Meine Mutter hat gesagt: »Wenn ihr ihn seht, dann sehr ihr ihn nicht.«
Julius Spettel ist nicht gefunden worden.
Eine neue Suchaktion wurde befohlen, um ihn und einen weiteren Deserteur aufzuspüren. Das Suchommando bestand aus fünf Gendarmen und zwei Dorfbewohnern zur Verstärkung. Einer der beiden war der Wirt Sepptone Mahler.

Sepptone Mahler: Wir haben das Haus umstellt, wo die beiden vermutet wurden. Die Gendarmen sind zum Vordereingang gegangen, wir mußten die Rückseite bewachen. Die Gesuchten sind aufgefordert worden: »Ergebt euch! Kommt heraus!« Plötzlich haben wir gesehen, wie ein Stück der Dachabdeckung angehoben wurde. Die Gesuchten sind herausgeklettert, haben sich an der Dachrinne entlang zum Abflußrohr gehantelt und sind im Wald verschwunden. Die Gendarmen haben nichts davon bemerkt.
Anfang 1945 bin ich zum Volkssturm nach Italien eingezogen worden. Nach wenigen Tagen haben sie uns wieder zurückgeschickt in Richtung Vorarlberg. In Feldkirch habe ich mich dann aus dem Staub gemacht und bin nach Hause. Dort hat in einer Heuhütte von uns gerade eine Versammlung der Widerstandsbewegung stattgefunden. Es war im April 1945.

Aus dem Heimatbuch des Ortes Langenegg: Bei dieser Versammlung wurden folgende allgemeine Richtlinien festgelegt:
den Einberufungen zum Volkssturm nicht Folge zu leisten; die Sprengung von Brücken mit allen Mitteln zu verhindern; den berüchtigten Ortsgruppenleiter und seine fanatischen Anhänger zu verhaften;
im Falle einer Verteidigung der Gemeinde durch die Wehrmacht oder SS-Angehörige Sabotageakte gegen diese zu verüben.

Anna Felder: Am nächsten Tag – es war der 1. Mai 1945 –, da haben SSler versucht, eine Verbindungsbrücke zum Nachbarort zu sprengen. Mein Bruder Peter war damals Leiter des militärischen Widerstandes. Vom Postamt aus hat er ein Telefongespräch mit dem Wehrkommando in Bregenz geführt. Er hat sich als SS-Sturmbannführer ausgegeben und gefragt, wann die Brücke gesprengt werden soll. So hat er nähere Einzelheiten über die Verminung erfahren. Mit einigen anderen Leuten von der Widerstandsbewegung ist er zur Brücke gegangen. Sie war von drei Soldaten bewacht. Die Soldaten sind entwaffnet worden. Man hat sie in den Keller eines nahegelegenen Bauernhauses gesperrt. Der Besitzer sollte sie bewachen. Nach einiger Zeit hat er Angst bekommen. Er hat die drei Soldaten freigelassen.

Die haben schließlich sofort Verstärkung geholt. Schwerbewaffnete SS hat schließlich die Brücke mit Benzin angezündet. Die Dorfbevölkerung war wütend. Die Brücke war jetzt zum zweiten Mal von den Nazis zerstört worden – das erste Mal 1934 durch Legionäre. Jetzt hat man beschlossen, den Ortsgruppenleiter und die anderen Nazi-Größen gefangenzunehmen.

Maria Wild: Mein Mann ist am Nachmittag ins Dorf hinaufgegangen. Plötzlich ist ein Bekannter, der Löwenwirt, zu uns in die Stube gestürmt. Kalkweiß ist er gewesen. »Sie haben deinen Mann gefangengenommen und geschlagen«, hat er gesagt, »sie haben ihn in die Sennerei eingesperrt.«

Ich habe einen alten Mantel angezogen und bin hinaufgesprungen. Meine Eltern sind etwas langsamer nachgekommen. Bei der Kapelle sind fünf Leute von der Widerstandsbewegung gestanden, in Zivil, mit Gewehren. Der Ambrosele hat mich angeschrien: »So, du Hure, jetzt haben wir dich. Eigentlich gehörst du ja erschossen.« Da sind meine Eltern aufgetaucht. Mein Vater – er war ja SA-Führer – ist auch festgenommen worden. Einer hat ihn mit dem Gewehrkolben auf den Rücken geschlagen. »Du Scheiß-Hitler«, hat er geschrien. Meine Mutter hat nach Hause dürfen. Uns haben sie zur Sennerei gebracht und in den Käskeller gesperrt. Dann sind Soldaten ins Dorf einmarschiert.

Adelheid Felder: Die Soldaten sind um fünf Uhr bei uns vor dem Haus aufgetaucht. Ich weiß nicht, Wehrmacht oder SS. Wir haben schon die weiße Fahne heraußen gehabt.

Die Soldaten sind vor dem Haus stehengeblieben. Einer ist hereingekommen, über der Brust lauter Munitionsgurte. »Wir suchen jemand, da muß jemand versteckt sein.« – Am Dachboden lag unser Schwager versteckt, der desertiert war. Meine Mutter hat zwei Türen sperrangelweit aufgerissen und gemeint: »Bitte, ihr könnt alles durchsuchen, bei uns ist niemand!« Der Soldat hat meine Mutter ein paar Sekunden angesehen, hat sich dann umgedreht und ist gegangen.

Anna Felder: Die Soldaten sind weiter zu unserem Haus gezogen. Wir hatten eine rotweißrote und eine gelbe Fahne hängen, weil es geheißen hat, die Franzosen kommen gleich. Schon von weitem haben die Soldaten angefangen, auf unser Haus zu schießen.

Mein Vater war vor dem Haus und einige Deserteure. Während der Knallerei ist mein Vater gestürzt, wir haben geglaubt, es hat ihn erwischt. Aber er ist ins Haus gekrochen, unverletzt. Zwei Deserteure waren getroffen. Einer mit einem Kopfdurchschuß, der andere mit einer Fersenverletzung. Man hat sie ins Nachbarhaus transportiert. Wir sind auf der Rückseite des Hauses geflüchtet.

Mein Bruder Albert, der Nachbar Franz und Robert Bazaille blieben dort.

Die Soldaten haben sich dem Haus genähert. Ein Unteroffizier war ihr Anführer. In einer wahnwitzigen Aktion wollten Albert, Franz und Robert die Soldaten entwaffnen. Mein Bruder ist auf den Unteroffizier zugesprungen und hat ihn mit einem Revolver bedroht. Die Soldaten haben sich nicht zu schießen getraut, aber es waren zu viele. Albert hat zu Robert und Franz gesagt: »Haut ab, ich komme nach.« Er selbst hat sich dann mit einem Sprung um die Ecke in Sicherheit gebracht und ist hinters Haus gerannt, im Zickzack über die Wiese zu den Nachbarn. Die Soldaten haben hinter den dreien hergeschossen, sie aber nicht verfolgt. Robert ist gestolpert und hat vor Verzweiflung geschrien: »Muß ich noch gehen letzte Minute kaputt?« Sie sind weitergelaufen und haben bei entfernten Nachbarn gefragt, ob sie sich verstecken dürfen. Drei Tage sind sie im Zwischenraum von Erdboden und Scheunenboden gelegen.

Mein Bruder Sepp hat sich in der Nähe unseres Hauses in der Wiese versteckt. Er hat beobachtet, wie die SS eine Panzerfaust ins Dach hineinschoß. Wie es zu rauchen begonnen hat, sind die Soldaten weitergezogen. Sepp hat sich von hinten ins Haus geschlichen und begonnen, den Brand im Dachgeschoß zu löschen. Glücklicherweise haben wir wegen der Tiefflieger eine Menge Wassergefäße und nasse Tücher gelagert gehabt. In wenigen Minuten war der Brand gelöscht.

Sepp hat dann von der Dachluke beobachtet, wie die SS im Nachbarhaus mit Panzerfäusten die weiße Fahne heruntergeschossen hat. Aus einem Fenster hat es geraucht. Wie die Soldaten verschwunden sind, ist Sepp mit einem Kübel voll Wasser zu den Nachbarn und hat dort gelöscht.

Die Soldaten haben das Dorf dann verlassen. Nach einiger Zeit trauten sich die Dorfbewohner aus ihren Verstecken. Die Männer von der Widerstandsbewegung haben sich bei der Sennerei getroffen, wo die Nazis eingesperrt waren. Einige Bauern haben ihre Milch gebracht.

Plötzlich ein Schuß. Ein neuer Trupp SS-Leute ist ins Dorf einmarschiert. Einer von der Widerstandsbewegung hat die Nerven verloren und auf sie geschossen.

Vier von ihnen haben sich in einem Hohlweg in der Nähe der Sennerei versteckt. Die SS hat sie umzingelt und niedergeschossen.

Einer der Widerstandskämpfer war der spätere Bürgermeister Bechter. SS-Leute haben in der Nähe der Sennerei nach ihm zu suchen begonnen. Bei der Sennerei hat ein Bauer gewohnt, der denselben Namen getragen hat. Soldaten sind zu ihm ins Haus und haben gefragt: »Bist du der Bechter?« – Er hat ja gesagt. Da haben sie ihn sofort niedergeschossen.

Ein weiterer Bauer ist erschossen worden, wie er seinen Vater in Sicherheit hat bringen wollen.

Ein Mitglied der Widerstandsbewegung, der spätere Gendarmeriekommandant Josefpeter Hammerer, wurde von der SS angeschossen, ist jedoch entkommen.

Josefpeter Hammerer: Am 12.3. bin ich mit meiner Wehrmachtseinheit bei Aachen gelegen. Jeder Trottel hat damals gesehen, daß der Krieg verloren ist. Unser Oberfeldwebel war ein fanatischer Deutscher. Er hat uns bis aufs Blut schikaniert. Ich hab' mir gedacht: schlimmer kann's nicht mehr werden, ich hau' ab. Am Abend hab' ich angeklopft an der Baracke. Der Oberfeldwebel ist herausgekommen. Ich hab' ihn niedergeschlagen und bin weggerannt. Auf der Flucht nach daheim haben sie mich dreimal erwischt. Zweimal bin ich entkommen, bin aus dem fahrenden Zug gesprungen. Beim dritten Mal hatte ich keine Chance.
Bei Landsberg am Lech in der Burg habe ich auf das Kriegsgerichtsverfahren und das sichere Todesurteil gewartet. Zu essen hat's nur heißes Wasser und Rüben gegeben. Ich war vor dem Verhungern. Manchmal hab' ich Holzsplitter aus den Wänden gerissen, nur um etwas zu beißen. Eines Nachts sind die Türen aufgerissen worden: »Wir werden verlegt«, hat es geheißen.
Am Bahnhof war ein ziemliches Chaos. Mit einem zweiten Gefangenen bin ich geflüchtet. Zu Fuß bis nach Hause.
Meine Mutter hat Angst gehabt, daß ich erwischt werde: »Du mußt dich verstecken«, hat sie gemeint. In der Früh bin ich mit Pickel und Schaufel in den Wald. Zwischen zwei Tannen habe ich ein Loch gegraben, hab's mit Heu ausgebettet und mit Reisig getarnt. Hin und wieder hat mich dort meine Mutter besucht und mich über die Vorgänge im Dorf informiert. Über die Widerstandsbewegung und daß die Nazis im Dorf herumgehen und sagen: Bevor wir aufgeben, nehmen wir noch ein paar Schwarze mit ins Grab und zünden die Häuser an.
Am 1. Mai, am Nachmittag, hab' ich Schüsse gehört. Meine Mutter ist gekommen und hat erzählt: SS ist im Dorf.
Ich bin dann mit einer Panzerfaust, einer Pistole und einem Flobertgewehr ins Dorf hinunter gegangen.
Die Sennerei war von Soldaten umstellt. Einige Bauern

sind geflüchtet, mit Milchbutten (Milchbehältern) auf dem Rücken.

Aus der Sennerei sind dann die gefangenen Nazis befreit worden. Hinter mir hab' ich eine Stimme gehört: »Da ist auch so ein Schwein, sogar bewaffnet.«

100 Meter entfernt waren Soldaten mit Gewehren, auf mich gerichtet. Ich habe einen Sprung gemacht und bin im Zickzack davongerannt, ins nächste Haus hinein. Da sind auch schon die Kugeln hinter mir eingeschlagen. Ich bin zum Stall, durch den Stall durch und dann in Richtung Dorf. Plötzlich sind mir zwei Soldaten entgegengekommen. Von der Seite sind ebenfalls einige aufgetaucht. Ich bin um mein Leben gerannt. Mitten im Laufen spüre ich einen scharfen Riß an der rechten Hüfte. Ein Streifschuß. Bei einem Bach war ein Betonrohr zur Wegüberführung. Dort hab' ich mich fallen lassen und bin hineingekrochen. Trapp, trapp, sind die Soldaten über mich weggerannt. Ich hab' gewartet, bis es dunkel war. Dann bin ich wieder in den Wald, in mein Versteck zurück.

Maria Wild: Im Käsekeller, in den uns die anderen eingesperrt haben, konnte man die Schießerei hören. Als geschossen wurde, haben wir gedacht: Jetzt ist der Feind da und marschiert ein. Wir müssen uns ruhig verhalten.

Nachdem die Schießerei aufgehört hat, sind viele Leute ins Haus gekommen. Es war ein fürchterlicher Lärm. Ich bin an die Tür gegangen, lauschen. Das war nicht der Feind, sondern deutsche Stimmen. Das waren unsere.

Ich habe dann an die Tür geklopft: »Aufmachen, aufmachen!« Man hat uns in das obere Stockwerk geführt. Da ist einer auf dem Diwan gelegen, mit Kopfschuß. Alles war voll Blut. Grauslich.

Wir sind dann 100 Meter vom Haus entfernt zu einem Baum geführt worden. Nach einer Viertelstunde haben Soldaten zwei Zivilisten gebracht. Ich habe sie nicht gekannt, sie waren aus dem Nachbarort. »Die hängen wir auf«, hat es geheißen, »und die Häuser zünden wir auch an.«

Ignaz Rett: Wir haben am Abend des 1. Mai gehört, daß im Nachbarort geschossen wird. Da bin ich mit einem Freund mit dem Fahrrad dorthin gefahren. Im Dorf waren keine Leute zu sehen, alles war ruhig. Von weitem haben wir gesehen, daß beim Gasthof Krone SSler in langen Mänteln stehen. Weil wir uns nicht verdächtig machen wollten, sind wir unbefangen auf sie zugeradelt. Zwei von ihnen sind sofort in Anschlag gegangen. Wir mußten absteigen, dann sind wir untersucht worden. In meiner Fahrradtasche haben sie einen Revolver und eine rotweißrote Armbinde gefunden. Da haben sie gesagt: »So, jetzt werdet ihr aufgehängt.«

Man hat uns zu einem Baum geführt. Da war ein ganzer Trupp Soldaten. Es hat gerade angefangen zu dunkeln. Unterm Baum ist ein Toter gelegen, ein Zivilist. Von einem Ast sind zwei Stricke heruntergebaumelt. Sie waren für uns bestimmt.

Der Kommandant der Soldaten – mit einem Arm in der Schlinge – hat mich gefragt: »Wo ist Ihr Anführer?« – »Wir haben keinen Anführer!«

»Woher habt ihr die Waffen?« – »Wir haben keine Waffen.« »Aufhängen!« hat er befohlen. – »Jawohl, Herr Oberleutnant«, hab' ich geantwortet. Ich hab' mir gedacht: »So, jetzt ist es aus.« Aber ich hab' keine Angst zeigen wollen.

Zwei Maschinengewehre sind aufgestellt und auf uns gerichtet worden. Man hat mir die Schlinge um den Hals gelegt. Ich hab' müssen auf einen Stock steigen.

Beim Hinaufsteigen ist der Stock umgefallen. Ein zweites Mal hinaufsteigen. Da hab' ich eine Stimme gehört: »Herr Oberleutnant, könnt' man nicht um Gnade bitten? Die sind nicht von hier, die haben damit nichts zu tun.« Es waren Zivilisten, die um Gnade gebeten haben.

Da haben sie mir die Schlinge abgenommen, und man ist mit uns zum Haus des Ortsgruppenleiters gezogen. Dort hat es geheißen: »Wenn von der Widerstandsbewegung im Dorf noch ein einziger Schuß abgegeben wird, dann seid ihr fällig.«

Am nächsten Morgen sind die Soldaten mit uns in unser Dorf gezogen. Dort hat man uns freigelassen.

Anna Felder: Die ganze Nacht vom 1. auf den 2. Mai haben SS-Leute meine Brüder gesucht. Meine Mutter, mein Vater, meine Tante Maientante, Tante Mariele und ich sind zur Familie der Adelheid Steurer gegangen. Wir wollten uns dort verstecken. Die Mutter von Adelheid hat gesagt: »Bei uns könnt ihr nicht bleiben, es ist zu gefährlich.«

Gleich in der Nähe hat die Familie Leaz gewohnt. Das waren zwar Nazis, aber anständige Leute. Sie haben gehört, daß wir uns verstecken müssen. Der Mann hat uns angeboten, daß Vater – er war damals krank und konnte schlecht gehen – zu ihnen kommt.

Wir sind dann zuunterst ins Tobel, in die Schlucht, zu den Stockegger Weibern, und haben uns versteckt. Nach zwei Tagen hat es geheißen: Die SS ist abgezogen, ihr könnt nach Hause. Dort hat es ausgesehen... Die Türe mit einer Handgranate eingesprengt. Das Dach zerschossen, die Fenster zerschlagen. Jede Schublade aus jedem Schrank herausgezogen und in die Mitte des Zimmers geleert. Kirschenkompottgläser über die Betten geschüttet, der Zucker verstreut. Im Mehlsack steckte ein Gewehr mit Zielfernrohr.

Zu essen hat's genug gegeben. Vorsichtshalber haben wir gegen Kriegsende Lebensmittel versteckt. Sie waren hinter dem Altar einer Kapelle gelagert.

In der ersten Nacht in unserem Haus hat sich niemand getraut, allein in einem Zimmer zu schlafen. Wir haben alle Matratzen in einen Raum geschleppt und dort gemeinsam geschlafen. So haben wir uns sicher gefühlt.

Am 3. Mai 1945 sind endlich französische Soldaten gekommen. Es waren Marokkaner. Mein Gott, das war eine Erleichterung. Es war ein ungeheures Gefühl von Befreiung. Der Krieg vorbei.

Heinrich Nenning: Ortsgruppenleiter? Ich war Ortsgruppen-leider. Ich war nur Sekretär damals, ich habe nur die Lebensmittelkartenstelle gehabt. Am 1. Mai 1945 war ich in der Kanzlei im Gemeindehaus, hab' gerade Lebensmittelkarten an Flüchtlinge aus Wien ausgegeben. Da sind drei mit einem Revolver gekommen, haben mich mitgenommen und in den Käsekeller in die Sennerei gesperrt.

Während des Krieges war nichts Besonderes. Alle haben gerecht ihre Karten bekommen.

Ich habe nur meine Pflicht getan. Sonst nichts.

Nach meiner Anschauung ist es allen Leuten besser gegangen nach dem Anschluß. Es haben ja alle dafür gestimmt, 97 Prozent. Ein gutes Ergebnis. Man ist immer mit denen, die an der Regierung sind. So ist es.

Die Parteien heute gehören alle auf den Misthaufen. Die sind alle korrupt. Gestern haben sie im Fernsehen Dresden gezeigt. Wie die Engländer bombardiert haben. Fürchterlich, was die gemacht haben. –

Nein, sonst gibt es nichts zu sagen über die Zeit damals.

Peter Felder: Ich will nichts sagen. Ich will mich an nichts erinnern.

Martin Pollack
Der österreichische Weg
Epilog auf eine verschwindende Minderheit

»Natürlich wird fest germanisiert.« Der junge Dozent im beigen Schürlsamtanzug sagte es mit Nachdruck und fuhr dann genüßlich fort, eine Semmelhälfte mit Butter zu bestreichen. Draußen regnete es in Strömen; die plüschbezogenen Sitzbänke im Café Bräunerhof in der Wiener Innenstadt waren fast leer und die beiden Ober damit beschäftigt, mit flinken, tausendmal geübten Handgriffen einen Stapel frischer Tageszeitungen in die hölzernen Halter zu spannen. Der Dozent beendete sein Frühstück.

Über den mit Tellern, Besteck und Gläsern vollgeräumten Tisch hinweg begann er die Diskriminierung einer ethnischen Minderheit darzulegen. Die Burgenländer Kroaten seien ein kleines, fleißiges Völkchen, das mit wachsendem Grimm zusehen müsse, wie es um seine guten Rechte geprellt würde, die ihm nach Paragraph 7 des Österreichischen Staatsvertrages von 1955 zustünden. Ortstafeln, Gemeindeämter, Gerichte, Kindergärten und Schulen: im Burgenland sei alles einsprachig, nämlich deutsch. Als ob es keine Kroaten gäbe! Die Volksgruppe wäre vor mehr als vierhundert Jahren ins Land geholt worden, damit sie die durch Türkenscharen verwüsteten und entvölkerten Landstriche um die Brucker und Wiener Neustädter Pforte neu besiedle – und das sei nun der Dank! Die Zahl *unserer* Kroaten ginge von Jahr zu Jahr zurück, es sei eine Schande. »Heute leben vielleicht noch 30 000 im Burgenland, aber wenn das so weitergeht...«

Der Dozent rührte düster in seinem Kaffee. »Dann werden wir sie bald unter Naturschutz stellen müssen, wie die Große Trappe und den Löffelreiher«, versuchte ich zaghaft zu scherzen. Er warf mit einen strafenden Blick zu.

Vor allem die mittlere Generation, die Dreißig- bis Vierzigjährigen, spann er die Geschichte eines Verschwindens weiter, hätte sich vom Virus der Assimilation anstecken lassen und fiele leichtgläubig auf das Argument herein, daß den Aufstieg nur schaffen könne, wer sein Kroatentum ablege. Noch sei freilich nicht alles verloren. Mein Gegenüber nahm das Buttermesser und legte es wie ein Schwert zwischen uns auf den Tisch. »Viele Junge lernen wieder die Sprache ihrer Großeltern und wehren sich gegen die Germanisierung.«

Der Dozent griff nach seiner kunstledernen Aktenmappe und erhob sich. Er schaute hinüber zur Uhr über dem Buffet; er müsse nun gehen, er werde im Institut erwartet. »Es gibt im Burgenland sogar eine Kommission, die kaum jemand kennt und die sich bemüht, selbst die kleinsten Hügel und Bäche, die seit Jahrhunderten slawische Namen tragen, einzudeutschen«, sagte er, während er den Mantel anzog. Der Name der Kommission sei ihm leider entfallen, aber ich solle mich einmal umhorchen, das sei ein Hammer, warf er mir, schon im Gehen, noch zu. Durch die offene Schwingtür fegte ein kalter Windstoß in die Zeitungen, die auf einem Tisch neben dem Eingang getürmt lagen.

Eindeutschen? Josef Vlasits, Lehrer am Gymnasium in Eisenstadt und Mitglied jener geheimnisumwitterten Kommission, deren korrekter Name *Burgenländische Nomenklaturkommission* lautet, wie er mich schon am Telefon aufgeklärt hatte, und dazu noch des *Kroatischen Kulturvereins* und einiger internationaler Gremien für Minderheitenfragen, lachte glucksend und schüttelte belustigt den Kopf. Wer mir denn diesen Unsinn aufgeschwatzt hätte? Nein, nein, so könne man es nicht sagen, das Problem sei viel diffiziler.

Überall in Europa – und nicht nur hier – liegt nationaler Sprengstoff vergraben, und Volksgruppen und Minderheiten sind die eifrig glosenden Lunten: Korsen und Basken, Waliser, die Albaner im Kosovo, die Ungarn in Siebenbürgen, Wallonen, Flamen, Bretonen, die Slowenen in Kärnten, Ladiner und Lemken; von manchen erfuhr man überhaupt erst, wenn sie die erste Polizeistation in Schutt und Asche gelegt hatten. War nicht auch im Burgenland schon Brandgeruch zu verspüren?

Die Fahrt ins Burgenland, das sich als schmaler Streifen die ungarische Grenze entlangzieht, hatte mich auf einer gut ausgebauten Bundesstraße durch eine von sanften, weinbewachsenen Hügelkuppen durchbrochene Ebene und erbärmlich häßliche Straßendörfer geführt. Vergebens hatte ich Ausschau gehalten nach beschmierten Ortstafeln und gesprayten Protestparolen, den internationalen Zeichen von Widerstand gegen die Unterdrückung. Einzig in Hornstein, zwölf Kilometer vor Eisenstadt, war mir am Ortseingang eine gelb-weiße Tafel in Form eines Kreuzes aufgefallen, die frommen Reisenden mitteilt, daß im Gotteshaus von Hornstein/Vorištan zweimal am Tag eine Messe gelesen wird. Die erste Spur slawischer Besiedelung; der verdrängt gewähnte alte Name, im Schoß der katholischen Kirche bewahrt, die ihre kroatischen Schäfchen offenbar nicht weniger liebt als die deutschen. Ich hatte die Tafel mit Rührung betrachtet.

Auf der Suche nach weiteren Spuren der Volksgruppe war ich ins Dorfgasthaus geraten und dort bitter enttäuscht worden: Von der beleibten Wirtin bis zu den mürrischen Bauern, die schon am Vormittag beim Wein saßen, hatten alle für meine Ohren zwar nicht leicht verständlich, aber unzweifelhaft deutsch gesprochen. Der Schweinsbraten war lauwarm gewesen. Das einfache Gotteshaus hatte ich versperrt vorgefunden, aber auf den braungestrichenen Bänken, das war mit einem Blick durch die farbigen Türscheiben zu erkennen gewesen, hatten slawische Liedertexte gelegen.

Ohne den katholischen Klerus, sollte mir Josef Vlasits wenig später erklären, würde es heute keine Burgenländer Kroaten mehr geben. Seit der Jahrhundertwende war bei der Minderheit eine verhängnisvolle Polarisation aufgetreten: auf der einen Seite die Bauern, bewußt kroatisch, streng katholisch, stockkonservativ. Und auf der anderen Seite die Arbeiter, die sich unter dem Einfluß der österreichischen Sozialdemokratie emanzipierten und – assimilierten. Denn Kroatisch war die Sprache der Pfaffen, wer mit der neuen Zeit ging, sprach deutsch. Viele Kroaten fanden Arbeit im Großraum von Wien, in der Industrie, am

Bau; wer kein *Krowod* bleiben wollte, wie die Kroaten noch heute allgemein genannt werden, der beeilte sich, seine Muttersprache zu vergessen. Das Auftauchen der ersten jugoslawischen Fremdarbeiter beschleunigte diesen Veränderungsprozeß: Mit denen wollten nun die Burgenländer Kroaten um nichts in der Welt gleichgesetzt werden; vielen kam fortan am Arbeitsplatz kein kroatisches Wort mehr über die Lippen.

»Unsere Sprache wird leider von unseren eigenen Leuten zu wenig geschätzt«, sagte Josef Vlasits bedauernd und strich seine Krawatte glatt. Der Lehrer hatte mich in sein elegant eingerichtetes Arbeitszimmer geführt und eine Flasche Weißwein entkorkt. Ein massiver Couchtisch, eine braune Sitzgarnitur, Perserteppiche und Bücherregale. Über den Büchern standen Kerzenleuchter in verschiedenen Größen, aus Messing, Porzellan, Holz und Silber, zu dichten Reihen geordnet. Beweisstücke einer ausufernden Sammlerleidenschaft, die unversehens der Freude über ein zufälliges Mitbringsel entsprungen war, wie sich mein Gastgeber nicht ohne Stolz erinnerte. Er bat mich, die Zahl der Leuchter zu schätzen; ich mußte passen. »Mehr als 200«, verriet er und blickte beifallheischend nach oben, als erwarte er von den stummen Objekten seiner Zuneigung ein Zeichen des Dankes.

Die Burgenländische Nomenklaturkommission, aus Josef Vlasits sprach jetzt der Lehrer, habe eine klar umrissene Aufgabe: Sie forste im Rahmen der notwendigen Kommassationsarbeiten alle grundbücherlichen Ausdrücke durch und prüfe sie auf ihre Verständlichkeit. Das Burgenland sei erst 1921 endgültig an Österreich gefallen, und daher herrsche in Katastern und Karten ein heilloses Sprachenbabel. Kroatische Namen, ungarisch oder deutsch geschrieben, stünden neben ungarischen und schließlich deutschen. Das müsse mit Bedacht geordnet und vereinheitlicht werden.

Ob es denn vorkomme, daß die alten slawischen Flurnamen eingedeutscht würden, wollte ich wissen. »Gewiß doch«, räumte der Lehrer ein. Aber nur, wenn die Gemeinde es wünsche. Die Kommission könne nur Vorschläge machen, das letzte Wort spreche die Gemeinde. Es sei nicht selten, daß auch mehrheitlich kroatische Gemeinden – die übrigens immer seltener würden – sich für deutsche Namen entschieden. Sie wollten sich halt in nichts unterscheiden. Er hob sein Glas: »Prost.« Der Weißwein war gut gekühlt und resch.

Ich erinnerte mich an ein Gespräch mit einem anderen Mitglied der Kommission: Professor Josef Breu, ein nervöser, schlanker Mittsechziger, hatte während des Vortrags, den er mir im Wiener Palais Pálffy in seiner mit Büchern und Landkarten vollgestopften Kammer im Institut für Ost- und Südosteuropakunde hielt, ständig mit einem Schlüsselbund geklingelt. Die Überlebenschancen der Kroaten hatte er, vorsichtig ausgedrückt, nicht sonderlich gut genannt. »Der Assimilationsdruck kommt ja aus den kroatischen Gemeinden selbst. Wer will denn heute noch der Minderheit angehören und ihre Sprache bewahren? Das ist doch romantischer Firlefanz.« Er war auf eine kleine Bücherleiter geklettert und hatte nach Fachliteratur gesucht, die mir die Augen für die Wirklichkeit öffnen sollte.

»Solange die Kroaten im Burgenland auf ihrer Sprache bestehen, bleiben sie Gastarbeiter, auch wenn sie 450 Jahre im Land sind.« Für einen gewöhnlichen Menschen sei es gar nicht möglich, zwei Sprachen gleich gut zu beherrschen. Es wären die Eltern selbst, die den Kroatischunterricht an den Schulen abschaffen wollten, damit die Kinder gut Deutsch lernten. Ob das nicht traurig sei, hatte ich gefragt. »Traurig? Wie man's nimmt. Die Leute sehen es anders, die passen sich gern an. Die Welt ist nun mal ständig in Bewegung; wenn immer alles gleich bliebe, dann würden wir heute noch Keltisch sprechen.«

Das hatte mir eingeleuchtet. Ich fragte mir nur, warum so viele andere Minderheiten das nicht ebenso sehen wollten.

Man könne eine Minderheit vernichten, hatte Professor Breu sich dann auf das Gebiet der vergleichenden Geschichtsforschung begeben, indem man sie totschlage – das hätten die Ungarn vor 1921 versucht. Oder man schenke ihr keine Beachtung und ließe sie ungestört schalten; dann ginge sie auch zugrunde – das sei der österreichische Weg.

»Da ist schon was dran«, bestätigte Josef Vlasits; er wirkte auf einmal müde. Die Volksgruppe würde nicht diskriminiert, aber ganz sicher auch nicht gefördert. Gewiß, Kroaten säßen in allen wichtigen Ämtern des Landes, aber das habe nichts zu bedeuten: so mancher von denen wechsle Sprache und Volkszugehörigkeit wie andere Leute die Hemden.

»Ich kann die Partei wechseln, ich kann die Religion wechseln, warum soll ich dann nicht auch die Sprache wechseln können?« sagte Fritz Robak mit unüberhörbarem Akzent. Der kleingewachsene, quicklebendige Siebzigjährige, der mich in Hosenträgern und Hausschuhen an der Eingangstür seines schmucklosen Einfamilienhauses empfangen hatte, war lange Jahre Abgeordneter der SPÖ zum Nationalrat, Bürgermeister der gemischtsprachigen Gemeinde Steinbrunn / Štikapron und dazu noch Vorsitzender einer kuriosen Institution mit dem monströsen Titel *Konferenz der Bürgermeister und Vizebürgermeister der kroatischen und gemischtsprachigen Gemeinden*. Eine alte, in Schwarz gekleidete Frau hatte mir am Dorfplatz den Weg gewiesen: der alte Robak – sie hatte es voll Respekt gesagt – wohne im einzigen Stockhaus in der Gasse, ich könnte es gar nicht verfehlen. War es die Achtung vor dem Altbürgermeister, die der einfachen Frau sein Haus so einmalig hoch erscheinen ließ? Ich hatte am ersten einstöckigen Haus in der mir bezeichneten Gasse geläutet und war von einer dumpf aus der Gegensprechanlage brummenden Stimme darauf hingewiesen worden, daß der Robak ein paar hundert Meter weiter wohnte.

Der alte Politiker quittierte die Schilderung der Suche mit einem zufriedenen Lächeln. Da hätte ich den Beweis für den Wohlstand, der hier herrsche; selbst der Briefträger, dem die Stimme aus der Sprechanlage gehört habe, könne sich ein Stockhaus leisten. Und warum? Weil er, der Robak, als sozialistischer Bürgermeister unermüdlich gepredigt habe, seine *Krowodn* dürften sich nicht in ein künstliches Getto abdrängen lassen. Chancengleichheit und gutes Zusammenleben mit der deutschen Bevölkerung hätten Vorrang vor Sprach- und Volkstumsfragen. »Kroatisch ist eine Sprache, die nur für den Intimbereich taugt«, versuchte er seine Haltung sprachwissenschaftlich zu stützen, »außer Haus spricht man deutsch.« Vor allem mit den Kindern, das sei sehr wichtig. Er selbst habe es auch immer so gehalten und wäre damit nicht schlecht gefahren: Mit seiner Frau spreche er Kroatisch, aber schon sein vierjähriges Enkerl verstehe kein Wort mehr. In Steinbrunn gebe es überhaupt niemanden unter 18, der noch die alte Sprache verstehe. Er ließ einen stolzen Blick durch das Zimmer wandern. »Im Burgenland gibt es keine Minderheitenprobleme, das behauptet nur eine böswillige Minderheit, die aus dem Ausland gelenkt wird.« Ich spitzte die Ohren. Schuld an all dem Übel seien die Jugoslawen, die sich ungebeten als Schirmherren der Burgenländer Kroaten aufspielten. Erstens gebe es keinen Konflikt, und zweitens werde dieser in Jugoslawien künstlich erzeugt, sagte er kryptisch. Aus einem Hof in der Nähe hörte man die Hühner gackern.

Als jugoslawische Medien Mitte der siebziger Jahre begannen, sich immer lauter für die vermeintlich entrechteten Landsleute in Österreich stark zu machen, hatte der Bürgermeister von Steinbrunn und Abgeordnete zum Nationalrat außenpolitische Initiative ergriffen und in höflichem, aber bestimmtem Ton Staatspräsident Tito seine Meinung gesagt. Von einer Benachteiligung oder gar zwangsweisen Assimilierung, hochverehrter Herr Präsident, könne gar keine Rede sein; die Burgenländer Kroaten fühlten sich frei und zufrieden wie kaum eine andere ethnische Minderheit auf der Welt. »Was das Burgenland betrifft«, hatte er Tito informiert, »muß betont werden, daß die formelle Nichterfüllung des Österreichischen Staatsvertragsartikels 7 keinesfalls auf Böswilligkeit österreichischerseits beruht... Was kann Österreich dafür, wenn die Minderheit auf das ihr zustehende Recht verzichtet?« Wie handschriftliche Notizen auf der Kopie, die er mir zeigte, fand das Dokument in Zeitung, Rundfunk und Fernsehen Erwähnung. Nur Tito hatte nicht hören wollen, grämt Robak sich noch heute.

Nicht einmal geantwortet habe er ihm; er schien es dem Staatsmann noch übers Grab hinweg nachzutragen. Robaks Verhältnis zu Jugoslawien hatte einen bleibenden Riß erhalten. Früher sei er gern mit der Familie *hinunter* gefahren, auf Urlaub, meistens ans Meer, aber daran sei nicht mehr zu denken. Er habe sogar Morddrohungen erhalten. Er schüttelte betrübt den Kopf.

Es war freilich ein offenes Geheimnis, daß es nicht nur im südlichen Nachbarland Menschen gab, die dem alten, streitbaren Mann übel wollten. Seine Assimilationspolitik hatte ihm auch in den Reihen der eigenen Partei, der SPÖ, nicht nur Freunde gemacht. Während Landes- und Bundespolitiker ihm applaudierten, verzogen vor allem junge, linke Sozialisten schmerzlich die Miene, wenn der Name Robak fiel; sie empfanden ihn als Schandfleck auf der Parteiweste; die jungen Kroaten haßten ihn offenen Herzens, wie man nur einen Renegaten hassen kann; Konservative und Klerikale schließlich sahen in Robak einmal den Roten und dann den Totengräber einer gottesfürchtigen Minderheit – wenn es stimmt, daß viel Feind viel Ehr bedeuten, dann war der Altbürgermeister ein ehrenvoller Mann.
»Ich bin jetzt siebzig und möchte ein Buch schreiben über die Entwicklung der Minderheit«, sagte er nun und hob aus der mittleren Lade des Arbeitstisches ein unförmiges Manuskript. Er habe kastenweise Material, und das Buch werde viel Sprengstoff enthalten. Wenn ihm etwas zustieße, habe er schon geregelt, daß Fred Sinowatz, der selbst ein Burgenländer und jetzt Bundeskanzler ist, das Material bekomme. »Sehen Sie, da«, triumphierte er und breitete eine Karte des Bundeslandes auf das Sofa, das er mir als Sitzgelegenheit zugewiesen hatte. Die Orte waren mit verschiedenen Farben markiert. Grün bedeute, erklärte er, daß der Ort früher gemischtsprachig war, nun aber rein deutsch sei. Es gab viel Grün in der Karte. Robak fuhr wie ein siegreicher Feldherr mit dem Finger von Punkt zu Punkt: »Da, Kroatisch Tschantschendorf, früher gab's da nur Krowodn, heute gibt's keinen einzigen mehr; Stinatz / Stainjaki, früher rein kroatisch, jetzt gemischt; ebenso Groß Warasdorf, Ni-

kitsch, Oslip…« Rein kroatische Gemeinden gebe es keine mehr. Bei der nächsten Volkszählung würde es höchstens noch 10 000 Kroaten geben. Dann wäre es nicht mehr weit bis zum Ziel.

Seine Augen hinter den dicken Brillengläsern leuchteten. Er ging zum Fenster und öffnete es weit. Der Wind trug Brandgeruch ins Zimmer. Das sei ein Nachbar, sagte Fritz Robak, der verbrenne altes Laub und Zweige.

Christoph Ransmayr
Auszug aus dem Hause Österreich
Unterwegs zur
letzten Kaiserin Europas

Österreich ist kein Staat, keine Heimat, keine Nation. Es ist eine Religion. Die Klerikalen und klerikalen Trottel, die jetzt regieren, machen eine sogenannte Nation aus uns; aus uns, die wir eine Übernation sind, die einzige Übernation, die in der Welt existiert hat...

Ihr habt mit euren leichtfertigen Kaffeehauswitzen den Staat zerstört... Ihr habt nicht sehen wollen, daß diese Alpentrottel und Sudetenböhmen, diese kretinischen Nibelungen unsere Nationalitäten so lange beleidigt und geschändet haben, bis sie anfingen, die Monarchie zu hassen und zu verraten. Nicht unsere Tschechen, nicht unsere Serben, nicht unsere Polen, nicht unsere Ruthenen haben verraten, sondern nur unsere Deutschen, das Staatsvolk.

[Joseph Roth, Die Kapuzinergruft]

Die Paßstraße war trocken und kalt. Geröllhalden, Grate und Felszüge, an denen sich Wetterfronten und Wolken brachen, begannen den Reisebus im Rhythmus der Kehrschleifen zu umkreisen; ein Karussell aus Steinen, Krüppelkiefern und Schatten. Es war Frühling. Oder war es schon wieder Herbst? Welches Jahr? Das Gebirge ließ kaum Aufschlüsse darüber zu. Der Arlberg lag unter Firndecken.

Schwerfällig schraubte sich der Bus zur Paßhöhe hinauf und geriet dort in ein weißgoldenes Gleißen, das die Spätnachmittagssonne auf dem Firn hinterließ. Die Reisegesellschaft starrte aus allen Fenstern ihres Gefährts in die flimmernde Pracht. »Herrlich, herr-lich« – Baronin Klinger-Klingersdorff war entzückt. »Fabelhaft«, seufzte Baronesse Isabella von Miller-Aichholz. »Österreich ist schön«, wandte sich ihre Durchlaucht, die greise Prinzessin Lore von Thurn und Taxis, nach einem hinter ihrem Rücken in den Anblick der Bergwelt versunkenen k.u.k. Leutnant a. D. um, »Österreich ist schön; man kann hier auch im Regen spazierengehen.« Der Leutnant kam wieder zu sich und nickte ergebenst.

Man war unversehens in diese kalte Herrlichkeit gelangt, weil »unser Herr Franz«, wie die Gesellschaft ihren schweigsamen Chauffeur nannte, die Abzweigung in die Röhre des Arlberg-Tunnels übersehen hatte und auf die alte Paßstraße geraten war. Man sah es ihm nach. »Es ist gut, Herr Franz, sehr gut.« Dieser Irrweg war »wahnsinnig schön«. Und außerdem hatte man so der anderen Hälfte der Reisegesellschaft, die jetzt im Schwestergefährt in der klimatisierten Enge des Tunnels dahinschießen mochte, ein berauschendes Erlebnis voraus. Der Leutnant war nun begeistert. Er begann, halb sprechend, halb singend, die erste Strophe *seiner* Hymne zu rezitieren: »Gott erhalte, Gott beschütze unsern Kaiser, unser Land. Mächtig durch des Glaubens Stütze führt er uns mit weiser Hand.« Der Leutnant war aufgestanden und hielt sich am Gepäcknetz fest. Auf den hinteren Sitzbänken klirrten Weinflaschen. Die Serpentinen entlang lag schwarzer Schnee. Der allgemeine Reiseverkehr zog ungehindert über den Paß.

Der Untertan saß ans Fenster gelehnt und hielt die Augen geschlossen. Das kalte Glas des Fensters drückte gegen seine Schläfe, und dieser je nach Straßenlage an- und abschwellende Druck zwang ihn aus dem Halbschlaf immer wieder zurück in die Wirklichkeit: Er befand sich also tatsächlich auf dem Weg in die Schweiz; unterwegs zu ihrer Majestät Kaiserin Zita von Österreich, gekrönte Königin von Ungarn, geborene Prinzessin von Bourbon, Prinzessin von Parma, Enkelin des Königs Miguel I. von Portugal und allerhöchste Gemahlin des letzten Herrschers der Donaumonarchie, Seiner k.u.k. Apostolischen Majestät Kaiser Karls des Ersten.

Der Untertan richtete sich auf. Immer noch lag das *Handbuch des Allerhöchsten Hofes und Hofstaates* aufgeschlagen auf seinen Knien, und während draußen die Arlberger Felsenwelt vorüberzog, las er seiner Sitznachbarin, einer kaisertreuen Pensionistin aus Graz, den *Großen Titel* des letzten österreichischen Imperators langsam und schläfrig vor: »Karl der Erste, von Gottes Gnaden Kaiser von Österreich,

König von Ungarn, dieses Namens der Vierte; König von Böhmen, von Dalmatien, Kroatien, Slowenien, Galizien, Lodomerien und Illyrien; König von Jerusalem etc.; Erzherzog von Österreich; Großherzog von Toskana und Krakau; Herzog von Lothringen, von Salzburg, Steier, Kärnten, Krain und der Bukowina; Großfürst von Siebenbürgen, Markgraf von Mähren; Herzog von Ober- und Nieder-Schlesien, von Modena, Parma, Piacenza und Guastalla, von Auschwitz und Zator, von Teschen, Friaul, Ragusa und Zara; gefürsteter Graf von Habsburg und Tirol, von Kyburg, Görz und Gradiska; Fürst von Trient und Brixen; Markgraf von Ober- und Nieder-Lausitz und in Istrien; Graf von Hohenembs, Feldkirch, Bregenz, Sonnenberg etc.; Großwoiwode der Woiwodschaft Serbien etc. etc.«

Der Untertan hatte seine Leier beendet und hob den Kopf. Die Pensionistin aus Graz schien sehr aufgeregt. »Jessas Maria«, sagte sie, »Jessas Maria.«

Jawohl, Gnädigste! Und Zita! Zita war die Gemahlin dieses Kaisers! Herrin über 53 Millionen Untertanen – Deutsche, Ungarn, Tschechen, Slowaken, Italiener, Polen, Ukrainer, Kroaten, Slowenen, Serben, Bosniaken, Rumänen, auch Türken, Huzulen, Griechen, Albaner und natürlich Juden – die Gemahlin des Königs von Jerusalem und des Herzogs von Auschwitz! Wahnsinn! War die Monarchin tatsächlich noch am Leben, oder war er hier in eine Zeitschleuder geraten?

»Ja, heut ist der Fünfte«, wandte sich die Pensionistin aus Graz bestätigend an den Untertan, »Sie sind ein lieber Mensch, Herr. Gehören Sie zur kaiserlichen Familie?«

Der 5. April des Jahres 1982 – also doch in der republikanischen Gegenwart. Dann war es tatsächlich erst gestern gewesen, früher Abend, als Baron Anreitter, Steinmetzmeister von Beruf und Grabarchitekt mit einer sehr schönen Grabsteinfirma gleich neben dem Ottakringer Friedhof im sechzehnten Wiener Gemeindebezirk, am Telefon gedehnt »Jawohl« gesagt hatte? »Jawohl, Abfahrt morgen, Montag, acht Uhr, Treffpunkt Westbahnhof. Zwei Busse, jawohl;

einen wird Ihre Durchlaucht, Prinz Willy von Thurn und Taxis, übernehmen, den anderen meine Wenigkeit. Am Dienstag wird uns Fürst Liechtenstein auf seinem Schloß in Vaduz empfangen, und am Nachmittag werden wir im Johannesstift von Zizers bei Chur im Rahmen einer Audienz Ihrer Majestät der Kaiserin Zita unsere Glückwünsche zum Geburtstag überbringen.«

»Kann ich noch mit?« hatte sich der Untertan nach dieser Auskunft unverzüglich mit dem durchlauchten Prinzen Willy in Verbindung gesetzt, und der Prinz: »Ausgeschlossen. Man wird mir ohnedies den Schädel einschlagen. Einhundertzwanzig Leute! Bedenken Sie! Wir sind hoffnungslos überfüllt. Spielend hätten wir eine Kette von Bussen besetzen können: eine Karawane!«

Beharrlich hatte der Untertan noch einmal die Grabsteinfirma angerufen, und Anreitter – »Lassen S' den Baron ruhig weg« – hatte ihm freundlich geraten, er möge doch tunlichst den Ausfall eines Reisenden ins Kalkül ziehen und sich morgen früh »angemessen gekleidet« am Westbahnhofe einfinden. Angemessen gekleidet! Ein Audienzkostüm? Der Untertan betrachtete seine Schuhe. Die Reisegesellschaft fuhr soeben vor dem Hotel »Goldener Adler« in Feldkirch vor. Vorarlberg. Die Schuhe gehörten ihm nicht. Auch der dunkelblaue Burberry-Mantel, der über seinen Knien lag, gehörte ihm nicht. Von den beiden Van-Laack-Hemden, dem etwas eng sitzenden Anzug von Ermenegildo Zegna mit dem schnöselhaften Cardin-Gürtel, der Krawatte von Jil Sander und den Handschuhen aus Känguruhleder gar nicht zu reden. Alles geborgt. »Jules«, das Dior-Parfüm, kam ihm jetzt ausgesprochen peinlich vor. Nur gut, daß er wenigstens den Hut aus der New Yorker Fifth Avenue in Wien gelassen hatte. Wirklich, der letzte Abend war geradezu fieberhaft verlaufen. Die vielen Telefonate, Bitten um Kostümierungshilfe, die nächtlichen Besuche. Einmal hatte die Kragenweite nicht gepaßt, dann wieder war eine Hose zu kurz gewesen oder zu weit, eine Farbe zu hell oder ein Hut bis zu den Ohren hinabgesunken. Der Untertan sah Sedlacek wieder vor sich. Sedlacek, der Sekretär des österreichischen Bundeskanzlers, war in der

Zugluft eines mitternächtlichen Stiegenhauses gestanden und hatte erstaunt noch einmal nachgefragt: »Schuhe brauchst du?«

Sedlacek war streng im Rahmen der republikanischen Verfassung Österreichs geblieben, als er, vor dem Kleiderschrank stehend, beiläufig »Zur Zita also fährst du« gesagt hatte. Zita, sonst nichts. Keine Majestät, keine Kaiserin davor. Einfach Zita. Schließlich waren ja in der Verfassung sowohl der Ersten als auch der Zweiten Republik keinerlei Kaiser mehr vorgesehen. Auch keine Adelstitel. Herzöge? Prinzessinnen? Grafen und selbst der kleinste Baron? Alles verraucht und verweht.

»Die Nationalversammlung hat beschlossen«, hatte es am 3. April des Jahres 1919 in Wien geheißen – die Republik war damals noch kein halbes Jahr alt, Herr Karl und Zita befanden sich bereits seit zwei Wochen außer Landes, am Bodensee und später in der Villa Prangins am Genfer See, dort war es auch schön –, »die Nationalversammlung hat beschlossen« – sollte das wirklich schon mehr als sechzig Jahre zurückliegen? Der Untertan stellte seinen Mädler-Koffer vor dem »Goldenen Adler« ab –, »die Nationalversammlung hat beschlossen:

§ 1 1. Alle Herrscherrechte und sonstigen Vorrechte des Hauses Habsburg-Lothringen sowie aller Mitglieder dieses Hauses sind in Österreich für *immerwährende* Zeiten aufgehoben.
2. Verträge über den Anfall von Herrscherrechten über das Gebiet der Republik Österreich sind ungültig.

§ 2 Im Interesse der Sicherheit der Republik werden der ehemalige Träger der Krone und die sonstigen Mitglieder des Hauses Habsburg-Lothringen, diese, soweit sie nicht auf ihre Mitgliedschaft zu diesem Hause und auf alle aus ihr gefolgerten Herrschaftsansprüche verzichtet und sich als getreue Staatsbürger der Republik bekannt haben, des Landes verwiesen...

§ 3 Der Gebrauch von Titeln und Ansprachen, die mit den Bestimmungen des § 1 in Widerspruch stehen, ist *verboten*. Eide, die dem Kaiser in seiner Eigenschaft als

Staatsoberhaupt geleistet worden sind, sind unverbindlich.
§ 4 In der Republik Österreich ist jedes Privatfürstenrecht aufgehoben.«

Selbstverständlich vergaß die Nationalversammlung auch nicht, in einem fünften Paragraphen die »Republik Österreich« zur neuen Eigentümerin des »gesamten in ihrem Staatsgebiet befindlichen beweglichen und unbeweglichen hofärarischen Vermögens« zu erklären. Und da war ja nun wirklich einiges zu übernehmen – die vielen Alleen, Bureaus und Kanzleien, regenreichen Landschaften, Kronjuwelen, Hofautomobile, Schimmel, die Walzer tanzen konnten, Karossen, das Palais Belvedere, Schloß Schönbrunn, die Geheime Hofkanzlei am Ballhausplatz, in der der Wiener Kongreß getagt hatte, »Bundeskanzleramt« hieß sie jetzt, und natürlich auch die Hofburg – bestens ausgestattete Regierungsgebäude, in denen sich nun morganatische Untermieter, Bundespräsidenten und Bundeskanzler einzurichten begannen und neben dem kaiserlichen Geschirr auch eine Art neumodischer Herrschaft übernahmen. Alles in allem: ein sehr kompaktes Gesetz, dieses *Habsburgergesetz*, das den Nachfolgern der Donaumonarchen einen geregelten Hausstand bescherte und das als Verfassungsgesetz auch in den österreichischen Staatsvertrag von 1955 aufgenommen wurde und so von den Außenministern der sogenannten Siegermächte, Rußland, Vereinigte Staaten von Amerika, Frankreich und England, wohlwollend signiert werden sollte.
Aber die Abendgesellschaft, die nun im »Goldenen Adler« von Feldkirch tafelte, schien von diesem Verfassungsgesetz keinerlei Notiz genommen zu haben. Zwischen Mineralwasserflaschen, herben Weißweinen, Rehbraten und Sachertorten war alles heil und beim alten geblieben: Majestät hin, Majestät her, jawohl, Herr Baron, nein, Herr Baron, Ihre Durchlaucht ist nicht momentan, küß die Hand, Gnädigste, ein Hoch auf die Kaiserin! Ja da schau her, Feerdi, wie geht's, bist schon zurück?
Nein, Baronesse, jawohl, faabelhaft, untertänigsten Dank.

Keinerlei Notiz. Wie denn auch? War doch dieses Gesetz, das sich die Nationalversammlung nicht entblödet hatte zu formulieren, ebenso illegitim wie diese ganze sogenannte *Republik*.

»Jawohl, illegitim, ungesetzlich!« hatte Erich Feigl, Biograph und Vertrauter der Kaiserin Zita, zunächst einmal klargestellt, als der Untertan ihn in seiner Wiener Gemeindebauwohnung aufgesucht hatte. Der Gemeindebau, eine Zinskaserne, trug an der Außenmauer eine steinerne Erinnerungstafel für irgendeinen republikanischen Bürgermeister, für bürgerliche Bauherren, Stadträte und dergleichen, die sich wohl in das Beispiel der an Triumphbögen, Palästen und Prunkbauten angebrachten Gedenkinschriften kaiserlicher Bauherren vergafft hatten.

Herr Feigl war am Tisch einer sehr kleinen, sauberen und sehr weißen Küche gerade mit der Korrektur von Druckfahnen eines Buches über die Mönche von Athos beschäftigt gewesen und hatte sich dann vor dem Untertan in Eifer geredet: »Die Ausrufung der Republik war vollkommen ungesetzlich. Seine Majestät Kaiser Karl hat 1919 schließlich nur auf die Beteiligung an Regierungsgeschäften verzichtet, nicht aber auf den Thron! Notieren Sie das! Er hat niemals abgedankt! Und Kaiserin Zita ist eine gekrönte Königin – eine Krönung aber ist der Priesterweihe nachempfunden, und aus einer solchen Weihe gibt es keinen Rückzug! Alle Macht kommt von Gott; Kaiser von Gottes Gnaden! Verstehen Sie! Da ist nichts zurückzulegen und auf nichts zu verzichten. Aus der *lex aeterna* gibt es keinen Rückzug. Noch einen Schnaps?«

Herr Feigl war wirklich sehr freundlich gewesen, und seine Ausführungen waren ihm mehr und mehr zum Plädoyer geraten: »Habsburg *ist* das fähigste und führende Haus Europas und wird, gleichgültig in welcher Staatsform, nach einer Kette von schlimmen Erfahrungen mit Emporkömmlingen wieder an seinen rechtmäßigen Platz zurückkehren – den Platz an der Spitze, denn der ist in Österreich nach wie vor der Familie Habsburg vorbehalten. Und« – Herrn Feigls Rede war einfach hinreißend gewesen – »glauben Sie mir, ich hätte nichts lieber als eine Kaiserkrönung im Dom zu Sankt Stephan… Das Habsburgergesetz ist völlig irrelevant!«

»Schwadroon auufsitzen!« Prinz Willy von Thurn und Taxis stand auf dem Hotelparkplatz von Feldkirch und gab das Zeichen zum Aufbruch. Ein Frühlingsmorgen; hell und kühl. Der Prinz rief immer »Schwadroon auufsitzen!«, wenn die Reisegesellschaft nach einer Rast ihre Busse wieder bestieg. Vom Schloßberg zu Feldkirch glitt dünner Nebel. Oder kroch er hinauf?
Willy der Prinz war ein Anführer, der allen entsprach. Er kannte alle Burgen und Schlösser, die entlang der Reiseroute in die Landschaft ragten. Einmal fuhr er im ersten, dann wieder im zweiten Bus mit, man wechselte sich im Interesse der Ausgeglichenheit ab, er kannte auch die Bewohner der Schlösser und wurde nicht müde, ihre Familiengeschichten über die Lautsprecheranlage des Reisebusses zu verkünden. »Hier«, hatte er, nur ein Beispiel, irgendwo auf der West-autobahn nach Salzburg gesagt, »sehen Sie die Burg Seisen-egg; dort lebt die Baronin von Riesenfels, leider in geistiger Umnachtung, taub und blind.« Ein anderes Mal wiederum, dreißig oder vierzig Kilometer westlich der verfallenen Burg Seisenegg, hatte der Prinz in die Landschaft gezeigt und war sehr, sehr stolz gewesen: »Und hier lag meine Schwadron in Reserve.« Ein fabelhafter Reiseleiter. Ihre Durchlaucht, ein ältlicher Herr im Steireranzug und mit sorgfältig zurechtgestutztem Schnurrbart, war schließlich nicht nur Nachkomme des fanatisch reisenden Grafen Hans Wilczek, sondern auch »Wiener Landesobmann« jener »Internationalen Paneuropa-Union«, der Herr Erich Feigl als Bundesobmann und Ihre Kaiserliche Hoheit Otto von Habsburg, erstgeborenes von acht Kindern der Kaiserin Zita, als Präsident vorsaß. Ein prächtiger Verein, der unausgesetzt mit Wiederbelebungsversuchen an der alten Reichsidee der Donaumonarchie beschäftigt war. »Europa«, hatte Prinz Willy dem Untertan während eines Gespräches im paneuropäischen Bureau an der Wiener Prinz-Eugen-Straße versichert, »Europa wird auf den Trümmern und der Asche der Alten Welt im Feuer des Heiligen Geistes wieder

zusammengeschmolzen werden!« Das klang gut und schien nicht nur Untertanen zu überzeugen. Schließlich saßen im »Comité d'Honneur« dieses 1922 gegründeten Vereins auch Republikaner wie etwa der amtierende österreichische Bundespräsident oder der bayerische Ministerpräsident.

Daß Otto, der hohe Sohn Zitas und Präsident dieser Heiligen Geistgemeinde, sich mit republikanischen Querschädeln abgab, hatte den Untertan, der im Paneuropa-Bureau vollauf mit seinen Notizen beschäftigt gewesen war, irritiert. Nicht genug, daß sich der Kronprinz und rechtmäßige Thronfolger Kaiser Karls im Mai 1961 dem fatalen Habsburgergesetz gebeugt und eine Thronverzichtserklärung et cetera unterschrieben hatte, nein, er geruhte im Jahre 1978 neben seiner österreichischen auch noch die deutsche, die deutsche! Staatsbürgerschaft anzunehmen. Sollte Otto denn tatsächlich jene Mahnung vergessen haben, die Joseph Roth einen Grafen Chojniki in seinem Roman *Die Kapuzinergruft* aufsagen ließ:

»Freilich sind es die Slowenen, die polnischen und ruthenischen Galizianer, die Kaftanjuden aus Boryslaw, die Pferdehändler aus der Bacska, die Moslems aus Sarajewo, die Maronibrater aus Mostar, die ›Gott erhalte‹ singen. Aber die deutschen Studenten aus Brünn und Eger, die Zahnärzte, Apotheker, Friseurgehilfen, Kunst-Photographen aus Linz, Graz, Knittelfeld, die Kröpfe aus den Alpentälern, sie alle singen die ›Wacht am Rhein‹. Österreich wird an dieser Nibelungentreue zugrunde gehn, meine Herren! Das Wesen Österreichs ist nicht Zentrum, sondern Peripherie. Österreich ist *nicht* in den Alpen zu finden. Gemsen gibt es dort und Edelweiß und Enzian, aber kaum eine Ahnung von einem Doppeladler…«

Sollte Otto diese Mahnung in den Wind geschlagen, weggewischt haben, ein bedeutungsloses Lamento? Die deutsche Staatsbürgerschaft! Sollte auch *Er* das Haus Österreich mit einer blinden Liebe zu Deutschland betrogen haben? Jenes glorreiche Haus, das nun so sprachlos und still in der Kapuzinergruft zu Wien lag und dort in 95 prunkvollen Sarkophagen und 36 eingemauerten Särgen die Auferstehung im Herrn erwartete. Die Kapuzinergruft! Jawohl, dort mußte jene *Heimat* liegen, die jedem wahrhaften Österreicher in die Kindheit schien: 145 Leichname, darunter 12 Kaiser und 16 Kaiserinnen. Und das für nur zehn Schilling Eintritt. Besuchszeiten täglich von neun bis halb vier.

Ach Gott. Das dauerte heute wieder. Jetzt hatte Prinz Willy schon dreimal Schwaadroon undsoweiter gerufen, und immer noch waren die Reisenden damit beschäftigt, sich gegenseitig vor dem Hotelportal zu fotografieren. Man hatte sich nach bestem Vermögen in festliche Kleider getan und war schon sehr schön. Denn heute war Dienstag. Heute sollte man vom Fürsten in Vaduz und dann endlich von der Kaiserin Zita zu Zizers empfangen werden. Was für ein Tag!

Aus der Anwesenheitsliste der Reisenden, der späteren Audienzlitanei, wehte ein altösterreichischer Hauch. Da zogen die Schäfchenwolken über Schönbrunn. Da loderten die Helmbüsche der kaiserlichen Garden. Da grüßte das ewige Österreich. Jahaa! Das waren noch Namen! Oberst Ernst von Bittner-Buddenbrock bestieg mit seiner gnädigen Frau Roberta soeben den Bus. Maria Mercedes von Portele kam nach und hinter ihr Hofrat Withalm und Regierungsrat Schrenk, die Prinzessinnen von Thurn und Taxis und immer noch mehr Baroninnen und Barone drängten nach – die von Kirchner und der von Steeb, und da war auch Sally! Sally von Mailath-Pokorny, die Krael-Almwehr und der gute Csermöy-Schneidt und dann die in Samt und Leder gekleideten Chargierten der Burschenschaften und die Landsmannschaftsmänner der Karoliner, Josefiner und Maximilaner. Der Bus füllte sich langsam. Ein Fest.

Natürlich stiegen auch viele Untertanen zu. Sie unterschieden sich kaum von der Herrschaft. Schon bei der Abfahrt vom Westbahnhof Wiens, als man ihm gütig einen vorläufig freigebliebenen Sitzplatz zugewiesen hatte, war der Untertan erstaunt gewesen, so viel billige Kleidung zu sehen. Kostüme und Anzüge, die offensichtlich schon bei zahllosen Audienzen getragen worden waren, Perlonhemden, synthetische Halstücher mit aus der Mode geratenen Mustern und borstige, ja zerschlissene Loden. Jetzt stieg zum Beispiel, immer eine der letzten, die Rotkreuzschwester a. D. Maria Thomaschitz in den Bus. Sie war sehr bescheiden gekleidet und tat dem Untertan leid; stets trug sie in mehreren Plastiksäcken ihre Geburtstagsgeschenke für die neunzigjährige Kaiserin mit sich – drei Flaschen Weißwein aus Gumpoldskirchen und eine Puppe im Häkelkleid, eine Hofdame.

Endlich war die Schwadron vollzählig. Die Abfahrt. Feldkirch blieb zurück. Ein Herr, der vereinbarungsgemäß erst an diesem Morgen zur Reisegesellschaft gestoßen war, hatte den Fensterplatz des Untertanen eingenommen und war dort noch schweigsam und fremd. Der Untertan saß nun auf einer Weinkiste im Mittelgang zwischen den Sitzreihen. Die Kiste war hart und unbequem. Prinz Willy saß neben dem Chauffeur und sprach ins Mikrophon. Er erzählte von den großen und schwierigen Zeiten in Tanger, von Tänzerinnen und einem marokkanischen Bergwerk, das ihm einmal als Geldquelle gedient hatte. Die Quelle mußte versiegt sein. Der Trachtenanzug Ihrer Durchlaucht war auch nicht mehr neu und Nordafrika weit.

Ein überaus freundlicher Maler namens Scheucher, ein Bürgerlicher, der auf einem der Polstersitze hoch über dem Untertan thronte, berichtete aus einem seiner früheren Leben. Er glaube an die Wiedergeburt. Er könne sich, manchmal sehr klar und manchmal nur schemenhaft, an das Renaissancegepränge am Hof Maximilians des Ersten erinnern, auch an Maria Theresia. Er habe da wie dort als Künstler gedient. Dann entrollte der Maler eine Lithographie, die er seiner Kaiserin als Geburtstagsgeschenk zugedacht hatte: Karl der Erste und Letzte als Märtyrer, als heiliger Sebastian an der Säule, durchbohrt von den Pfeilen einer grausamen Zeit.

Prinzessin Lore neigte sich einem Kaiserjäger a. D. aus Graz zu und beklagte die modernistischen Geschmacklosigkeiten einer *Parsifal*-Inszenierung. Ja, ja, Parsifal, sagte der Kaiserjäger, den kenne er. Er habe da selber einmal mitgespielt. Als Kreuzritter. Auf der Volksbühne in Graz. Sein Freund, ein Kirchendiener, wechselte der Kaiserjäger a. D. dann rasch das Thema, habe sich aus heiterem Himmel erhängt. »Ach wie traurig«, sagte die Prinzessin. »Ich werde für Ihren Freund beten und bin sicher, er wird nach einer kurzen Weile im Fegefeuer in die ewige Herrlichkeit eingehen.«

Der Untertan saß auf seiner Weinkiste und hörte demütig zu. Nein, das konnte nicht die Monarchie sein, was da sprach. So einträchtig waren dort Herren und Knechte niemals zusammengesessen. »Der Egoismus des Adels«, hatte Kronprinz Rudolf geschrieben, bevor er in Mayerling auf die Zukunft verzichtete, »der Egoismus des Adels führte die unaufhörlichen Kämpfe des Mittelalters, Armuth der Völker, Hemmung jeder Entwicklung herbei. Von diesem Augenblicke an hatte dieser Stand keine Aufgabe mehr, im Gegentheile, er war ein Fluch für die Menschheit... Der Adelige bleibt dem Volke noch der Herr, während er Staatsbürger ist, wie jeder Bauer. Kommt einmal in diese gedrückte Nation ein Funken Wißens, lernen sie einmal alle diese Schlechtigkeiten, die ihnen und ihren Vorfahren angethan wurden, kennen, dann wird die thierische Demuth und Enthaltsamkeit in bestialische Wuth ausarten und die Rache und die Leidenschaft wird blutige Tage hervorrufen... und was die Könige und Adeligen angestrebt, das Volk dumm zu erhalten, wird ihr eigenes Ende sein. Die Rache ist gut. Jahrhunderte haben die Hohen gräulich gehaust, die Zeit ist um, Blut fordert Blut...«
Aber Kaiser Franz Joseph I. hatte den melancholischen Kronprinzen, seinen Sohn, der die Schönbrunner Politik für rückständig und blind hielt, allergnädigst nicht verstanden und ihn einen »gefährlichen Narren« genannt. Er hatte auch seine »geliebten Völker« nicht verstanden. Er verstand überhaupt nichts. Was wollten die überhaupt? Es war doch schön. Und was die Apostolische Majestät nicht verstand, durfte nicht sein. Die Schriften des Kronprinzen wurden zensiert, konfisziert und verboten. Da saß er nun, der Kaiser, und ließ sich die Ohren zwischen Budapest und Berlin langziehen. So hart sich manchmal privat der Untergang seines Heiligen Reiches auch ankündigte – Franz Joseph sah

nichts und hörte nichts. Kaum ein Jahr auf dem Thron, den er 1848, im Erscheinungsjahr des *Kommunistischen Manifestes*, allerhöchst bestiegen hatte, ließ er die Anführer des ungarischen Volksaufstandes hinrichten, anstatt zu begreifen, was vorging. 1853 versuchte ihn der Ungar János Libényi zu erstechen. Franz Joseph verstand das nicht und ließ es zu, daß zum Gedenken an das mit leichten Verletzungen überstandene Attentat die Wiener Votivkirche gemauert wurde. 1859 geruhte er, der sich schon immer als fescher Krieger gefallen hatte, in der Schlacht von Solferino den Oberbefehl höchstpersönlich zu übernehmen und richtete eines der größten Blutbäder der Donaumonarchie an. Eine Niederlage. Im gleichen Jahr schrieb Charles Darwin *On the Origin of Species*. Darwin? Wer war denn das? Was wollte der? Durfte er das überhaupt? Und dann 1866: Königgrätz. Eine Niederlage. Wieder nichts. Ein Jahr später wurde sein Bruder, Kaiser Maximilian von Mexiko, in Querétaro von Republikanern erschossen und seine Leiche über den Atlantik in die Kapuzinergruft heimgeholt. Wieso tat man seinem Hause das an? 1889, im Geburtsjahr Adolf Hitlers, legte Kronprinz Rudolf in Mayerling Hand an sich und verschwand. An seinem Sarg in der Kapuzinergruft sah man Franz Joseph, das erste und einzige Mal, daß es öffentlich geschah – weinen. Er konnte es nicht fassen. 1898, in Genf, auf ihrem Weg vom Hotel »Beau Rivage« zum Dampferanlegesteg, wurde Elisabeth, seine Gemahlin, Kaiserin *Sissi*, die sich ein Leben lang auf Reisen befunden und ihn gemieden hatte, so gut es eben ging, von einem italienischen Anarchisten namens Luigi Lucheni mit einer Feile erstochen. »Mir bleibt doch gar nichts erspart auf dieser Welt« – Franz Josephs ratloser Kommentar ist überliefert. Als schließlich am 28. Juni des Jahres 1914, ausgerechnet an der Kreuzung zur Franz-Joseph-Straße von Sarajewo, der Erzherzog und Thronfolger Franz Ferdinand und Gemahlin Sophie von einem Serben namens Princip erschossen wurden, ging Franz Joseph nach kurzer Bestürzung über das entsprechende Telegramm wieder zur heillosen Tagesordnung über: »Und wie waren die Manöver?« Auch das ist überliefert. Einen Monat später, endlich prangte sein legendäres

»Manifest« an den Mauern und Litfaßsäulen des Reiches: »An meine Völker!... Die Umtriebe eines haßerfüllten Gegners zwingen Mich, zur Wahrung der Ehre Meiner Monarchie, zum Schutze ihres Ansehens und ihrer Machtstellung, zur Sicherung ihres Besitzstandes nach langen Jahren des Friedens zum Schwerte zu greifen... Immer höher lodert der Haß gegen Mich und Mein Haus empor... Ich vertraue auf den Allmächtigen, daß er Meinen Waffen den Sieg verleihen werde.« Undsoweiter. Es war ein sehr schönes Manifest. Der Dichter Hugo von Hofmannsthal hatte es formuliert, und der Kaiser hatte es während eines Kuraufenthaltes in der prachtvollen Landschaft von Bad Ischl unterschrieben.

Das war der Anfang. Der Anfang vom Ende. Karl Kraus notierte: »Aus Prestigerücksichten hätte diese Monarchie längst Selbstmord begehen müssen«, und der Kaiser schrieb: »Mit ruhigem Gewissen betrete ich den Weg, den die Pflicht mir weist«, und der Erste Weltkrieg, *das* sollte die Welt sein?, begann. Am Ende des voll Pflichtbewußtsein beschrittenen Weges warteten zehn Millionen Tote, zwanzig Millionen Verwundete, sechs Millionen Gefangene, natürlich viel verlorene Ehre und die Verträge von Saint-Germain und Trianon, mit denen die Aufteilung der k.u.k. Donaumonarchie auf die republikanischen Nachfolgestaaten Österreich, Ungarn, Italien, Tschechoslowakei, Polen, Rumänien und Jugoslawien umsichtig geregelt wurde. Daß Kaiser Franz Joseph im November 1916, nach 86 Lebens- und 68 Regierungsjahren, umtost von der allgemeinen europäischen Pflichterfüllung, starb, war, vom Zustand des Reiches aus betrachtet, eine längst fällige Formsache. Der »Totenschau-Befund«, ausgestellt auf amtlichem Vordruck, klang danach:

»Letzter ständiger Wohnort: XIII. Bezirk, k.u.k. Lustschloß Schönbrunn
Vor- und Zunamen: S. M. Kaiser Franz Joseph I.
Berufszweig und Berufsstellung: Kaiser von Österreich, König von Ungarn et. etc.
Glaubensbekenntnis: Römisch-katholisch

Stand: Verwitwet
Zuständigkeitsgemeinde: Wien
Unmittelbare Todesursache nebst Angabe der etwaigen
Grundkrankheit, aus welcher sich die unmittelbare Todes-
ursache entwickelt hat: Herzschwäche nach Lungen- und
Rippenfellentzündung.
Ist zu beerdigen: In Kapuzinergruft
Überführung der Leiche: In die Burg
Gestorben 21. XI. 1916 um 9 Uhr 5' Abends.
Wien, beschaut am 23. November 1916 um ½ 11 Uhr Vor-
mittags.«

Ausgerechnet am Leichnam dieses tragischen Kaisers, dem
die neuen Kleider niemals gepaßt hatten, dem überhaupt
alles Neue stets als Torheit und »Wolkenkraxlerei« erschienen war, mußte ein trauernder Hofmedicus ein neuartiges
Konservierungsverfahren auf Paraffinbasis erproben, das
das Antlitz des aufgebahrten Monarchen bis zur Unkennt-
lichkeit entstellte. Bon.

Der siebenundzwanzigjährige Großneffe Franz Josephs, der
ihm gemäß den Gesetzen der Pragmatischen Sanktion als
Karl der Erste auf den einsturzgefährdeten Thron folgte, be-
trat eine brennende Bühne: der Protagonist eines Nach-
spiels. Er versuchte zu retten, was nicht mehr zu retten war,
bemühte sich bei den feindlichen Westmächten vergeblich
um einen Separatfrieden für Österreich, schlug sich mit
deutschnationalen und sozialdemokratischen Untertanen
herum, die heftig einen Anschluß an Deutschland verlang-
ten und sich zu ihrem großen Bedauern dann doch noch bis
zum Jahr der Heimholung 1938 gedulden mußten, und floh
schließlich schon im dritten Jahr seiner Regierung, im März
1919, vor den »Übergriffen des Pöbels«, wie die Kaiserin ihrem Biographen, Herrn Feigl, die Umstände dieser
Flucht viel später auseinandersetzen sollte, mit Kindern und
Gemahlin Zita in die Schweiz. Zwei Jahre später unternahm
er von dort aus zwei ebenso unbeholfene wie erfolglose Re-
staurationsversuche, begab sich spektakulär per Flugzeug
und bereitstehender Lokomotive nach Ungarn, um, vorerst

wenigstens, auf seinem Budapester Thron wieder Platz zu nehmen, aber man nahm keine entsprechende Notiz mehr von ihm, schickte ihn wieder zurück und verbannte ihn schließlich samt seiner Familie in den Atlantischen Ozean. Auf die Insel Madeira.

Dort, in Funchal, umgeben von Kamelienblüten, Oleandergebüsch und der Pracht einer vulkanischen Landschaft, starb er, ein Fünfunddreißigjähriger, am 1. April des Jahres 1922 in den Armen seiner Gemahlin an Grippe und wurde in der Kirche von Nossa Senhora do Monte zu Grabe getragen. Die Kapuzinergruft blieb ihm vorerst verschlossen. Die Kaiserin habe »namenlos verschreckte Augen gemacht«, schrieb Franziska Kral, geborene Mold, Hebamme und Betreuerin der kaiserlichen Kinder, über den Todestag Karls in ihr Tagebuch, habe dem Sterbenden noch stundenlang ins Ohr geflüstert und dann »Karl, was fang' ich an alleine« gesagt.

In einem *Interview*, so hieß das jetzt, das die kaiserliche Witwe Jahrzehnte später einmal mehr dem Herrn Feigl gewährte und das auf Verlangen des republikanischen Publikums vom österreichischen Fernsehen in fünfmaliger Wiederholung ausgestrahlt werden sollte (das kam an die Wiederholungsquoten von Sissi- und Humphrey-Bogart-Filmen durchaus heran), erinnerte sich die hohe Frau Zita auch an die letzten Tage von Schönbrunn: Eine völlige Leere habe um das Schloß herum geherrscht, eine Hellebarde habe so verlassen in der Halle gelehnt, weil die Wachen nach Hause, einfach nach Hause gegangen seien, und ein Herr aus Böhmen sei mit einem Gewehr unter seiner Lederjoppe ins Schloß gekommen und habe seine Hilfe angeboten. Umsonst.

Nach dem Tod Karls fuhr die nun stets schwarzgekleidete Zita wieder übers Meer, begab sich nach Spanien, lebte dort eine Zeitlang im Schloß von El Pardo, brach wieder auf, reiste durch ein freundliches Amerika, immer das herausgeschnittene Herz ihres Gemahls wohlverwahrt im Gepäck, hielt vor einem größeren Damenkränzchen in Washington eine hinreißende Rede, besuchte Roosevelt, den Präsidenten, bemühte sich um Brot und Verständnis für Österreich und kehrte schließlich wieder in die Schweiz zurück, nahm seit 1964 im Johannesstift von Zizers bei Chur Quartier, wurde dort von Benediktinerinnen und der Aja und Gräfin Schmising-Kerssenbrock sorgsam betreut und betete viel.

»Ach Gott, was die Arme alles hat durchmachen müssen«, seufzte man im Reisebus immer, wenn die bedauernde Rede, was sehr oft geschah, auf *Sie* kam. Der Untertan pflichtete dem stets bei, jawohl, die Arme, viel, viel habe Sie durchmachen müssen, jawohl. Auf dem Weg von Feldkirch nach Vaduz war man programmgemäß im Schloß Hohenems abgestiegen. Ein dort anwesender Graf teilte der Reisegesellschaft mit, daß das flexible Faltdach des Schloßhofes PVC-beschichtet sei, daß in diesem Schloß das Nibelungenlied entstanden und die Rückwand des Hofes nur eine von Architekturmalerei über und über bedeckte Mauer sei, eine Attrappe; dahinter nichts als der blanke Fels. »Herrlich«, sagte die Reisegesellschaft, »wunderbar, fabelhaft.« Ja, und Familiengeschichten erzählte er auch, der Herr Graf, verästelte, lange Familiengeschichten. Im luxuriös ausgestatteten Schloß herrschte Gruftkälte.
Vaduz war eigentlich nicht der Rede wert. Gut, das Schloß war ganz schön, hoch und ruhig gelegen, Bergblick, aber Buffet gab es keines. Der Fürst ließ sich zunächst entschuldigen (»Regierungsgeschäfte«) und zeigte sich dann doch. Vielleicht hatte er das später bereut. Denn nun stand er eingekeilt zwischen begeisterten Reisenden, gab Autogramme, drückte da und dort auch weiche Hände, jeder, jeder wollte mit *Ihm* fotografiert werden, ein regierender Fürst!, zudem posierte man einzeln, in Gruppen und Grüppchen vor den Portalen, auf den Balkonen, in Nischen und mußte von Hofschranzen um Mäßigung gebeten werden.
»Sehen Sie sich um«, hielt Prinz Willy eine kurze Rede, »sehen Sie sich gut in diesem blühenden, herrlichen Liechtenstein um und denken Sie daran, wie schön es unter etwas geänderten Verhältnissen auch bei uns aussehen könnte. Der Fürst ist ein Monarch, wie er sein sollte; er lebe hoch! Hoch!«
»Hoch!« riefen die Reisenden zurück.

»Ach«, sagte der Fürst, »das Land hier ist klein, die Leute sind ruhig, das Wetter wird schön bleiben, wohin geht denn die Reise? Alles Gute, auf Wiedersehen.«

Ergriffen verabschiedete man sich und erstand, wieder unten beim Volke von Vaduz, im Souvenirladen, »Graf Andrassy« Ansichtskarten, Bonbons, emaillierte Abzeichen für den Hut und silberne Kettchen. Und wieder gab der Prinz das Zeichen zum Aufbruch. Und dann, plötzlich, begann die Zeit schneller zu laufen. Man flog geradezu über das Land; die Felswände des Rätikon, das Graubündener Rheintal – eine steinerne Allee, ein rasend durchmessener Windkanal. Denn nun wartete *Sie*.

Vor der Schweizerischen Kantonalbank in Chur blühten zur Zeit der Ankunft die Goldregensträucher. Magnolienbäume ragten aus den Vorgärten in einen Himmel, dessen Blau wolkenlos war. Aber wer fand jetzt noch Zeit, auf das Blau des Himmels und auf Blüten zu achten? Nur noch eine Mittagsstunde trennte die Reisegesellschaft von *Ihr*.

Im Bus glitten die Kämme durchs Haar, blinkten die Handspiegel und klirrten Accessoires: Geschenkpapier raschelte. Und dann wurde es still. Der Bus stand vor dem Johannesstift in der Sonne. Rot-weiß-rot gestrichene Fensterläden, eine Kapelle, ein Turm, eine schwarzgekleidete Nonne, Bäume.

»Ich beschwöre Sie«, rief Prinz Willy in das Schweigen hinein, »bleiben Sie im Bus sitzen und warten Sie, bis ich Sie holen werde! Und um Gottes willen, reden Sie vor Ihrer Majestät nur, wenn Sie gefragt werden, und ja keine Bitten um Autogramme! Ihre Majestät die Kaiserin sieht schon sehr schlecht, aber das sei ihr mit neunzig gestattet. Und bewahren Sie unbedingt ab-so-lu-te Ruhe!«

Der Prinz verließ den Bus. Der Untertan folgte ihm, und ihm wieder folgten neidische Blicke; er war privilegiert; er hatte sich im Umgang mit dem Tonbandgerät des Prinzen als geschickt erwiesen und durfte ihn nun begleiten. Jedes Wort der Kaiserin sollte magnetisch festgehalten werden. Aber dann bedeutete der Prinz seinem Vasallen, an der Pforte zu warten, und verschwand eilig im Aufzug des Stiftes. Burschenschafter, zwei von ihnen bemerkenswert dick,

warteten auch an der Pforte; es war die schweizerische Delegation. »Ach bitte«, wandte sich nun eine Nonne an den Untertan, »könnten Sie mir die Flügeltür auftun?« Auch das geschah. Die Tür gab den Blick in den Audienzraum frei. Ein gepolsterter Stuhl in der Mitte – war das ein Thron? Ebensolche Stühle standen doch auch die Wände entlang –, ein Gabentisch, Blumen. Helle Sonnenstreifen fielen lang über das Parkett. Jetzt brachte der Aufzug den Prinzen wieder zurück zu den Wartenden. Nervös eilte er zum parkenden Bus, um die Audienzgesellschaft zu holen. Der Untertan stand an der geöffneten Flügeltüre stramm.
Und dann ging eine alte Frau durch die Arkaden. Schwarz gekleidet, stützte sie sich auf zwei Stöcke und wirkte dennoch behende. Zwei Nonnen und ein Priester begleiteten sie. Das mußte die Kaiserin sein. Der Untertan verneigte sich tief. Die eben angetretene Gesellschaft war wie verzaubert. Ein Flüstern, ein Verneigen, ein ehrfürchtiges Staunen. Die Kaiserin!

Lächelnd nahm die alte Frau auf dem Polsterstuhl Platz. Burschenschafter mit Fahnen und Säbeln postierten sich im Halbkreis um den Thron. Prinz Willy trat vor, sagte etwas sehr Feierliches und strich dann die Audienzliste glatt. Er war jetzt ganz Zeremonienmeister: »Baroon und Baroonin…«, es folgten die jeweiligen Namen, Zeichen für die Betroffenen, ebenfalls aus der Reihe und vor den Thron zu treten, sich zu verneigen oder niederzuknien, Glückwünsche zu entbieten und allfällige Geschenke zu überreichen – die Schimmel der Spanischen Hofreitschule in Porzellan waren dabei, Süßigkeiten vom Wiener k.k. Hof-Zuckerbäcker Demel, Lilien, Rosen und Veilchen aus Parma.
»Ach wunderschön! Danke, danke, ich danke Ihnen«, sagte die Greisin immer wieder, und der Untertan, der mit Tonband und Kamera behängt, nur wenige Schritte vom Gratulationszeremoniell entfernt kniete, hörte zum erstenmal, wie höfische Konversation zu klingen hatte. Es lag eine bemerkenswerte Verbindlichkeit in diesem Tonfall, eine liebenswürdige Melodie, die von oben kam und die Gesellschaft in die Knie zwang: »Ich danke Ihnen vielmals!

Danke! Schöne Grüße an zu Hause, grüßen Sie mir die Heimat!« Die Heimat. Ach, wie lange hatte *Sie* diese Heimat, die so nah und unerreichbar hinter den Feldkircher Grenzbalken lag, nicht mehr betreten. 63 Jahre waren das nun. Seit 63 Jahren verbot das Habsburgergesetz der Monarchin die Einreise, weil sie, eine Märtyrerin!, sich standhaft geweigert hatte, die von ihr verlangte Verzichtserklärung zu unterzeichnen. Otto – ja, Otto hatte sich gebeugt und den verräterischen Verzicht geleistet und in Wien auch schon wieder mehrmals für heftige Debatten gesorgt. Otto hatte sich eben schon immer zu helfen gewußt und sein schwarzgelbes Fähnchen in den europäischen Wind gehängt. Aber Zita hatte niemals vergessen, was sie ihrem auf Madeira ruhenden Gemahl schuldig war. *Sie* hatte auf nichts verzichtet.

Während nun die Audienz ihren Fortgang nahm, vortreten, verbeugen, abtreten, danke, begann sich aber in der Heimat bereits jene unaufhaltsame Entwicklung abzuzeichnen, die schließlich von der langsamen Heimkehr der Monarchin gekrönt werden sollte. Denn neben anderen Freunden der *Casa de Austria* hatte sich mittlerweile auch der spanische König Juan Carlos bei Bundeskanzler Kreisky eindrucksvoll für Zita verwendet. Der König hatte seine Fürbitten auf Mallorca, der Ferienresidenz des Kanzlers, vorgebracht, und Kreisky hatte versprochen, sich um eine »menschliche Lösung« für Zita zu bemühen. *Er*, daran konnte nun kein Zweifel mehr bestehen, würde Gnade vor Recht ergehen lassen. Die Ereignisse jedenfalls, die sich nach der Vorsprache des spanischen Königs beim Kanzler zu überstürzen begannen, hätte noch im Audienzraum des Johannesstiftes, in dem nach wie vor Gratulant für Gratulant auf die Knie sank, kaum jemand für wahrscheinlich gehalten; eine fabelhafte Prophezeiung, hätte man vielleicht gesagt. Und doch sollte alles geschehen: Drei Tage nach ihrem neunzigsten Geburtstag wird Zita Mitte Mai des Jahres 1982 die österreichische Grenze bei Feldkirch mit einem spanischen Paß und im Fond eines Wagens mit französischem Kennzeichen passieren. Sie wird sich unverzüglich nach Tirol, zum Grab ihrer an primärchronischer Polyarthritis verstorbenen ältesten Tochter Adelhaid begeben, dort beten und von der zu Grab und Friedhof gehörenden Tiroler Gemeinde Tulfes respektvoll empfangen werden. Sie wird dann rasch zurückkehren, in die Schweiz, um noch im August desselben Jahres wiederzukommen, diesmal für länger, wird auf Schloß Waldstein nördlich von Graz, bei ihrer jüngsten Tochter Elisabeth, Gemahlin eines Prinzen Heinrich von Liechtenstein, Quartier nehmen, österreichische Fernseh- und Radioreporter werden sich ebenso heftig wie erfolgreich mehrmals um die Greisin bemühen, im Verlauf eines langen Radiointerviews wird man die immer noch Schwarzgekleidete »um Vergebung« bitten, weil das Habsburgergesetz die Anrede »Ihre Majestät« verbiete und nur ein schlichtes »Gnädige Frau« gestatte. Sie wird lächeln und vergeben, wird kurz darauf zum großen Wallfahrtsort der Donaumonarchie, zur Heiligen Jungfrau nach Mariazell pilgern und dort von Tausenden Menschen in die Basilika geleitet werden. So wird es September werden und Herbst in der Heimat, und endlich wird auch eine unübersehbare Flut von Leitartikeln, Kommentaren und Titelgeschichten über die alte Frau erscheinen, regierende Republikaner werden ihrer Befriedigung Ausdruck verleihen, die Kolumnisten werden fast ausnahmslos »den Fortschritt im politischen Bewußtsein des Landes« loben und die »Reife der Republik« und die »erfreuliche Entwicklung«, der Untertan wird viele Zeitungsausschnitte sammeln, und ein übergewichtiger Herr namens Chorherr, Angestellter der gewichtigen österreichischen Tageszeitung *Die Presse*, wird in der Heimkehr der Kaiserin sogar den »Endsieg der Vernunft« erblicken und das glückliche Ende des »Habsburgerkannibalismus« beklatschen. Mußte man in Wien denn noch immer gleich ans Fressen denken? Die Kaiserin war wieder da. Was wollte man mehr?

Lange vor diesen denkwürdigen Ereignissen hatte der Untertan den Sektionschef und Doktor und Professor Ludwig Adamovich im österreichischen Bundeskanzleramt besucht, der sich dort an leitender Stelle mit Verfassungsfragen beschäftigte. Die Einreiseerlaubnis für Zita sei ein Zeichen des republikanischen Selbstbewußtseins, hatte Adamovich seinem Besucher erklärt, der eben das schöne Ölporträt einer Erzherzogin von Österreich an der Wand der Kanzlei bewunderte; man fürchte sich längst nicht mehr vor der Vergangenheit, die Monarchie sei hierzulande innenpolitisch und staatspolitisch völlig bedeutungslos und kein ernstzunehmendes Problem mehr. Aber Zitas Österreichbesuch betreffend, war Adamovich fortgefahren, gebe es aus dem Jahre 1980 eine Entscheidung des Verwaltungsgerichtshofes, die – als Handhabe sozusagen gegen allfällige Einwände der Signatarstaaten des Staatsvertrages, der ja die Beibehaltung des Habsburgergesetzes gebiete – folgende juristische Interpretation gestatte: Gemäß der Pragmatischen Sanktion sei Zita niemals zur Thronfolge berechtigt gewesen, sie habe also immer nur der Familie, nicht aber dem thronfolgeberechtigten Haus Habsburg angehört und könne somit auch unmöglich auf etwas verzichten, was ihr ohnedies nie zugestanden hätte. Die Republik Österreich könne sich demnach erlauben, auf Zitas Thronverzichtserklärung zu verzichten, sie formlos einreisen zu lassen und ihre Landesverweisung für gegenstandslos zu erklären. Aber natürlich, hatte Adamovich gesagt, sei eine solche Interpretation mit Vorsicht zu behandeln und: »Sie soll kommen. Sie ist keine Gefahr. Aber selbstverständlich wäre es uns nicht recht, wenn sie sich hier ansiedeln würde und ihre Anhänger dann jeden Tag mit dem Tomahawk in der Hand um sie herumtanzen würden, das ist klar.«

Prinz Willy kam nun allmählich ans Ende seiner Liste. »Frau Maria Thomaschitz«, kündigte er nun schon nicht mehr ganz so feierlich an, und die Rotkreuzschwester a. D. trat vor. Sie kniete nieder, breitete ihre Plastiksäcke vor der Kaiserin aus und reichte ihr zuerst die Puppe und dann die Weinflaschen empor. Der Prinz war nervös. »Wie lieb«, sagte die Kaiserin, »was für eine schöne Puppe, ich danke Ihnen, ich freue mich so.« Die Rotkreuzschwester a. D. verlor sich nun ganz in der Erfüllung ihres Traumes; unfähig weiterzusprechen, erhob sie sich, wandte sich ab und schluchzte. Und dann trat, klobig und steif, der Kaiserjäger vor seine Monarchin und holte tief Luft: »Ihre Majestät, ich wünsche Ihnen von Herzen…«, und dann schluchzte auch er. Die Audienz war beendet.

Nun stieg man die Treppen zur Kapelle hoch, zum Dankgottesdienst. Die Kaiserin fuhr mit dem Aufzug. Die Burschenschafter nahmen hinter dem Altartisch Aufstellung. Die Prinzessinnen von Thurn und Taxis trugen Schleier. Prinz Willy bat den Allmächtigen laut und inbrünstig, er möge doch das Haus Habsburg wieder stark werden lassen. Dann kam eine lange Predigt. Der Allmächtige wurde noch einmal dringend ersucht, das Haus Habsburg mit seiner Gnade auszustatten. Die Kaiserin saß still in ihrem Betstuhl und wurde nur einmal gestört, als sie im Verlauf einer Fahnenweihe den Saum des schwarz-goldenen, mit dem Doppeladler bestickten Tuches berühren mußte. Der Untertan fingerte erfolglos am Tonbandgerät herum. Es funktionierte nicht. Am Schluß der Messe, der Höhepunkt, erhob man sich und sang, Schulter an Schulter, die Kaiserhymne. »Volkshymne« stand auf den Textzetteln, die des großen Andranges wegen in nur ungenügendem Ausmaß an die Kirchgänger verteilt worden waren. Der Untertan bemerkte bereits im Fortgang der zweiten Strophe eine erstaunliche Asynchronität zwischen den Lippenbewegungen der Sänger und dem vorschriftsmäßigen Text. Sollten die Herrschaften ihr Lied vergessen haben? Erst am Ende der letzten Strophe stellte sich die Erinnerung wieder ungebrochen und fehlerlos ein: »Laßt uns eins in Brüderbanden gleichem Ziel entgegengehn. Heil dem Kaiser! Heil dem Lande! Österreich wird ewig stehn!«

Wie jäh dann alles zu Ende war. Noch ein paar aufgeregte Gruppenbilder mit Kaiserin vor dem Stift, ein paar kurze Reden. »Auch über den Lombarden«, rief Prinz Willy, »die jetzt noch unter dem italienischen Joche ächzen, wird einst die Sonne des Hauses Habsburg wieder aufgehen!«

Dann bestieg man den Bus und kam erst in Chur allmählich wieder zu sich.

»Ich gehe.« Der Untertan nahm seinen Koffer unter der Aufsicht einiger erstaunter Gesichter aus dem Gepäckraum des Reisebusses. Wie hatte sich doch Kaiser Franz Joseph stets zu verabschieden geruht, weil einmal einer seiner Untertanen sich eines zu knappen Abschiedsgrußes wegen in Ungnade gefallen glaubte und Selbstmord begangen hatte? Ach ja: »Es war sehr schön. Es hat mich sehr gefreut.« Also dann.

Die Straßen von Chur waren geradezu schamlos belebt. So viel Gegenwart: »Hast du Feuer?... Wo geht's 'n hier zum Bahnhof?« Der Untertan war vor einem Zeitungsleser auf einer Parkbank stehengeblieben.

»Geradeaus über die Brücke, immer geradeaus und dann links; ich wünsche Ihnen gute Reise.«

Ihnen? Hatte der Typ tatsächlich *Ihnen* gesagt? Ach so. Der Untertan zog sich die Krawatte vom Hals und stopfte sie in die Rocktasche, öffnete den Kragenknopf, fuhr sich mit der Hand durchs Haar und stellte wenigstens dort das gewohnte Aussehen wieder her. Im Bahnhofsrestaurant von Chur bestellte er das Menü Nummer drei. Es war das billigste. Die Wände des Lokals waren noch sehr neu und mit Ruinenmauern bemalt. In einem Kamin glommen ein paar Glühbirnen, die mit rotem Krepp verkleidet waren. An der Theke wurde gebrüllt. Die Kellnerin sprach italienisch. Das Wetter schien tatsächlich schön zu bleiben.

»Politik«, sagte Friedrich Heer, der Historiker Österreichs, sehr leise und machte eine längere Pause, bevor er weitersprach, »...Politik ist Umgang mit Verwundeten. Die Politik der Donaumonarchie hätte demnach ein behutsamer Umgang mit zutiefst verwundeten Völkern sein müssen.«

Friedrich Heer war sehr abgemagert und blaß. Der Untertan saß ihm gegenüber, ein helles Zimmer, eine langgezogene Bücherwand, ein niedriger Tisch und zwei Fauteuils, und wagte nicht, sich eine Zigarette anzuzünden.

»Ich sitze hier mit meiner Endkrankheit«, sagte der Historiker jetzt, »ich lebe in diesem Zimmer von Bluttransfusion zu Bluttransfusion, und jedes Gespräch, das ich noch führen kann, ist Lebensmittel für mich. Der Zusammenbruch der Donaumonarchie, haben Sie gesagt? Hier gibt es für mich keine Zweifel. Ich wurde als Untertan Kaiser Franz Josephs, des Herzogs von Auschwitz, geboren, und ich bin zu dem

Schluß gekommen, daß dieser unselige Kaiser, dieser unge-
heuerliche Diktator und in jeder Weise geistig und seelisch
impotente, kleinwüchsige und lebensfeige Mensch, die
durchaus umbaufähige Monarchie zugrunde gerichtet hat.
Er hat es nicht verstanden, einen Ausgleich zwischen seinen
verwundeten Völkern herbeizuführen; er war geblendet
von jenem Deutschlandbild, das in Österreich durch die
Jahrhunderte gewirkt hat und immer noch wirkt. Eine *Ima-
gination*, verstehen Sie?, ein Bild, das es in der Wirklichkeit
nie, nie gegeben hat. Der deutsche Bündnispartner war
doch ebenso irreal wie das Deutschland der Dichter und
Denker – ein Trugbild, eine Lüge, die innerhalb der Donaumonarchie nicht zuletzt zu einer Hierarchie der Nationalitäten geführt hat. Dieses Trugbild war ein wesentlicher An-
gelpunkt des Untergangs und hat schließlich bis zu Hitler
und über ihn hinausgereicht. Aber das haben die Neander-
taler, die mieseste und dumpfeste Reaktion, die nach 1945
hierzulande die Schulen und Universitäten übernommen
haben, natürlich nie verstanden. Der Großteil meiner Arbeiten ist ja nicht zufällig in Deutschland erschienen – es
waren Tropfen, Tränen der Wiedergutmachung zur Über-
windung des erfolgreichsten Österreichers des zwanzigsten
Jahrhunderts; schon die Offiziere um diese Unglücksmen-
schen Karl und Zita haben an ein ähnliches Deutschland
geglaubt wie Hitler... ich bin jetzt sehr müde. Sie müssen
mir beim Aufstehen helfen.«
Der Untertan griff dem Historiker unter die Achseln und
zog ihn hoch. Er war sehr leicht.
»Gehen kann ich noch alleine.«
Der Weg zur Wohnungstür war lang. Es war früher Nachmittag, als der Untertan Heers Wohnung verließ. Es war
August. Die Zeitungen waren voll von Berichten über die
heimgekehrte Kaiserin, Spekulationen über eine nun möglich scheinende Überführung Kaiser Karls in die Kapuzinergruft und über den Fortgang seines Heiligsprechungs-
prozesses, um den sich eine »Gebetsliga für den Weltfrie-
den« seit Jahren bemühte. Führende Politiker des Landes
erklärten, sie hätten nunmehr nichts gegen eine Bestattung
Karls in der Kapuzinergruft einzuwenden. Auf Tote sei das

Habsburgergesetz schließlich auch nicht anwendbar. In den Auslagenfenstern des Café Demel am Kohlmarkt schwebte ein Space-Shuttle-Modell aus Marzipan; auch eine dreistöckige Geburtstagstorte war ausgestellt, daneben eine Fotografie Kaiser Franz Josephs: geboren am 18. August 1830. Um diese Zeit fanden sich noch jedes Jahr ein paar hundert Gratulanten in der Kapuzinerkirche ein, sangen dort »Gott erhalte«, stiegen dann laut betend in die Gruft hinab, tauchten erschüttert wieder auf und begaben sich schließlich unter den Klängen des Radetzkymarsches zum Denkmal Franz Josephs in den Burggarten. Das würde auch heuer so sein. Der Eingang zur Gruft am Neuen Markt lag schon im Schatten, als der Untertan ankam. Er drückte den Klingelknopf, zweimal, dreimal.

»Sie wünschen?«

Der Pförtner, ein großgewachsener, leicht vornübergebeugter Mann, schien keine rechte Freude mehr mit Besuchern zu haben; es war bald halb vier. »Ich will in die Kapuzinergruft.« »Mein Herr!« sagte der Pförtner streng, »das heißt nicht Kapuzinergruft, sondern Die Kaisergruft bei den Kapuzinern in Wien. Dies nur, damit Sie wissen, woran Sie sind; aber bitte, treten Sie ein.«

Autoren

Ruth Beckermann, geboren 1952 in Wien. Studium der Publizistik und Kunstgeschichte in Wien; Arbeitsaufenthalte in Wien, Tel Aviv, Zürich und New York; Mitbegründerin des Wiener *Filmladen* (1977); mehrere Kurz- und Dokumentarfilme, u. a. *Wien Retour*. Lebt in Wien.
Buchveröffentlichungen: Die Mazzesinsel – Juden in der Wiener Leopoldstadt (1984).

Marie Luise Villaman-Kaltenegger, geboren 1945 im Lazarett von Mariazell / Steiermark. Studium der Rechtswissenschaften in Graz und der Nationalökonomie in Santiago de Chile; nach dem chilenischen Militärputsch 1973 Rückkehr nach Österreich; zahlreiche Reisen und mehrjährige Aufenthalte in den USA und Mittelamerika; Gestalterin von Fernsehdokumentationen, Autorin von Hörspielen und literarischen Reportagen. Lebt mit Tochter Milena Sophie in Wien.
Buchveröffentlichungen: Chile – Dokumentation einer Diktatur (1974).

Claudio Magris, geboren 1939 in Triest; Studium der deutschen Sprache und Literatur in Turin und Freiburg / Breisgau; Habilitation 1966 an der Universität Triest; dort seit 1968 ordentlicher Professor für deutsche Sprache und Literatur, seit 1970 auch an der Universität Turin, Essayist und Rezensent in internationalen Zeitungen und Zeitschriften. Lebt in Triest.
Buchveröffentlichungen (u. a.): Der Habsburgmythos in der österreichischen Literatur (ital. 1963, dt. 1966); Weit von Wo (1971); Die Donau. Biographie eines Flusses (1988).

Martin Pollack, geboren 1944 in Bad Hall / Oberösterreich. Studium der Slawistik und osteuropäischen Geschichte an den Universitäten Wien und Warschau, Forschungstätigkeit an der Akademie der Wissenschaften in Warschau; seit 1983 freier Publizist, Schriftsteller und Übersetzer. Zahlreiche Veröffentlichungen in internationalen Zeitungen und Zeitschriften. Lebt in Wien.
Buchveröffentlichungen: Nach Galizien. Eine imaginäre Reise durch die verschwundene Welt Ostgaliziens und der Bukowina (1984).

Christoph Ransmayr, geboren 1954 in Wels / Oberösterreich. Studium der Philosophie in Wien. Mehrere Jahre Kulturredakteur, seit 1982 freier Autor. Veröffentlichungen in zahlreichen deutschen und österreichischen Zeitschriften. Lebt in Wien.
Buchveröffentlichungen: Strahlender Untergang (1983); Die Schrecken des Eises und der Finsternis (1984), Die letzte Welt (1987).

Richard Swartz, geboren 1945 in Stockholm. Wirtschaftswissenschaftliche und historische Studien in Stockholm und Prag. Seit 1972 Osteuropakorrespondent des ›Svenska Dagbladet‹.

Jan Tabor, geboren 1944 in Poděbrady (Tschechoslowakei). Studium in Brno und an der Technischen Universität in Wien. Mitarbeiter der Wiener Tageszeitung ›Kurier‹ und verschiedener österreichischer Zeitschriften. Lebt seit 1968 als freier Schriftsteller und Kulturpublizist in Wien.

Richard Wagner, geboren 1952 in Lovrin / Rumänien. Studium der Germanistik in Temesvar. Bis 1978 Deutschlehrer in Honedoara. Lebte von 1979 an als Korrespondent der Kronstädter Wochenzeitung ›Die Karpatenrundschau‹ in Temesvar. 1987 Ausreise in die Bundesrepublik Deutschland; lebt in West-Berlin.
Buchveröffentlichungen: Klartext. Gedichte (1973); Anna und die Uhren – Geschichten für Kinder (1981); Ausreise-

antrag. Erzählung (1988); Begrüßungsgeld. Erzählung (1989).

Erika Wantoch, geboren 1943 in London. Lebt als Redakteurin des Wochenmagazins ›profil‹ in Wien.

Hans Weiss, geboren 1950 in Hittisau / Vorarlberg. Studium der Psychologie in Innsbruck und Wien und der Medizinsoziologie in Wien und London. Forschungstätigkeit in Florenz, Arezzo, London und Cambridge. Seit 1981 freier Autor. Mitarbeiter an verschiedenen internationalen Zeitungen und Zeitschriften und beim ORF. Lebt in Wien.
Buchveröffentlichungen: Gesunde Geschäfte (Koautor, 1981); Bittere Pillen (Koautor, 1983).

Nachweise

Przemyśl. Ein mitteleuropäisches Lehrstück. Originalbeitrag 1985.

Über die Grenze. Originalbeitrag 1985.

Der Untergang des Abendlandes aus Karlsbader Sicht. Originalbeitrag 1985.

Im Schlamm Pannoniens. Eine Banater Elegie. Originalbeitrag 1985.

Erdbeeren in Czernowitz. Originalbeitrag 1985.

Die Königin von Polen. Eine politische Wallfahrt. Erstdruck in ›TransAtlantik‹ 8 / 1982.

Spinrad. Ein Geschäftsbericht. Originalbeitrag 1985.

Jäger und Gejagter. Das Überleben der SS-Nr. 107 136. Erstdruck in ›TransAtlantik‹ 11 / 1982.

Aus dem Familienalbum der Revolution. Wer hat Angst vor Béla Kun? Erstdruck in ›TransAtlantik‹ 8 / 1984.

Unter Brüdern. Ein osteuropäisches Haßregister. Copyright Kursbuch Verlag, Berlin. Erstdruck in ›Kursbuch‹ 81 *Die andere Hälfte Europas*, Berlin 1985.

Titos verstoßene Enkel. New Wave in Ljubljana. Erstdruck in ›TransAtlantik‹ 1 / 1984.

Stimmen aus den Alpen. Materialien für ein deutschösterreichisches Volksstück. Erstdruck in ›profil‹ 21 / 1985 unter dem Titel *Verfolgung und Widerstand in Vorarlberg.*

Der österreichische Weg. Epilog auf eine verschwindende Minderheit. Erstdruck in ›TransAtlantik‹ 8 / 1983.

Auszug aus dem Hause Österreich. Unterwegs zur letzten Kaiserin Europas. Erstdruck in ›TransAtlantik‹ 11 / 1982 unter dem Titel *Kaiserin Zitas Weg in die Kapuzinergruft.*

Rudolf Palla **Die Mitte der Welt**

Bilder und Geschichten von Menschen auf dem Land

Photos von Karl Piaty mit einer Reportage von Christoph Ransmayr

Verlag Christian Brandstätter

Alfred Springer **Kokain**

Mythos und Realität

Eine kritisch dokumentierte Anthologie

Verlag Christian Brandstätter

144 Seiten mit 71 Abbildungen,
davon 44 in Farbe, Linson
ISBN 3-85447-326-5
DM 39,80, öS 298,–

208 Seiten mit 21 Schwarz-
weißabbildungen, Linson
ISBN 3-85447-330-3
DM 34,–, öS 240,–

208 Seiten mit 40 Schwarz-
weißabbildungen, Pappband
ISBN 3-85447-075-4
DM 34,–, öS 240,–

144 Seiten mit 59 Schwarz-
weißabbildungen, Pappband
ISBN 3-85447-198-X
DM 34,–, öS 240,–

Martin Pollack **Nach Galizien**

Von Chassiden, Huzulen, Polen und Ruthenen

Eine imaginäre Reise durch die verschwundene Welt Ostgaliziens und der Bukowina

Edition Christian Brandstätter

Martin Pollack **Des Lebens Lauf**

Jüdische Familien-Bilder aus Zwischen-Europa

Verlag Christian Brandstätter

Verlag Christian Brandstätter
Wien–München